쉽게 풀어 쓴 생활 속

삼재

쉽게 풀어 쓴 생활 속 삼재

초판발행 2006년 06월 01일
개정판 2022년 01월 01일

지은이 도담道淡
펴낸이 김 민 철

펴낸곳 도서출판 문원북
주 소 서울시 마포구 토정로 222 한국출판콘텐츠센터 422호
전 화 02-2634-9846
팩 스 02-2365-9846
카 페 cafe.daum.net/samjai
블로그 blog.naver.com/gold7265
메 일 wellpine@hanmail.net

ISBN 978-89-7461-416-4
규격 152mm X 225mm
책값 20,000원

이 도서의 국립중앙도서관 출판사도서목록(CIP)은 서지정보유통지원 시스템 홈페이지 (http://seoji.nl.go.kr) 와 국가자료공동목록시스템(http://www.nl.go.kr/kolisnet) 에서 이용하실 수 있습니다. (CIP제어번호: CIP2018010724)

쉽게 풀어 쓴 생활 속

삼
재

문원북 BOOK

삼재조견표 보는법

1. 삼재란 자신의 띠를 기준으로 12년 주기로 돌아오는데 들(入)삼재, 든(臥)삼재, 날(出)삼재라는 이름으로 3년간 머문다.

2. 본인이 아래의 원숭이띠, 쥐띠, 용띠에 해당 할 경우

원숭이 띠 1932년, 1944, 1956년, 1968년, 1980년, 1992년, 2004년, 2016년

쥐 띠 1936년, 1948년, 1960년, 1972년, 1948년, 1996년, 2008년, 2020년

용 띠 1940년, 1952년, 1964년, 1976년, 1988년, 2000년, 2012년, 2024년

▶ 2022년들(入)삼재가 되고 2023년 든(臥)삼재, 2024년 날(出)삼재가 된다.

3. 그리고 12년 후 다시 똑같이 반복적으로 2034년 들(入) 삼재, 2035년 든(臥) 삼재, 2036년 날(出) 삼재가 된다.

4. 참고로 12띠 중 3개의 띠가 하나의 합(合)을 이루데, 이것을 삼합(三合)이라고 하며, 호랑이(寅) 말(午) 개(戌) 삼합(三合), 뱀(巳) 닭(酉) 소(丑) 삼합(三合), 원숭이 (申) 쥐(子) 용(辰)삼합(三 合), 돼지(亥) 토끼(卯) 양(未) 삼합(三合)을 이루어 삼재에 들어간다.

❀ 삼재 조견표 ❀

년도 삼재 종류	자신의 띠 / 태어난 년도								
2022년 들(入)삼재	●원숭이 띠			쥐 띠			용 띠		
2023년 든(臥)삼재	1920년생	1932년생	1944년생	1924년생	1936년생	1948년생	1928년생	1940년생	1952년생
2024년 날(出)삼재	1956년생	1968년생	1980년생	1960년생	1972년생	1984년생	1964년생	1976년생	1988년생
	1992년생	2004년생	2016년생	1996년생	2008년생	2020년생	2000년생	2012년생	2024년생

✿ 삼재 조견표 2016년부터~ 2027년까지 ✿

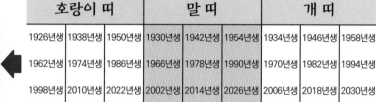

		호랑이 띠			말 띠			개 띠		
2016년	들(入)삼재	1926년생	1938년생	1950년생	1930년생	1942년생	1954년생	1934년생	1946년생	1958년생
2017년	든(臥)삼재	1962년생	1974년생	1986년생	1966년생	1978년생	1990년생	1970년생	1982년생	1994년생
2018년	날(出)삼재	1998년생	2010년생	2022년생	2002년생	2014년생	2026년생	2006년생	2018년생	2030년생

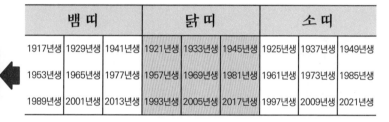

		뱀 띠			닭 띠			소 띠		
2019년	들(入)삼재	1917년생	1929년생	1941년생	1921년생	1933년생	1945년생	1925년생	1937년생	1949년생
2020년	든(臥)삼재	1953년생	1965년생	1977년생	1957년생	1969년생	1981년생	1961년생	1973년생	1985년생
2021년	날(出)삼재	1989년생	2001년생	2013년생	1993년생	2005년생	2017년생	1997년생	2009년생	2021년생

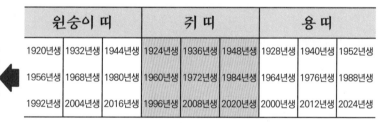

		원숭이 띠			쥐 띠			용 띠		
2022년	들(入)삼재	1920년생	1932년생	1944년생	1924년생	1936년생	1948년생	1928년생	1940년생	1952년생
2023년	든(臥)삼재	1956년생	1968년생	1980년생	1960년생	1972년생	1984년생	1964년생	1976년생	1988년생
2024년	날(出)삼재	1992년생	2004년생	2016년생	1996년생	2008년생	2020년생	2000년생	2012년생	2024년생

		돼지 띠			토끼 띠			양 띠		
2025년	들(入)삼재	1923년생	1935년생	1947년생	1927년생	1939년생	1951년생	1931년생	1943년생	1955년생
2026년	든(臥)삼재	1959년생	1971년생	1983년생	1963년생	1975년생	1987년생	1967년생	1979년생	1991년생
2027년	날(出)삼재	1995년생	2007년생	2019년생	1999년생	2011년생	2023년생	2003년생	2015년생	2027년생

✿ 삼재 조견표 2028년부터~ 2039년까지 ✿

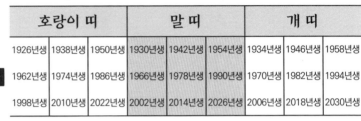

	호랑이 띠			말 띠			개 띠		
2028년 들(入)삼재	1926년생	1938년생	1950년생	1930년생	1942년생	1954년생	1934년생	1946년생	1958년생
2029년 든(臥)삼재	1962년생	1974년생	1986년생	1966년생	1978년생	1990년생	1970년생	1982년생	1994년생
2030년 날(出)삼재	1998년생	2010년생	2022년생	2002년생	2014년생	2026년생	2006년생	2018년생	2030년생

	뱀 띠			닭 띠			소 띠		
2031년 들(入)삼재	1929년생	1941년생	1953년생	1933년생	1945년생	1957년생	1937년생	1949년생	1961년생
2032년 든(臥)삼재	1965년생	1977년생	1989년생	1969년생	1981년생	1993년생	1973년생	1985년생	1997년생
2033년 날(出)삼재	2001년생	2013년생	2025년생	2005년생	2017년생	2029년생	2009년생	2021년생	2033년생

	원숭이 띠			쥐 띠			용 띠		
2034년 들(入)삼재	1932년생	1944년생	1956년생	1936년생	1948년생	1960년생	1940년생	1952년생	1964년생
2035년 든(臥)삼재	1968년생	1980년생	1992년생	1972년생	1984년생	1996년생	1976년생	1988년생	2000년생
2036년 날(出)삼재	2004년생	2016년생	2028년생	2008년생	2020년생	2032년생	2012년생	2024년생	2036년생

	돼지 띠			토끼 띠			양 띠		
2037년 들(入)삼재	1935년생	1947년생	1959년생	1939년생	1951년생	1963년생	1943년생	1955년생	1967년생
2038년 든(臥)삼재	1971년생	1983년생	1995년생	1975년생	1987년생	1999년생	1979년생	1991년생	2003년생
2039년 날(出)삼재	2007년생	2019년생	2031년생	2011년생	2023년생	2035년생	2015년생	2027년생	2039년생

🏵 삼재 조견표 2040년부터~ 2051년까지 🏵

	호랑이 띠			말 띠			개 띠		
2040년 들(入)삼재	1938년생	1950년생	1962년생	1942년생	1954년생	1966년생	1946년생	1958년생	1970년생
2041년 든(臥)삼재	1974년생	1986년생	1998년생	1978년생	1990년생	2002년생	1982년생	1994년생	2006년생
2042년 날(出)삼재	2010년생	2022년생	2034년생	2014년생	2026년생	2038년생	2018년생	2030년생	2042년생

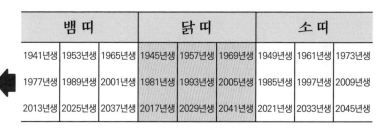

	뱀 띠			닭 띠			소 띠		
2043년 들(入)삼재	1941년생	1953년생	1965년생	1945년생	1957년생	1969년생	1949년생	1961년생	1973년생
2044년 든(臥)삼재	1977년생	1989년생	2001년생	1981년생	1993년생	2005년생	1985년생	1997년생	2009년생
2045년 날(出)삼재	2013년생	2025년생	2037년생	2017년생	2029년생	2041년생	2021년생	2033년생	2045년생

	원숭이 띠			쥐 띠			용 띠		
2046년 들(入)삼재	1944년생	1956년생	1968년생	1936년생	1948년생	1960년생	1952년생	1964년생	1976년생
2047년 든(臥)삼재	1980년생	1992년생	2004년생	1972년생	1984년생	1996년생	1988년생	2000년생	2012년생
2048년 날(出)삼재	2016년생	2028년생	2040년생	2008년생	2020년생	2032년생	2024년생	2036년생	2048년생

	돼지 띠			토끼 띠			양 띠		
2049년 들(入)삼재	1947년생	1959년생	1971년생	1951년생	1963년생	1975년생	1955년생	1967년생	1979년생
2050년 든(臥)삼재	1983년생	1995년생	2007년생	1987년생	1999년생	2011년생	1991년생	2003년생	2015년생
2051년 날(出)삼재	2019년생	2031년생	1943년생	2023년생	2035년생	1947년생	2027년생	2039년생	1951년생

❈ 삼재 조견표 2052년부터~ 2063년까지 ❈

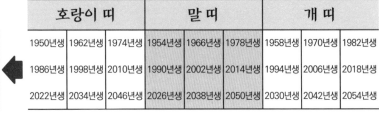

	호랑이 띠			말 띠			개 띠		
2052년 들(入)삼재	1950년생	1962년생	1974년생	1954년생	1966년생	1978년생	1958년생	1970년생	1982년생
2053년 든(臥)삼재	1986년생	1998년생	2010년생	1990년생	2002년생	2014년생	1994년생	2006년생	2018년생
2054년 날(出)삼재	2022년생	2034년생	2046년생	2026년생	2038년생	2050년생	2030년생	2042년생	2054년생

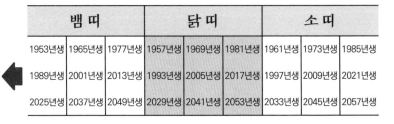

	뱀 띠			닭 띠			소 띠		
2055년 들(入)삼재	1953년생	1965년생	1977년생	1957년생	1969년생	1981년생	1961년생	1973년생	1985년생
2056년 든(臥)삼재	1989년생	2001년생	2013년생	1993년생	2005년생	2017년생	1997년생	2009년생	2021년생
2057년 날(出)삼재	2025년생	2037년생	2049년생	2029년생	2041년생	2053년생	2033년생	2045년생	2057년생

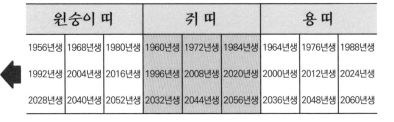

	원숭이 띠			쥐 띠			용 띠		
2058년 들(入)삼재	1956년생	1968년생	1980년생	1960년생	1972년생	1984년생	1964년생	1976년생	1988년생
2059년 든(臥)삼재	1992년생	2004년생	2016년생	1996년생	2008년생	2020년생	2000년생	2012년생	2024년생
2060년 날(出)삼재	2028년생	2040년생	2052년생	2032년생	2044년생	2056년생	2036년생	2048년생	2060년생

	돼지 띠			토끼 띠			양 띠		
2061년 들(入)삼재	1959년생	1971년생	1983년생	1963년생	1975년생	1987년생	1967년생	1979년생	1991년생
2062년 든(臥)삼재	1955년생	2007년생	2019년생	1999년생	2011년생	2023년생	2003년생	2015년생	2027년생
2063년 날(出)삼재	2031년생	2043년생	2055년생	2035년생	2047년생	2059년생	2039년생	2051년생	2063년생

🏵 삼재 조건표 2064년부터~ 2075년까지 🏵

	호랑이 띠			말 띠			개 띠		
2064년 들(入)삼재	1962년생	1974년생	1986년생	1966년생	1978년생	1990년생	1970년생	1982년생	1994년생
2065년 든(臥)삼재	1998년생	2010년생	2022년생	2002년생	2014년생	2026년생	2006년생	2018년생	2030년생
2066년 날(出)삼재	2034년생	2046년생	2058년생	2038년생	2050년생	2062년생	2042년생	2054년생	2066년생

	뱀 띠			닭 띠			소 띠		
2067년 들(入)삼재	1965년생	1977년생	1989년생	1969년생	1981년생	1993년생	1973년생	1985년생	1997년생
2068년 든(臥)삼재	2001년생	2013년생	2025년생	2005년생	2017년생	2029년생	2009년생	2021년생	2033년생
2069년 날(出)삼재	2037년생	2049년생	2061년생	2041년생	2053년생	2065년생	2045년생	2057년생	2069년생

	원숭이 띠			쥐 띠			용 띠		
2070년 들(入)삼재	1968년생	1980년생	1992년생	1972년생	1984년생	1996년생	1976년생	1988년생	2000년생
2071년 든(臥)삼재	2004년생	2016년생	2028년생	2008년생	2020년생	2032년생	2012년생	2024년생	2036년생
2072년 날(出)삼재	2040년생	2052년생	2064년생	2044년생	2056년생	2068년생	2048년생	2060년생	2072년생

	돼지 띠			토끼 띠			양 띠		
2073년 들(入)삼재	1983년생	1955년생	2007년생	1975년생	1987년생	1999년생	1979년생	1991년생	2003년생
2074년 든(臥)삼재	2019년생	2031년생	2043년생	2011년생	2023년생	2035년생	2015년생	2027년생	2039년생
2075년 날(出)삼재	2055년생	2067년생	2079년생	2047년생	2059년생	2071년생	2051년생	2063년생	2075년생

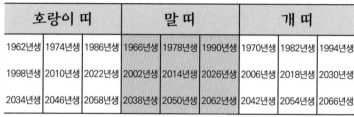

❂ 삼재 조견표 2076년부터~ 2087년까지 ❂

	호랑이 띠			말 띠			개 띠		
2076년 들(入)삼재	1974년생	1986년생	1998년생	1978년생	1990년생	2002년생	1982년생	1994년생	2006년생
2077년 든(臥)삼재	2010년생	2022년생	2034년생	2014년생	2026년생	2038년생	2018년생	2030년생	2042년생
2078년 날(出)삼재	2046년생	2058년생	2970년생	2050년생	2062년생	2074년생	2054년생	2066년생	2078년생

	뱀 띠			닭 띠			소 띠		
2079년 들(入)삼재	1977년생	1989년생	2001년생	1981년생	1993년생	2005년생	1985년생	1997년생	2009년생
2080년 든(臥)삼재	2013년생	2025년생	2037년생	2017년생	2029년생	2041년생	2021년생	2033년생	2045년생
2081년 날(出)삼재	2049년생	2061년생	2073년생	2053년생	2065년생	2077년생	2057년생	2069년생	2081년생

	원숭이 띠			쥐 띠			용 띠		
2082년 들(入)삼재	1980년생	1992년생	2004년생	1984년생	1996년생	2008년생	1988년생	2000년생	2012년생
2083년 든(臥)삼재	2016년생	2028년생	2040년생	2020년생	2032년생	2044년생	2024년생	2036년생	2048년생
2084년 날(出)삼재	2052년생	2064년생	2076년생	2056년생	2068년생	2080년생	2060년생	2072년생	2084년생

	돼지 띠			토끼 띠			양 띠		
2085년 들(入)삼재	1983년생	1995년생	2007년생	1987년생	1999년생	2011년생	1991년생	2003년생	2015년생
2086년 든(臥)삼재	2019년생	2031년생	2043년생	2023년생	2035년생	2047년생	2027년생	2039년생	2051년생
2087년 날(出)삼재	2055년생	2067년생	2079년생	2059년생	2071년생	2083년생	2063년생	2075년생	2087년생

	호랑이 띠			말 띠			개 띠		
2088년 들(入)삼재	1986년생	1998년생	2010년생	1990년생	2002년생	2014년생	1994년생	2006년생	2018년생
2089년 든(臥)삼재	2022년생	2034년생	2046년생	2026년생	2038년생	2050년생	2030년생	2042년생	2054년생
2090년 날(出)삼재	2058년생	2970년생	2082년생	2062년생	2074년생	2086년생	2066년생	2078년생	2090년생

	뱀 띠			닭 띠			소 띠		
2091년 들(入)삼재	1989년생	2001년생	2013년생	1993년생	2005년생	2017년생	1997년생	2009년생	2021년생
2092년 든(臥)삼재	2025년생	2037년생	2049년생	2029년생	2041년생	2053년생	2033년생	2045년생	2057년생
2093년 날(出)삼재	2061년생	2073년생	2085년생	2065년생	2077년생	2089년생	2069년생	2081년생	2093년생

	원숭이 띠			쥐 띠			용 띠		
2094년 들(入)삼재	1992년생	2004년생	2016년생	1996년생	2008년생	2020년생	2000년생	2012년생	2024년생
2095년 든(臥)삼재	2028년생	2040년생	2052년생	2032년생	2044년생	2056년생	2036년생	2048년생	2060년생
2096년 날(出)삼재	2064년생	2076년생	2088년생	2068년생	2080년생	2092년생	2072년생	2084년생	2096년생

	돼지 띠			토끼 띠			양 띠		
2097년 들(入)삼재	1995년생	2007년생	2019년생	1999년생	2011년생	2023년생	2003년생	2015년생	2027년생
2098년 든(臥)삼재	2031년생	2043년생	2055년생	2035년생	2047년생	2059년생	2039년생	2051년생	2063년생
2099년 날(出)삼재	2067년생	2079년생	2091년생	2071년생	2083년생	2095년생	2075년생	2087년생	2099년생

목차

3장 띠별로 보는 삼재 운수

제1장

삼재(三災)란?

1. 삼재의 의미

　우리 일상생활에서 흔히들 삼재라는 말을 자주 쓰곤 하는데 과연 삼재의 정확한 의미는 무엇인가? "삼재三災"라는 말은 인도印度의 범어梵語인 "Kalpa(깔빠)"라는 말이 그 근원根源이 되는데, Kalpa(깔빠)의 뜻은 무한이 긴 시간으로써 산수算數로 계산 할 수 없는 긴 세월을 뜻하며, 불가佛家에서는 이를 "겁劫"으로 표현하고 있습니다. 우주의 기운을 받아 사람으로 태어나기까지는 무수히 많은 겁劫의 세월을 지나야 한다니 사람으로 태어나기가 하늘의 별을 따기보다 어렵다는 것입니다. 사람으로 태어나기 전의 수많은 세월동안 쌓여온 좋고 나쁜 기운들이 사람으로 태어나면서 행복과 불행의 씨앗으로 남는 것이라 하겠습니다. 그러고 보면 사람은 사람으로 태어나기 전의 무수히 많은 세월은 사람으로 태어남으로 해서 그 겁劫의 끝을 내는 것이라 하겠습니다.

　전설에 천년 묵은 이무기가 선비로 둔갑하여 사람이 되려고 피나는 노력과 기도를 한다든지, 백년 묵은 구미호가 사람이 되기 위하여 숫총각을 홀려서 잡아먹는다든지 하는 이야기는 백년, 천년이 되어도 사람 되기가 그렇게 어렵다는 것이고, 사람으로 태어났어도 고난과 역경을 헤쳐나 가야 비로소 사람다운 사람이 된다는 것은 겁劫의 의미를 다시 한 번 생각하게 하는 대목입니다.

　사람이 될 수 있는 우주의 기운이 사람으로 태어나게 하여 겁劫의 끝을 맺는데, 이 시기를 "겁말劫末"이라고 합니다. 이 겁말 동안은 사람으로 살아가는데, 이 시기에 나타나는 세 가지 재해災害의 주기적 현상이 바로 "삼재三災"인 것입니다. 삼재는 보통 나쁜 의미로 쓰이고 있으나, 각자가 타고난 사주팔자四柱八字에 따라 좋은 의미의 "복삼재福三災"가 되기도 합니다. 복삼재라는 말은 복福이라는 것과 삼재라는 좋고 나쁜 두 가지 의미가 들어 있는데, 이것은 나쁜 운運중에서도 좋은 일이 있다는 의미가 되는 것입니다.

불가佛家의 삼재는 크게 두 가지로 나누어 볼 수 있습니다. 소삼재小三災와 대삼재大三災가 그것인데, "소삼재小三災"는 도둑의 침입으로 물건을 강탈당하는 도액재盜厄災, 질병이 찾아와 병으로 고생하는 질병재疾病災, 가난으로 먹을 것이 없어 배고픔의 고통을 당하는 기근재饑饉災이고, "대삼재大三災"는 주로 자연 현상으로 인하여 고통을 당하는 삼재三災를 말하는 것으로 홍수나 가뭄으로 물난리를 겪어 보는 수재水災, 화재나 불이 없어 추위로 고통을 당하여 보는 화재火災, 태풍이나 뜻하지 않는 돌풍으로 인하여 어려움을 당하는 풍재風災가 있습니다.

또 우리가 흔히 하는 말에 삼재팔난三災八難이라는 말이 있는데, 여기서 "팔난八難"이라는 것은 불가佛家에서 쓰이는 말로써, 불도수행佛道修行에 장애가 되는 여덟가지 험난한 고통에 처하는 것으로 지옥地獄, 축생畜生, 아귀餓鬼, 장수천長水天, 맹롱음아盲聾瘖瘂, 울단월鬱單月, 세지변총世智辨聰, 생재불전불후生在佛前不後를 말하는 것입니다. 다른 의미로는 부처님의 법을 행하는 수행자가 겪을 수 있는 여덟가지 고난을 말하는 것으로, 왕난王難, 적난賊難, 화난火難, 수난水難, 병난病難, 인난人難, 비인난非人難, 독충난毒蟲難이 있습니다.

수행자가 겪어야할 팔난八難이 요즘 시대와 무관하지 않아 대략적인 설명을 하겠습니다.

왕난王難은 대통령이나 사회 지도자를 잘못 만나 직간접적으로 생활에 제재를 당하여 고통을 받는 것입니다. 적난賊難은 강도나 절도범에게 피해를 당해 보는 것입니다. 화난火難은 연쇄 방화나 실화失火로 인하여 당하는 고통입니다. 수난水難은 매년 태풍으로 인한 홍수로 피해를 당하는 것입니다. 병난病難은 일상생활에서 찾아오는 질병이나, 국가적으로는 독감 등의 전염병으로 인하여 질병에 걸리거나 사업에 막대한 지장을 초래하여 고통을 당하는 것입니다. 인난人難은 가족이나 일가친척, 친구, 직장동료로 인하여 정신적 물질적 피해를 입는 것입니다. 비인난非人難은 환각幻覺, 환청幻聽, 흉몽凶夢 등으로 가위를 눌린다든지 하여 정상적인 생활을 못하고 고통을 받는 것입니다. 독충난毒蟲難은 집안에 벌떼가 침입하여 불안하게 한다거나, 등산 도중 뱀이나 벌 등에게 쏘여 고통을 받는 것입니다.

이렇듯 삼재팔난三災八難이 우리의 일상생활에서 흔히 일어 날 수 있는 것으로써, 생활이 복잡하고 다양해진 요즘에 와서도 그 의미는 예전이나 지금이나 다르지 않다고 봅니다. 오히려 삼재팔난의 위험에 더욱 노출되어진 세상이라고 보아도 틀린 말은 아닐 것입니다. 운運이 좋은 사람이 평소에는 아무탈 없이 잘 지내다가도 흉운凶運이 오고 삼재가 겹치면 사업이 부도가 난다든지, 암에 걸린다든지, 부부이별을 한다든지, 여러 가지 좋지 않은 일들이 신변에 일어나는 법이니 삼재를 미신이라고만 보아 소홀히 하지 말고 미리 그 방책方策을 알아내어 한번 사는 인생을 고난 없이 행복하게 사는 것이 지혜로운 삶이라 할 것입니다.

앞에서 살펴본 바와 같이 우리네 인생에서 영겁永劫의 세월 속에 내려온 흉함이 삼재로 나타난다는 것을 알 수 있었는데, 어떠한 방법으로 삼재의 운을 찾아내고 방책 할 것인가를 지금부터 일아 보도록 하겠습니다.

2. 우리가 알고 있는 삼재

우리는 일상생활에서 일이 잘 풀리지 않을 때 "에이 재수 없어", "뭐가 씌었나?"라는 말을 하곤 합니다. 재수財數라고 하는 것은 재물이 생길 운수運數를 말하기도 하고, 마음먹은 바를 이룰 수 있는 기회를 말하기도 합니다. 뭐가 씌었다는 것은 자신도 모르는 행동을 하게 하는 귀신鬼神이나 나쁜 령靈(죽은 사람의 혼백魂魄)이 빙의憑依(정신이나 육체에 달라붙음)되어 있는 것을 말합니다. 이 모두 삼재와 무관하지 않은 것인데, 억겁億劫을 지내온 나쁜 기운이 삼재운(三災運, 삼재에 해당하는 해)에는 재수 없는 현상이나 나쁜 령靈의 빙의憑依현상으로 나타나게 되는 것입니다.

이렇듯 삼재는 우리가 알고도 지나가고, 모르고도 지나치는 일상생활과 밀접한 관련이 있는 흉재凶災인 것입니다. 예로부터 주로 아녀자들은 삼재운에 닥치면 절에 가서 삼재해소三災解消 불공佛供을 드린다거나 무속인巫俗人을 찾아가 삼재풀이를 한다거나 철학哲學(여기서의 철학은 음양오행 공부나 사주역학 공부를 말함)하시는 어르신에게 비방책秘方策을 받아 삼재 액厄막이를 하였던 것입니다. 이러한 비방秘方을 하지 못할 여건인 아낙네들은 부엌이나 장독대에 정한수를 떠놓고 치성으로 흉함을 물리쳐 달라고 천신天神께 기도를 하였습니다.

과학이 발달하고 세월이 흘렀다하여 삼재운이 사라지는 것이 아니니 흉한 삼재의 기운은 보다 다양하고 복잡하게 얽히고설켜서 나타나고 있으니 이를 알아내기란 쉬운 일이 아닙니다. 어떤 일을 할 때, 자기 자신이 마음속으로 꺼려지거나 예기치 못한 일들이 발생한다면 일단 마음을 안정시키고 근신謹愼하는 것이 액厄(재앙, 사나운 운수)을 면하는 가장 현명한 방법이라고 봅니다. 차후 삼재에 해당하는가를 살펴서 비방을 한다면 더 큰 화禍는 면하게 되리라 봅니다. 삼재대하여 용기 있고 적극적인 대처를 하는 사람이 행복을 얻을 수 있으리라 확신하는 바입니다.

3. 삼재는 왜 일어나는가?

삼재는 왜 일어나는가? 앞에서도 설명하였듯이 억겁億劫의 세월을 흐르며 흉함이 생겨난 것인데, 사람으로 태어나자마자 이 흉함은 음양오행陰陽五行의 이치에 의하여 주기적으로 일어나는 것입니다. 누구도 이를 거부할 수도, 피할 수도 없는 것이나 비방秘方을 정확히 실천 한다면 피흉취길避凶取吉할 수 있는 것입니다.

그러나 비방을 한다고 하여 모두 효과를 보는 것은 아닙니다. 현세를 살면서 착한일, 좋은 일을 한 사람이라면 그 흉도 그 만큼 가벼울 것이고, 평소 악한 일을 한 사람은 비방의 효과가 그다지 크지 않을 것입니다. 분명한 것은 성심誠心(순수한 마음, 공경하는 마음)으로 비방에 임한다면 기대 이상의 효과를 본다고 확신하는 바입니다.

또한 우리가 이미 죄업을 지고 태어났고, 살아가며 죄업을 쌓아 가는데, 이러한 죄업들이 모여서 태산같이 흉한 기운을 만들어 낼 때 삼재보다 더 흉한 일을 당하는 것이 세상의 이치이니, 항상 죄업을 짓지 않으려는 마음이 바탕이 돼야 할 것입니다.

쉽게 풀어 쓴 생활 속

삼재풀이

제2장

삼재(三災)를 물리치는 법

삼재를 물리치는 법

　삼재는 띠에 따라서 다소 차이가 있습니다. 이에 대하여 삼재를 예방하거나 피하는 방법도 차이가 있는데, 여기에 대한 자세한 설명을 예로부터 전해 오는 보편적 삼재풀이 방법(민간신앙류民間信仰類)과 더불어 설명하도록 하겠습니다.

　먼저 보편적인 방법은 띠와는 상관없이 삼재에 해당하는 사람에게 적용되어지는데 보통 무속인巫俗人들에 의하여 널리 처방되고 있다할 것입니다. 보편적인 방법은 삼재가 해당된 사람이면 누구에게나 반드시 먼저 실행한 연후에 기타 삼재 처방을 하는 것이 원칙입니다. 단, 삼재풀이 방법에 있어서는 지역이나 사람에 따라 다를 수 있으니 참고하시기 바랍니다.
　여기서는 일반인들도 누구나 할 수 있는 방법으로 소개합니다.

1. 삼재 풀이 방법

(1) 삼재풀이 하는 날(택일擇日)

삼재에 해당하는 사람이 들 삼재의 해에 행하는 것이 보편적이나, 들 삼재, 든 삼재, 날 삼재중에 해당하는 해의 입춘일立春日(보통 양력 2월초가 된다, 달력을 보면 바로 알 수 있다. 한해를 시작하는 의미가 있는 날)에 하든지, 정월 대보름(음력 1월 15일)에 하든지, 이러한 날짜에 여의치가 않을 때에는 형편이 되는 달에 자신의 띠에 해당하는 날이나 자신의 띠와 삼합三合이 되는 날, 예컨대 호랑이띠이면 호랑이날(달력에 갑인일甲寅日, 병인일丙寅日, 무인일戊寅日, 경인일庚寅日, 임인일壬寅日에 해당)이나 호랑이와 인오삼합寅午三合이 되는 말 날(갑오일甲午日, 병오일丙午日 등)에 삼재풀이를 행하기 편한 시간에 하면 됩니다. 다만 좀 더 신경을 쓴다면 진술축미시(辰戌丑未時) 이 시간은 다른 띠도 같이 적용한다. 또한 진술축미시는 고장지庫藏地의 時라하여 흉한 기운이 땅속으로 들어가 해를 끼치지 않는다는 의미가 있다. 진시: 오전 7시~9시 사이, 술시: 오후 7시~9시 사이, 축시: 오전 1시~3시 사이, 미시: 오후 1시~3시 사이)가 좋습니다. 토끼띠이면 토끼의 날(을묘일乙卯日 등), 용띠이면 용의 날(갑진일甲辰日 등) 등으로 잡으시면 됩니다. 아래 도표로 나타내 보겠으니 참고하시기 바랍니다.

✸ 띠별로 보는 삼재풀이 날 ✸

삼재풀이 날 / 띠	띠와 같은 날이거나, 삼합되는 날 ※ 예시 양력 2006년 3월 6일은 음력 2월 7일이 되고 갑오일이 됩니다.
쥐띠	갑자일, 병자일, 무자일, 경자일, 임자일, 갑신일, 병신일, 무신일, 경신일, 임신일, 갑진일, 병진일, 무진일, 경진일, 임진일
소띠	을축일, 정축일, 기축일, 신축일, 계축일, 을사일, 정사일, 기사일, 신사일, 계사일, 을유일, 정유일, 기유일, 신유일, 계유일
호랑이띠	갑인일, 병인일, 무인일, 경인일, 임인일, 갑오일, 병오일, 무오일, 경오일, 임오일, 갑술일, 병술일, 무술일, 경술일, 임술일
토끼띠	을묘일, 정묘일, 기묘일, 신묘일, 계묘일, 을해일, 정해일, 기해일, 신해일, 계해일, 을미일, 정미일, 기미일, 신미일, 계미일
용띠	갑진일, 병진일, 무진일, 경진일, 임진일, 갑신일, 병신일, 무신일, 경신일, 임신일, 갑자일, 병자일, 무자일, 경자일, 임자일
뱀띠	을사일, 정사일, 기사일, 신사일, 계사일, 을유일, 정유일, 기유일, 신유일, 계유일, 을축일, 정축일, 기축일, 신축일, 계축일
말띠	갑오일, 병오일, 무오일, 경오일, 임오일, 갑인일, 병인일, 무인일, 경인일, 임인일, 갑술일, 병술일, 무술일, 경술일, 임술일
양띠	을미일, 정미일, 기미일, 신미일, 계미일, 을묘일, 정묘일, 기묘일, 신묘일, 계묘일, 을해일, 정해일, 기해일, 신해일, 계해일
원숭이띠	갑신일, 병신일, 무신일, 경신일, 임신일, 갑진일, 병진일, 무진일, 경진일, 임진일, 갑자일, 병자일, 무자일, 경자일, 임자일
닭띠	을유일, 정유일, 기유일, 신유일, 계유일, 을사일, 정사일, 기사일, 신사일, 계사일, 을축일, 정축일, 기축일, 신축일, 계축일
개띠	갑술일, 병술일, 무술일, 경술일, 임술일, 갑오일, 병오일, 무오일, 경오일, 임오일, 갑인일, 병인일, 무인일, 경인일, 임인일
돼지띠	을해일, 정해일, 기해일, 신해일, 계해일, 을묘일, 정묘일, 기묘일, 신묘일, 계묘일, 을미일, 정미일, 기미일, 신미일, 계미일

※ 삼합 – 해(돼지) 묘(토끼) 미(양) / 인(호랑이) 오(말) 술(개)

신(원숭이) 자(쥐) 진(용) / 사(뱀) 유(닭) 축(소)

(2) 준비물

① 백미(白米, 흰 쌀) 일 두(한 말, 약 8Kg)를 준비합니다.

② 흰 쌀로 밥을 하여 밥 세 그릇을 준비합니다.

③ 삼재가 해당되는 사람의 입던 속옷 한 벌이나 겉옷 한 벌을 준비합니다. (삼재에 흉신凶神이 입던 옷을 당사자로 착각하여 입던 옷에 빙의憑依-달라 붙게-되게 하기위함 입니다).이때 색이 없는 흰 옷이 좋습니다.

④ 소지종이 1장(제를 올릴 때 축문을 쓰는 종)

⑤ 삼재부적 3장

⑥ 북어 한 마리(북어는 질병으로부터 벗어나게 하고, 너른 바다를 헤엄치듯이 만사에 막힘이 없으라는 의미입니다)를 준비하는데, 이는 입던 옷을 이 북어에 감싸기 위한 것입니다.

⑦ 삼색 나물은 색깔이 세 종류인 채소나 나물반찬인데, 소금간을 하지 않고 식용유에 살짝 볶는다.

예: 무 나물(백색), 시금치 나물(녹색), 고사리 나물(검은색)

⑧ 삼색 과일(배, 대추, 감을 기본으로 하나 사과, 배, 대추나 대추, 감, 사과를 준비하여도 무방합니다)을 제일 크고 좋은 것을 홀수로 정성껏 준비한다.

⑨ 막걸리 3병(흉신凶神을 달래기 위한 술입니다)

⑩ 초 2자루(흉신凶神을 부르기 위한 초입니다)

⑪ 향 1갑(흉신凶神을 부르기 위한 향입니다)

⑫ 3가지 경문(經文, 삼재풀이를 위한 경문)을 준비한다. (천수경, 부정경, 삼재경)

(3) 삼재 상차림(제단)

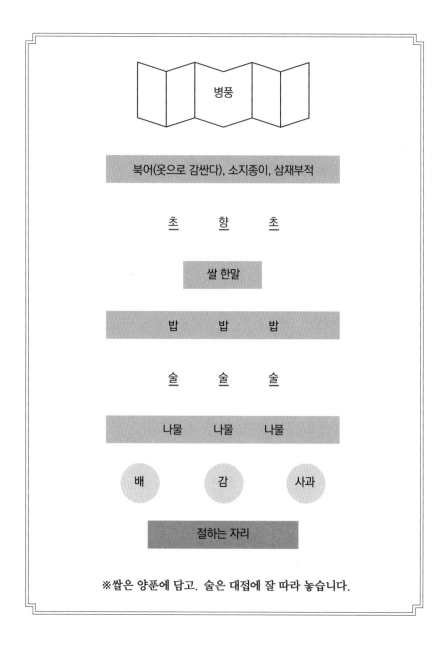

병풍

북어(옷으로 감싼다), 소지종이, 삼재부적

초　　　향　　　초

쌀 한말

밥　　　밥　　　밥

술　　　술　　　술

나물　　나물　　나물

배　　　감　　　사과

절하는 자리

※쌀은 양푼에 담고. 술은 대접에 잘 따라 놓습니다.

(4) 마음가짐

　삼재풀이를 하고자 마음을 먹으면 당사자나 삼재풀이를 대신해 주는 사람(부모나 지인知人)은 삼재풀이하는 날 3일 전부터 부부합방이나 부정한 짓을 금禁하고 정갈한 마음으로 목욕제계한 다음 비린 것(고기류, 특히 생선류, 개고기 등)을 삼가야 하는데, 돼지고기는 먹어도 괜찮습니다. 그 이유는 돼지고기는 역리학상易理學上 해수亥水에 해당하는데, 해수亥水는 바닷물의 의미에 해당하여 모든 오물汚物이나 오수汚水를 정화淨化시키는 정화적용淨化作用을 하는 것입니다. 그래서 고사를 지내거나 제祭를 올릴 경우 부정을 없애는 의미의 돼지머리나 통 돼지를 쓰는 것입니다. 그리고 삼재의 흉한 기운을 기필코 물리치겠다는 의지와 간절한 소원을 마음 깊이 간직하고 천지신명天地神明께 염원念願하여야 합니다.

(5) 풀이방법과 순서

차례대로 나열하니 참고하시기 바랍니다.

①택일을 합니다.

②택일한 날 정갈한 몸과 마음으로 삼재 상차림을 한다. 이 때 입던 옷에 잘 써지는 필기도구로 삼재 당사자의 거주하는 정확한 주소와 생년월일시를 양력이면 양력○년○월○일○시생, 음력이면 음력○년○월○일○시생이라고 쓰고, 결혼한 남자이면 건명乾命 ○○○라고 쓰고, 결혼한 여자이면 곤명坤命 ○○○라고 쓰며, 결혼 전의 남녀라면 남녀노소를 막론하고 남명男命 ○○○, 여명女命 ○○○라고 써서 곱게 개어 상에 올려놓습니다.

③ 상차림을 한 후, 초와 향을 켜고(초→향의 순서, 켜진 촛불에 향을 켠다), 제단 앞에 서서 동서남북을 차례로 향하며 합장으로 절을 합니다. 이때 마음속으로 혹은 입 밖으로 소리 내어 "천지신명이시어 굽어 살피시어 삼재팔난을 물리쳐 주옵소서"라고 합니다.

예시) 결혼한 남자

서울특별시 강남구 ○○동 ○○번지 ○호 ○○아파트 ○○동

○○○호에 사는 음력○년 ○월 ○일○시생인

건명乾命○○○입니다.

※삼재의 흉신凶神이 진짜 사람으로 착각하여 입던 옷에

흉신이 달라붙게 하기 위함

④ 제단 앞 절하는 자리에서 3번 절을 합니다. 이때에도 마음속으로 혹은 입 밖으로 소리 내어 "천지신명이시어 굽어 살피시어 삼재팔난을 물리쳐 주옵소서"라고 합니다.

⑤ 천수경을 1번 독송, 다음 부정경을 1번 독송, 마지막으로 삼재경을 3번 독송합니다.

⑥ 소지종이를 태우면 됩니다. 소지종이가 불에 잘 타서 공중으로 잘 올라가면 천지신명께서 정성을 잘 받았다는 의미입니다.

⑦ 입던 옷에 감싸져 있던 북어를 제단에서 내려 북어의 꼬리 부분을 잡고 집의 현관문 밖으로 던지는데, 현관문 밖을 향하여 던졌을 경우 북어 대가리가 문밖을 향하면 삼재풀이가 끝나는 것입니다. 만일 북어를 던졌을 때 북어 대가리가 집안을 향하면 재차 반복하여 북어 대가리가 문밖을 향할 때까지 던집니다.

⑧ 함지박이나 바가지를 준비하여 상차림 했던 과일과 음식, 밥을 조금씩 떼어내고, 북어도 대가리를 떼어내고, 술도 조금 덜어내어 이를 함께 함지박에 넣어 손으로 간단히 버무린 다음 현관문 밖의 옆에 놓습니다. 그리고 남은 음식과 술은 삼재가 든 당사자가 음복飮福(제사 음식을 먹음)합니다. 다른 가족과 함께 먹어도 무방합니다. (※ 대가리를 떼어낸 북어 몸통은 북어국을 해먹어도 되는데, 절대 구워서 먹으면 안 됩니다)

⑨ 끝으로 제단에 올렸던 옷은 태울 수 있는 장소에서 태워버립니다. 이것으로 삼재풀이는 끝나는데, 3일 동안은 음주가무는 삼가야 합니다.

• **천수경 (千手經)**–"천수천안관자재보살광대원만무애대비심대다라니경"의 준말, 삼재는 억겁億劫의 업業에서 시작되었는데, 이 억겁億劫의 업장소멸業障消滅을 위한 경문입니다. –경전 생략

• **부정경 (不淨經)**
–생활 속에 일체의 부정한 것을 소멸시키는 경문입니다.

천상부정 제부정 지하부정 제부정
원가부정 제부정 근가부정 제부정
대문부정 제부정 중문부정 제부정
계견부정 제부정 우마부정 제부정
금석부정 제부정 토목부정 제부정
인품부정 제부정 오방부정 제부정
사해부정 제부정 침구부정 제부정
측거부정 제부정 조정부정 제부정
방청부정 제부정 천하지하 부정소멸
원근가내 대중소문 부정소멸
계견우마 금석수화토목 부정소멸
인물 오방 사해 침구부정소멸
측거 조정 방청 부정소멸할 때
동방에 청제부정 삼팔목으로 막아내고
남방에 적제부정 이칠화로 막아내고
서방에 백제부정 사구금으로 막아내고
북방에 흑제부정 일육수로 막아내고
중앙에 황제부정 오십토로 막아내어
천지상하 원근부정 일시에 소멸하라
옴 급급 여률령 사바하

• **삼재경 (三災經)**-삼재를 소멸하는 경문입니다.

 ○○○(가장의 이름) 가정에 ○○○(삼재 당사자 이름)가 ○○년, ○○년, ○○년의 들 삼재, 든 삼재, 날 삼재를 소멸하여 주옵소서.

나무천관조신(南無天官曺神) ○○○(이름)의 삼재일시소멸(三災一時消滅)하옵소서
나무지관조신(南無地官曺神) ○○○(이름)의 삼재일시소멸(三災一時消滅)하옵소서
나무수관조신(南無水官曺神) ○○○(이름)의 삼재일시소멸(三災一時消滅)하옵소서
나무화관조신(南無火官曺神) ○○○(이름)의 삼재일시소멸(三災一時消滅)하옵소서
나무년관조신(南無年官曺神) ○○○(이름)의 삼재일시소멸(三災一時消滅)하옵소서
나무월관조신(南無月官曺神) ○○○(이름)의 삼재일시소멸(三災一時消滅)하옵소서
나무일관조신(南無日官曺神) ○○○(이름)의 삼재일시소멸(三災一時消滅)하옵소서
나무시관조신(南無時官曺神) ○○○(이름)의 삼재일시소멸(三災一時消滅)하옵소서
나무천지수화년월일시관조신 ○○○(이름)의 삼재를 일시에 소멸하여 주옵소서
옴 급급 여율령 사바라야 사바하

(6) 생활 속 간단한 삼재풀이 방법

  간단한 삼재풀이 방법은 삼재풀이를 하기 전에 임시조치로 하는 의미이니 이 간단한 삼재풀이로 흉함이 제거 된다면 잘된 것이나 그렇지 못하면 바른 삼재 풀이를 하는 것이 원칙입니다. 여기서 몇 가지를 소개합니다.

  ① 이유 없이 정신이 혼란 할 때는 팥을 한되 정도 준비하여 삼재 해당 당사자 머리에 바가지를 씌우고 팥을 그 머리에 씌워진 바가지에 뿌리면서 "천지신명이시여, 잡귀를 물리쳐 주소서"라고 외치면 효험이 있습니다.

  ② 이유 없이 몸이 아플 때는 미나리 한 다발을 준비하여 머리부터 발끝까지 미나리 다발로 살짝 치듯이 대면서 "천지신명이시여, 잡귀를 물리쳐 주소서"라고 외치면 효험이 있습니다.

  ③ 이유 없이 몸이 아플 때는 북어를 가지고 머리부터 발끝까지 살짝 치듯이 대면서 "천지신명이시여, 잡귀를 물리쳐 주소서"라고 외칩니다. 그리고 그 북어를 가지고 평소 먹는 방법대로 국을 끓여 먹으면 효험이 있습니다.

  ④ 정신이 산란하고 하는 일에 재수가 없을 때는 부엌칼을 가지고 머리부터 발끝까지 살짝 베는 흉내만 내어 몸에 대면서 "천지신명이시여, 잡귀를 물리쳐 주소서"라고 외칩니다. 그런 연후 칼을 현관문 밖으로 칼끝이 밖으로 향할 때까지 던져서 칼끝이 밖으로 향하면 칼을 주워서 쌀통에 꽂았다가 빼면 효험이 있습니다.

  ⑤ 삼재든 사람이 새집으로 이사를 갔을 경우 마음이 편치 않을 때, 마른 쑥과 마른 빨간 고추를 한 움큼 준비하여 쇠로된 양푼이나 세숫대야에 넣은 다음 불을 붙여 연기가 나면, 이것을 가지고 집안 구석구석을 돌아다니며 둘러내면 좋은 기운을 가져올 수 있는 효험이 있습니다.

  ⑥ 집이나 가게 등 부동산을 매매하려는데 매매가 되질 않는 경우, 바늘 한 쌈을 준비하여 거실이나 안방의 사방 벽면의 벽지 속에 보이지 않게 찔러 넣습

니다. 다른 방법은 집 주변의 상가 등지에서 상가 각 대표자들의 명함을 얻어서 지갑에 간직하고 집의 동서남북 사방에서 흙 한 줌씩을 담아와 집 현관문 앞에 뿌려 놓습니다. 그리하면 효험을 볼 수도 있습니다.

보통 가위를 현관문안 위에 거꾸로 걸어 놓거나 매매부적을 사용하는 것이 널리 알려진 방법이라 하겠습니다.

⑧ 시험을 보러가는 사람에게는 손바닥에 勝(승, 이길 승)자를 쓰고 시험장에 입장하면 효험이 있다는데, 이는 심리적 안정을 가져와 좋은 결과를 볼 수 있습니다.

⑨ 사업이나 장사가 잘 않는 경우는 바가지에다 고춧가루와 막걸리를 휘휘 섞어서 사업장이나 가게의 현관문 앞에다 세 번을 휘둘러 뿌리면서 "터주신이시여 손님 많이많이 휘여 주소서"하고 세 번 외치면 효험을 볼 수 있습니다.

⑩ 꿈자리가 사나울 때에는 잠자는 방 네 귀퉁이에다가 기름종지 정도 크기의 종지에 고춧가루를 담아 놓으면 효험이 있습니다. 극약처방으로 부엌칼을 머리맡에 놓아두고 자는 경우도 있으나, 위험함으로 권하지 않겠습니다.

상기에 소개된 비방을 정성스럽고 진실하게 행한다면 반드시 효험을 보시리라 생각합니다. 삼재풀이 방법은 지방마다 혹은 이를 행하는 사람에 따라 다소 차이가 있을 수 있습니다. 그리고 삼재풀이 방법은 반드시 상기의 방법이 아니더라도 삼재에 해당하는 당사자가 형편에 맞게 정성을 다하여 처방하시면 됩니다.

한 가정에 삼재가 두 사람이상 해당이 될 경우는 소지 종이를 사람 수 만큼 준비하여 사용합니다. 가정에 삼재가 들어오면 음주가무飮酒歌舞(술마시고 노래하고 춤추는 짓)를 삼가고, 항상 근신자중謹愼自重, 인인자중忍忍自重(매사에 참고 또 참는 마음 가짐)하는 마음자세로 매사 조심스럽게 임하여야 합니다. 그리하면 삼재풀이를 하는 효과와 같다고 합니다. 천지신명께서도 이러한 모습에 감동받는 것은 당연한 것이라 하겠습니다.

(7) 삼재불입지지三災不入之地

　삼재불입지지三災不入之地란 삼재가 침범하지 못하는 땅, 즉 재앙이 없이 순탄하게 살아 갈 수 있는 좋은 땅을 말합니다. 크게는 병란兵亂(전쟁 등 이에 준하는 난리), 수재水災, 풍재風災, 화재火災가 일어나지 않는 땅을 말함이요, 작게는 질병이나 도둑, 사고가 없는 그런 길지吉地를 말합니다. 이 길지吉地가 풍수지리적風水地理的 도참사상圖讖思想의 십승지지十勝之地(10곳의 길지)로도 기록되어 있다고 합니다. 이 이외에도 삼재불입지지三災不入之地는 사찰寺刹터라든지 산수山水가 수려한 곳에 많이 존재하고 있으니 관심있는 독자는 연구해 보시기 바랍니다.

　여기서는 참고 문헌인 정감록鄭鑑錄에 소개된 여러 예언서에 나와 있는 것을 발췌하여 소개합니다. (지명地名은 현재의 지명과 다를 수 있습니다.) 예로부터 자주 거론되는 십승지지(十勝之地)입니다.

　풍기(현 경북 영천군 풍기면) 차암 금계촌, 가야산(현 경남 합천군) 남쪽 만수동, 공주(현 충남 공주군) 유구 마곡 사이, 예천(현 경북 예천군) 금당동 북쪽, 영월(현 강원도 영월군) 바로 동쪽 상류, 무주 무풍(현 전북 무주군 무풍면) 방동(方洞), 부안(현 전북 부안군) 호암(壺岩), 운봉(현 남원군 운봉면) 지리산 아래 동점동, 화산(현 경북 안동군), 보은(현 충북 보은군) 속리 난증항이라고 합니다. ※ 현재 군郡이 시市로 변경된 곳도 있으니 참고 바랍니다.

(8) 삼재조견표

✱ 표 보는 법

자신의 띠가 닭띠라면, 왼쪽 난에서 맨 아래 칸에 해당합니다.

자신의 띠인 닭띠를 찾고, 그대로 오른쪽으로 보면 해당하는 삼재 해를 알 수 있습니다.

즉, 돼지해, 쥐해, 소해가 삼재가 해당되는 해입니다.

여기에서는 사주 원리가 적용되는데, 삼합三合이된 첫 글자를 부딪히는(충冲하는) 해부터 삼재 가 시작되는 것입니다. 물과 불이 부딪히는 것과 같고, 나무와 쇠가 부딪히는 것과 같은 이치입니다. 충冲한다는 것은 움직임이 있다, 충돌한다, 불상사不祥事가 발생한다는 의미입니다.

✱ 삼재조견표三災早見表 ✱

자신이 해당하는 해 　　　　삼재 해	들 삼재	든 삼재	날 삼재	삼재때 만나는 나무, 불, 쇠, 물의 기운
호랑이띠, 말띠, 개띠 (寅 午 戌 띠 火局)	원숭이해 (신년申年)	닭해 (유년酉年)	개해 (술년戌年)	쇠의 기운을 만나는 것과 같다.
원숭이띠, 쥐띠, 용띠 (申 子 辰 띠 水局)	호랑이해 (인년寅年)	토끼해 (묘년卯年)	용해 (진년辰年)	나무의 기운을 만나는 것과 같다.
돼지띠, 토끼띠, 양띠 (亥 卯 未 띠 木局)	뱀해 (사년巳年)	말해 (오년午年)	양해 (미년未年)	불의 기운을 만나는 것과 같다.
뱀띠, 닭띠, 소띠 (巳 酉 丑 띠 金局)	돼지해 (해년亥年)	쥐해 (자년子年)	소해 (축년丑年)	물의 기운을 만나는 것과 같다.

2. 삼재(三災)를 물리치는 기도법(祈禱法)

(1) 삼재기도三災祈禱의 종류

삼재기도는 크게 기원祈願, 축원祝願, 발원發願의 세 가지로 나눌 수 있습니다.

첫째, 기원祈願
천지신명이나 불보살께 자기 자신이 간절히 바라는 일에 대하여 반드시 이루게 해달라는 간청懇請입니다.

〈예시〉

자신이 선택한 신이 용왕님이라면, "용왕님, 삼재소멸하시고 우리 아들이 바라는 ○○대학에 꼭 합격하게 하여 주세요", 관음세음보살님이라면, "관음세음보살님, 삼재소멸하시고 우리 아들이 바라는 ○○대학에 꼭 합격하게 하여 주세요"라고 합니다.

"용왕님, 삼재소멸하시고 집이 매매가 되질 않는데, 이번 달에 꼭 매매가 되게 하여주세요".
"용왕님, 삼재소멸하시고 내 남편이 중병에 걸렸는데 하루 빨리 완쾌하게 해주세요".
"용왕님, 삼재소멸하시고 제가 죽을병에 걸렸는데 완쾌되게 해주세요".
"용왕님, 삼재소멸하시고 아이를 잃어 버렸는데 하루 빨리 찾도록 도와주세요".
"용왕님, 삼재소멸하시고 우리 아들이 군에 입대하였는데 다치지 않고 무사히 군생활을 마치게 도와주세요".

"관음세음보살님, 제가 올해 든 삼재인데 삼재소멸하시고 무탈하게 도와주세요".
"관음세음보살님, 삼재소멸하시고 남편이 바람을 피우는데 바람 끼를 멈추게 해 주세요".

"관음세음보살님, 삼재소멸하시고 제가 외국에 가게 되었는데 아무 사고 없이 다녀오게 해주세요".

"관음세음보살님, 삼재소멸하시고 좋아 하는 사람이 생겼는데 그 사람하고 반드시 결혼하게 해주세요".

등 그 기원의 종류는 사람마다 환경마다 다를 것입니다. 다만 복권당첨이나 아파트당첨 등과 같이 한가지를 놓고 모든 사람이 다투듯이 자기 자신만을 위한 욕심으로 기도하는 것은 불가능한 욕심의 기도라고 생각하시면 됩니다. 설령 당첨되었다 하여도 그것은 기도의 효과가 아니라 우연이요, 한갓 요행僥倖 (뜻 밖의 혹은 의도되지 않은 행운)에 불과한 것입니다.

둘째, 축원祝願

자기 자신이외의 다른 사람이나 일가친척, 그리고 생명이 있는 모든 것들에 대하여 축복이 깃들도록 기도하는 것입니다. 부처님이나 관세음보살님, 혹은 천지신명님, 그리고 자신의 띠에 해당하는 신神들에 대하여 자신이 마음 가는 신에게 원하는 자기 자신의 축복이 아니라 다른 생명체들에 대한 기도라고 하겠습니다. 기도가 직접 그들에게 임하여 축복이 되도록 하는 것입니다.

〈예시〉

"관세음보살님, 이웃의 ○○씨가 암에 걸렸습니다. 치유를 하여주옵소서"

"산신님, 제 친구가 경제적 어려움에 처했습니다. 이를 잘 극복하게 도와주소서"

"불사대신님, 직장에 과장님이 교통사고를 당해서 많이 다쳤습니다. 하루 빨리 완쾌되도록 도와주소서"

"대자대비 하신 부처님, 강에서 미물인 잉어들이 죽어가고 있습니다. 부디 가피력으로 살려 주소서"

세째, 발원發願

"내가 어떻게 하겠습니다. 반드시 그렇게 되겠습니다."

"다시는 그렇게 안하겠습니다. ~ 하지 않겠습니다."하고 자신에 대하여 맹세하는 것입니다.

〈예시〉

"대자대비 하신 부처님, 좋은 아들이 되겠습니다."

"대자대비 하신 부처님, 좋은 남편(혹은 아내)가 되겠습니다."

"대자대비 하신 부처님, 부처님 법대로 살겠습니다."

'~하지 않겠다'고 맹세 하는 것도 발원입니다.

"대자대비 하신 부처님, 결코 부정한 짓을 저지르지 않겠습니다."

"대자대비 하신 부처님, 그릇된 직업을 갖지 않겠습니다."

"대자대비 하신 부처님, 남을 비방하지 않겠습니다."

"대자대비 하신 부처님, 금연을 하여 건강하게 살겠습니다."

이러한 세가지 기도 중에서 자신이 처한 상황을 잘 살펴서 가장 적합한 기도를 하면 됩니다.

(2) 무속신앙(巫俗信仰)의 삼재기도(三災祈禱)

무속신앙의 기도하는 신神의 대상은 띠별로 달리하고 있으니, 삼재기도를 할 때에 반드시 해당하는 신의 명호名號(이름)를 넣어야 합니다.

①쥐띠(鼠, 쥐 서)

쥐띠는 십이지지(十二支地) 중 자수(子水)로서 물의 기운을 가지고 태어난 띠입니다. 그래서 용왕(龍王)님을 원신(願神, 바라는 신)으로 마음에 두고 기도를 해야 합니다. 예를 들어 "용왕님, 삼재소멸하시고 도와주소서"라고 하며 기도 합니다.

②소띠(牛, 소 우)

소띠는 십이지지(十二支地) 중 축토(丑土)로서 토(土)는 땅이니, 땅의 기운을 가지고 태어난 띠입니다. 땅은 내가 태어난 터전이므로 조상님의 근기(根氣)가 깃들어 있다할 것입니다. 그래서 소띠는 조상(祖上)님을 마음에 두고 기도를 해야 합니다. 꿈에 나타나는 소는 보통 조상이라고 합니다. 예를 들어 "조상님, 삼재소멸하시고 도와주소서"라고 하며 기도 합니다.

③호랑이띠(虎, 범 호)

호랑이띠는 십이지지(十二支地) 중 인목(寅木)이니 나무의 기운을 가지고 태어난 띠입니다. 그래서 나무가 무성한 산의 산신(山神)님을 마음에 두고 기도를 해야 합니다. 산신님 옆에는 항상 호랑이가 함께 합니다. 예를 들어 "산신님, 삼재소멸하시고 도와주소서"라고 하며 기도 합니다.

④토끼띠(兎, 토끼 토)

토끼띠는 십이지지(十二支地) 중 묘목(卯木)이니 역시 나무의 기운을 가지고 태어난 띠입니다. 그래서 목신(木神)님을 마음에 두고 기도를 해야 합니다. 목신(木神)님이라고 하는 어감이 어색하면 불사대신(佛師大神)님을 마음에 두고 하여도 됩니다. 불사대신(佛師大神)님도 토끼띠에 해당하는 신(神)입니다. 예를 들어 "목신님(혹은 불사대신님), 삼재소멸하시고 도와주소서"라고 하며 기도 합니다.

⑤용띠(龍, 용)

용띠는 십이지지(十二支地) 중 진토(辰土)인데, 진토(辰土)는 수(水, 물)의 고장지(庫藏地, 물의 창고)이므로 물의 기운을 가지고 태어난 띠입니다. 그래서 용왕(龍王)님을 원신(願神, 바라는 신)으로 마음에 두고 기도를 해야 합니다. 예를 들어 "용왕님, 삼재소멸하시고 도와주소서"라고 하며 기도 합니다. 용(龍)은 용왕님의 환신(幻神, 용왕님이 변한 신)이기 때문입니다.

⑥뱀띠(蛇, 뱀 사)

뱀띠는 십이지지(十二支地) 중 사화(巳火)이니, 사화(巳火)라 함은 영혼(靈魂)의 불을 의미하는 것으로 조상신(祖上神)을 말합니다. 그래서 조상신(祖上神)을 마음에 두고 기도를 해야 합니다. 예를 들어 "조상님, 삼재소멸하시고 도와주소서"라고 하며 기도 합니다.

⑦말띠(馬, 말 마)

말띠는 십이지지(十二支地) 중 오화(午火)이니, 오화(午火)는 태양을 상징하기도 하며 하늘의 천신(天神)님을 상징하기도 합니다. 그래서 천신(天神)님을 마음에 두고 기도를 해야 합니다. 예를 들어 "천신님, 삼재소멸하시고 도와주소서"라고 하며 기도 합니다.

⑧양띠(羊, 양 양)

양띠는 십이지지(十二支地) 중 미토(未土)이니, 토(土)는 땅이므로 땅의 기운을 가지고 태어난 띠입니다. 땅은 내가 태어난 터전이므로 조상님의 근기(根氣)가 깃들어 있다할 것입니다. 그래서 소띠는 조상(祖上)님을 마음에 두고 기도를 해야 합니다. 예를 들어 "조상님, 삼재소멸하시고 도와주소서"라고 하며 기도 합니다.

⑨원숭이띠(猴, 원숭이 후)

원숭이띠는 십이지지(十二支地) 중 신금(申金)인데, 신금(申金)에는 임수(壬水)라는 물기운이 장생(長生, 건강하게 자라남)을 하고 있어 용왕님과 깊은 관계가 있습니다. 그래서 용왕(龍王)님을 원신(願神, 바라는 신)으로 마음에 두고 기도를 해야 합니다. 예를 들어 "용왕님, 삼재소멸하시고 도와주소서"라고 하며 기도 합니다.

⑩닭띠(鷄, 닭 계)

닭띠는 십이지지(十二支地) 중 유금(酉金)인데, 유금(酉金)은 역리학상(易理學上) 인퇴성(引退性)의 불교를 의미하며 불교에서도 특히 부처(佛, 부처 불)를 의미합니다. 또한 수 많은 부처님 중에서도 미륵불(彌勒佛)을 의미하는 것이니 미륵부처님을 마음에 두고 기도를 해야 합니다. 예를 들어 "미륵부처님, 삼재소멸하시고 도와주소서"라고 하며 기도 합니다.

⑪개띠(狗, 개 구)

개띠는 십이지지(十二支地) 중 술토(戌土)인데, 술토(戌土)는 산(山)에 해당하여 산신(山神)님을 마음에 두고 기도를 해야 합니다. 예를 들어 "산신님, 삼재소멸하시고 도와주소서"라고 하며 기도 합니다.

⑫돼지띠(猪, 돼지 저)

돼지띠는 십이지지(十二支地) 중 해수(亥水)이니, 해수(亥水)는 큰 바다를 상징하는 것으로써 용왕(龍王)님을 상징합니다. 그래서 용왕님을 마음에 두고 기도를 해야 합니다. 예를 들어 "용왕님, 삼재소멸하시고 도와주소서"라고 하며 기도 합니다.

(3) 띠별 기도祈禱의 방법

기도를 하는 당사자인 자신의 띠별로 해당하는 신神을 선택하여 기도하는 순서와 방법입니다.

〈예시〉
용띠 어머니가 소띠 아들을 위하여 하는 기도는 용띠 어머니의 신神인 용왕님의 명호名號를 부르며 기도 하여야 합니다.

1) 상위에 초, 향, 정수(淨水) 한 그릇을 깨끗한 상에 준비합니다.
2) 장소는 남에게 간섭받지 않고 기도하기 편안한 자리가 좋습니다.
3) 똑바로 선 상태에서 동서남북으로 허리를 굽혀 인사를 합니다.
4) 무릎을 꿇거나 정좌(책상다리)를 하고 앉습니다.
5) 두 손을 단정히 모으고 기도하는 자세를 잡습니다.
6) 눈을 지그시 감고 자신의 띠에 해당하는 신神의 명호名號를 입으로 소리 내어 3번 부릅니다.
7) 자신의 소원을 3번 말합니다.

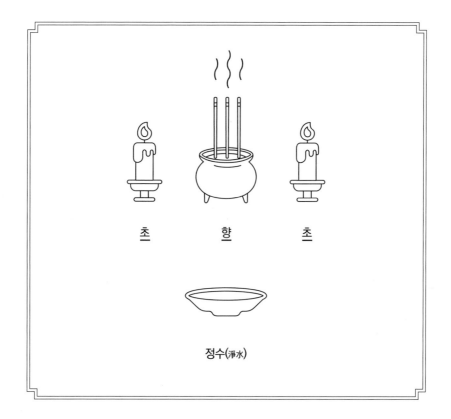

초   향   초

정수(淨水)

〈예시〉

"산신님, 산신님, 산신님. 군대간 우리 큰 아들이 삼재인데, 삼재를 물리치시고 무탈하게 도와주소서"

"산신님, 산신님, 산신님. 군대간 우리 큰 아들이 삼재인데, 삼재를 물리치시고 무탈하게 도와주소서"

"산신님, 산신님, 산신님. 군대간 우리 큰 아들이 삼재인데, 삼재를 물리치시고 무탈하게 도와주소서"

"산신님, 산신님, 산신님. 올해 수능시험보는 우리 아들이 삼재인데, 삼재를 물리치시고 시험 잘 보게 도와주소서"

"산신님, 산신님, 산신님. 올해 수능시험보는 우리 아들이 삼재인데, 삼재를 물리치시고 시험 잘 보게 도와주소서"

"산신님, 산신님, 산신님. 올해 수능시험보는 우리 아들이 삼재인데, 삼재를 물리치시고 시험 잘 보게 도와주소서"

기원하고자 하는 사람이 3명인 경우

"산신님, 산신님, 산신님.
 우리 남편이 올해 들 삼재라는데 아무탈 없이 건강하게 보살펴 주옵소서" (3번)

"산신님, 산신님, 산신님.
 우리 큰 딸이 올해 들 삼재라는데 아무탈 없이 건강하게 보살펴 주옵소서" (3번)

"산신님, 산신님, 산신님.
 우리 막내 아들이 올해 들 삼재라는데 아무탈 없이 건강하게 보살펴 주옵소서"(3번)

이렇게 반복을 하여 1시간 동안 계속 기도합니다. 그리고 하루 중 편한 시간을 정하여 이를 보통 3일 동안 지속적으로 기도하거나, 7일 동안 지속적으로 기도하거나, 100일 동안 지속적으로 기도해야 합니다만, 자신의 여건이 허락하는 범위 내에서 하는 것도 무방합니다. 이것이 3일 기도, 7일 기도, 100일 기도가 되는 것입니다. 기도하는 시기에는 삼재풀이 때와 마찬가지로 비린 것을 먹지 말며, 부정한 행위를 금禁하고 기도하는 마음은 간절하고 진실 되어야 합니다.

(4) 불보살佛菩薩의 삼재기도三災祈禱

우리가 생활하면서 불자佛子(불교 신자信者)가 아니더라도 놀라는 일이 발생하였거나 어려운 고통에 처해 있을 때에 무심코 입에서 흘러나오는 소리가 사람에 따라서 다르겠지만 "어머니" 혹은 "아버지"라든지, "관세음보살" 혹은 "하나님"이라고 하는 소리라고 생각합니다. 삼재라고 하는 것을 기독교 계통에서는 무시하는 경향이 있어 여기서는 불자 내지는 일반인을 위한 기도법을 설명하고자 합니다. 특히 그 중에서도 대자대비大慈大悲하신 관세음보살님을 마음에 두고 하는 기도에 대하여 설명하고자 하니 도움이 되었으면 합니다.

관세음보살님은 어떤 분이신가 알아보면,

관세음보살님은 대자대비大慈大悲의 상징으로서 우리에게 있어 수 많은 보살님 가운데 가장 널리 존숭尊崇(존경하고 숭배하는)되어지는 보살님을 말합니다. 불교의 사전적辭典的 의미로는 중생에게 온갖 두려움이 없는 무외심無畏心을 베푼다는 뜻으로 시무외자施無畏者라 하며, 자비를 위주로 하는 뜻으로 대비성자大悲聖者라 하며, 세상을 구제하므로 구세대사救世大士라고도 합니다.

관세음보살님은 이 세상을 구제救濟 교화教化함에 있어서 중생의 근기根器(바탕이 되는 그릇, 사람의 됨됨이)에 맞추어 여러 형체로 나타나시어 중생의 고통을 구제하시는 보살님입니다. 이러한 대자대비하신 관세음보살님에 대한 원력願力(기도하여 얻는 힘이나 효과)을 빌어 삼재팔난의 고통에서 벗어나고자 하는 것입니다.

(5) 불보살佛菩薩님의 기도祈禱의 방법

다음은 불보살佛菩薩에 대한 기도 방법입니다. 불보살이라 함은 부처님이나 모든 보살님께 원하는 기도를 하는 것입니다. 여기서는 관세음보살님의 명호를 위주로 설명하겠습니다. 기도할 장소는 특별히 정하지 않아도 됩니다. 관세음보살님의 기도는 때와 장소를 가리지 않고 마음속으로나 행동으로나 관세음보살님의 명호를 간절히 외우면 됩니다.

1) 108 염주를 준비합니다.

2) 108 염주를 가지고 염주 한 알씩 돌릴 때마다
  "관세음보살"을 한 번씩 마음속이나 입으로 외웁니다.

3) 108번의 "관세음보살" 다 외웠으면, 한 가지 소원을 3번 외웁니다.
  "관세음보살.......관세음보살(108번)"
  "막내 아들이 올해 들 삼재니 아무탈 없이 건강하게 보살펴 주옵소서"(3번)

4) 기원하고자 하는 사람이 3명인 경우
  "관세음보살.......관세음보살(108번)"
  "남편이 올해 들 삼재라는데 아무탈 없이 건강하게 보살펴 주옵소서"(3번)
  "관세음보살.......관세음보살(108번)"
  "큰 딸이 올해 들 삼재니 아무탈 없이 건강하게 보살펴 주옵소서"(3번)
  "관세음보살.......관세음보살(108번)"
  "막내 아들이 올해 들 삼재니 아무탈 없이 건강하게 보살펴 주옵소서"(3번)
  라고 하면 됩니다.

5)기도하는 기간을 정하여 할 수도 있습니다.

보통 기간을 잡아 사찰(절卍)이나 집에서 100일기도를 한다고 합니다만, 여건이 안 되는 사람은, 49일 기도나 삼칠일 기도, 즉 21일기도를 하여도 됩니다. 7일이나 3일 기도도 무방합니다. 기도 중이나 평소에나 항상 어려움에 처한 남을 돕고자하며 선행善行을 하는 생활을 실천하여야 하고, 진실하고 간절한 마음이 기본이 되어야 하는 것입니다. 저는 관음기도를 하여 덕을 입은 분들을 주위에서 보았습니다. 그러기에 관음기도법을 적극 권하여 드립니다. 기도법으로 삼재팔난을 무사히 극복하시길 진심으로 기원하는 바입니다.

※스님이나 도道 닦는 수행자가 기도에 들어가기에 앞서 비린 것이나 부정한 일을 하지 않는 이유는, 보통 기도하기 위해서는 심산유곡深山幽谷에 들어가는 것이 보통인데, 깊은 산중에는 맹수들이나 사람보다 힘이 세고 영특한 짐승들이 있게 마련입니다. 이러한 짐승들은 사람과 같이 신령神靈한 짐승(호랑이, 곰, 멧돼지, 사슴 등)이므로 비린 것을 먹은 사람이나 부정한 일을 한 사람을 단번에 알아보는 능력이 있습니다. 이러한 사람은 신령한 짐승이 거처하는 곳에는 부정不淨한 존재가 되므로 그 곳에 거처하는 맹수들이 가만두질 않고 공격을 하는 것입니다. 그래서 스님들이 지리산 등지에서 기도를 하실 때에는 절대 비린 것이나 부정한 일을 하지 않고 기도를 하신다고 합니다.

여담餘談으로 제가 아는 스님께 들은 이야기인데, 스님이 지리산 토굴에서 공부를 하고 계셨는데, 아랫 마을에서 맹수가 출현하여 개를 한 마리 물어 갔다고 합니다. 그런데 물어 간 개와 함께 있던 새끼를 밴 어미 개는 건들지도 않았다면서 하시는 말씀이, 호랑이가 얼마나 영물靈物인지 새끼 밴 어미 개는 물어가지 않았다고 하시면서 산에 사는 모든 짐승은 신령한 존재이므로 함부로 대해서도 함부로 생각해서도 안 된다고 하셨습니다.

또, 한번은 눈이 무릎까지 쌓인 한 겨울에 스님이 토굴에서 기도를 하고 있었는데, 토굴 밖에서 멧돼지의 거친 숨소리가 들려와서 밖으로 나가 보니 멧돼지가 배가 고팠는지, 토굴 앞에서 먹을 것을 달라는 시늉으로 앞다리로 땅을 긁고 있더랍니다. 그래서 스님이 먹으려고 갖다 놓은 감자를 주니 물고 가더랍니다. 며칠이 지나 다시 멧돼지가 찾아와서 스님은 감자를 주며, "이제 먹을 것이 떨어졌으니 오지 말아라" 하니 그 이후로는 멧돼지가 오지 않았다고 합니다. 그 당시 실제로 스님도 먹을 것이 떨어졌었답니다.

스님은 기도를 하시기 위해 토굴을 가시려면 반드시 쥐눈이 콩 두 말, 감자 조금을 짊어지고 산으로 가신다고 합니다. 그리고 산에서 생솔 잎과 생쑥을 주식으로 하고, 콩은 변비가 생기지 말라고 가끔 생으로 물과 함께 드신다고 합니다.

나중에 스님을 찾아뵙고 "왜 기도를 하시는지요."라고 여쭈니, 스님 말씀하시길, "죽을 때 맘 편히 죽으려고 기도하지."하고 답하셨습니다. 순간 뇌리에 스치는 무언가를 느꼈습니다.

심산유곡에서 기도를 하지 않더라도 정결한 신神을 존숭尊崇하는 마음을 가지라는 의미도 있으니 독자 여러분의 해량海量있으시길 바랍니다.

(6) 관세음보살님에 대한 원력願力

관세음보살님에 대한 원력願力은 법화경에 전하는 "칠난삼독七難三毒의 구고구난救苦救難"이니 이러한 어려움에 처했을 경우 입(口)으로 "관세음보살"을 지성껏 부르면 칠·난七難의 재앙을 면하게 된다고 합니다. 관음신앙·관음기도법에 소개된 칠난七難(일곱 가지의 어려움)은 다음과 같습니다.

①화난(火難): 불길 속에 들어도 무사하며,
②수난(水難): 물에 빠져도 살아나며,
③풍난(風難): 모진 바람을 만나도 살아나며,
④검난(劍難): 무서운 칼이 목을 내리쳐도 무사하며,
⑤귀난(鬼難): 나찰(羅刹, 사람을 잡아 먹는 악귀) 등이 괴롭혀도 무사하며,
⑥옥난(獄難): 죄가 있거나 없거나 감옥에서도 자유로우며,
⑦적난(賊難): 도적의 무리에서 자유롭도다.

다음, 마음(意)으로 "관세음보살"을 생각할 때는 삼독(三毒, 세 가지의 내 몸에 해로운 독소)의 독소가 녹아 내린다고 합니다. 삼독(三毒)은 다음과 같습니다.

① 남의 여자나 남자를 탐하는 음욕(淫慾)이 많은 자가 "관세음보살"을 생각하면 청량(清亮, 깨끗하고 정결한 마음)을 얻을 수 있습니다.
②남의 모든 말이나 행동이 눈과 귀에 거슬려서 분노로 주체하지 못하는 자가 "관세음보살"을 생각하면 기쁨을 이룰 수 있습니다.
③사물을 제대로 파악하지 못하는 어리석음이 많은 자가 "관세음보살"을 생

각하면 지혜를 이룰 수가 있습니다.

그리고 몸(身)으로 예배하고 공양하면 훌륭한 자녀를 얻게 된다고 하였습니다. 복덕과 지혜를 갖춘 아들을 원할 때나, 단정하고 잘생긴 딸을 원할 때 예배하고 공양하면 뜻과 같이 이룰 수 있다고 합니다. 여러 독자님들도 "입(口)"과 "마음(意)"과 "몸(身)"으로 "관세음보살"을 지성껏 독송하고 공양하여 소원성취 이루시길 진심으로 기원하는 바입니다.

저의 경험은 어느 날 꿈에서 악귀에 시달리고 있었는데, 저도 모르게 꿈속에서 "관세음보살"을 외치니 신기하게도 악귀들이 사라지며 마음의 안정을 찾았던 적이 있었습니다.

또 제가 아는 분 중에서 그 분은 기해생己亥生 불자佛子이신데, 2002년도 임오년壬午年 든 삼재에 급한 일이 생겨 집을 급매하려고 내놓고 관세음보살님을 찾는 기도를 삼일동안 지성껏 하였는데, 삼일이 되는 날 밤, 신기하게도 집이 매매되는 선몽鮮夢을 하여 다음날 실제로 매매가 성사되었다고 합니다. 우연일 수도 있지만 주변에서 이러한 일들이 심심찮게 일어나는 것에 대하여 경외감을 갖지 않을 수 없습니다.

"칠난삼독七難三毒의 구고구난救苦救難"이 외에도 "관세음보살"의 명호를 외우면 열 다섯가지의 악사惡事를 면하게 되고, 열 다섯가지의 선생善生이 함께 하게 된다고 합니다. 그러면 열 다섯가지의 악사惡事가 무엇인지, 열 다섯가지의 선생善生이 무엇인지를 알아 보겠습니다.

열 다섯가지의 악사惡事란,
굶주려 죽는 것, 매 맞아 죽는 것, 복수를 당하여 죽는 것, 전쟁터에서 죽는 것, 사나운 짐승에게 물려 죽는 것, 독사에게 물려 죽는 것, 불에 타고 물에 빠져 죽는 것, 독약을 먹어 죽는 것, 독벌레에 물려 죽는 것, 실성하고 미쳐서 죽는 것, 산사태가 나서 묻혀 죽는 것, 남으로부터 저주받아 죽는 것, 귀신에 홀려 죽는 것, 병들어 죽는 것, 자살(自殺)을 하는 것을 말합니다.

열 다섯가지의 선생(善生)이란,

항상 좋은 임금님을 만나는 것, 항상 좋은 나라에서 태어나는 것, 항상 좋은 시절을 만나는 것, 항상 좋은 친구를 만나는 것, 몸과 마음이 고루 건강한 것, 도심(道心)이 우러나는 것, 금계(禁戒)를 범하지 않는 것, 권속끼리 은의(恩義)가 있어 서로 화순(和順)한 것, 재물이 풍족한 것, 가진 재물을 남에게 빼앗기지 않는 것, 항상 남으로부터 공경과 도움을 받는 것, 뜻하는 바 대로 만사가 형통하는 것, 천룡선신(天龍善神)이 항상 돕는 것, 가는 곳마다 불법(佛法)을 듣는 것, 귀로 들음으로써 정법(正法)을 깨치는 것,

진정 15악사를 면하고 15선생을 누릴 수 있다면 삼재팔난 소멸과 함께 이 현실세계에서의 행복은 그것으로 충분하다고 여겨집니다. 그저 "관세음보살" 이름을 외우기만 하면 현세적 불행을 없애주고 이상적인 행복을 가져다주는 관세음보살님, 그러기에 불행한 일을 당하거나 삼재가 들어 고민하는 사람은 관세음보살을 지성껏 불렀고, 행복을 얻은 사람은 관세음보살을 찾아가서 깊은 감사를 드렸던 것입니다.

3. 삼재를 물리치는 격물치지법格物致知法

　격물치지格物致知란 사물의 이치를 연구하여 어떠한 정확한 결과를 얻는 것을 말하는데, 이는 대자연의 섭리를 따르는 이치에서 관찰되어지는 것입니다. 자신의 띠에 대한 의미를 잘 살펴서 미래 예측과 삼재팔난을 벗어나는 기본적 자료로 활용하면 좋은 결과가 있을 것입니다.

　대자연의 섭리인 음양오행陰陽五行의 이치에 따라 삼재 때 주의해야 할 점과 방침을 띠별로 적어 놓으니 활용하길 바랍니다.

　현대에 살고 있는 우리는 돌연사突然死하거나, 불치병을 얻는 것이나, 급작스런 교통사고를 당하거나, 부도不渡가 나거나 하는 등의 위험에서 하루도 걱정을 하지 않는 날이 없다고 해도 과언은 아닙니다. 특히 삼재라고 하는 알게 모르게 정신적 압박으로 다가오는 흉운은 이에 대한 스트레스를 더욱 가중시키고 있습니다. 이러한 고통에서 전부, 혹은 일부라도 벗어나고자 격물치지의 삼재 예방법을 소개하는 것이니 많은 활용이 있기를 바랍니다.

　※삼재 때 피해야 할 장소가 있는데, 자신이 거주하는 곳, 자신이 직접 근무하는 직장이나 직업으로 하고 있는 일에 대한 장소는 큰 영향이 없으니 참고하시기 바랍니다. 삼합三合의 띠와는 내용을 같이 합니다. 그리고 옷 색깔의 적용은 옷 뿐만 아니라 다른 물건에도 응용하시면 좋으리라 생각합니다.

쥐띠 - (자子)

　쥐띠인 자수子水는 음양오행으로 보아 수기운水氣運(물 기운)에 속합니다. 기운은 양기陽氣이니 겉으로 드러나는 사물을 뜻하여 주로 겉으로 드러난 물과 관련된 사물을 뜻합니다. 그러므로 쥐띠는 본래 가지고 있는 특성이 물과 관련이 깊은 까닭에 평소에는 물과 관련된 일이나 물과 친숙하게 지낼 수 있지만, 삼재가 닥치면 물 조심을 해야 하는 것입니다. 그래서 사고가 예상되는 곳을 되도록 피해야 하는데, 장소로는 호수, 강, 바다, 수로水路, 해수욕장, 목욕탕, 습식 사우나, 음습한 지하실, 술집 등입니다.

　그리고 인체에 있어서는 남녀의 생식기生殖器나 여자의 자궁子宮에 해당하며, 오장육부五臟六腑로는 신장腎臟(콩팥)이나 방광膀胱(오줌보)을 뜻하며 갑상선甲狀腺에도 해당이 되고 있으니 역시 삼재 때에는 이러한 곳의 질병에 신경을 써야 할 것입니다. 아래 이에 대한 삼재 예방법을 소개하니 미신이라 치부하지 말고 좀 더 긴장하는 의미에서 받아 들였으면 하는 바램입니다.

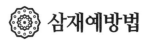 **삼재예방법**

1월생 쥐띠 (寅月生)

① 외출시 입는 옷 색깔: 붉은 색 계통

② 외출시 피하는 옷 색깔: 흰 색이나 검은 색 계통

③ 집안에 들여 놓지 말아야 할 물건: 어항, 가정용 미니분수대, 어패류 껍질

④ 피해야 할 장소: 술집, 대중 목욕탕, 나이트클럽, 지하실로 된 상점이나 지하실, 양어장, 해수욕장, 수영장, 저수지, 연못, 강가

⑤ 하지 말아야 할 행위: 음주가무 행위, 부정한 외도(外道)

2월생 쥐띠 (卯月生)

① 외출시 입는 옷 색깔: 붉은 색 계통

② 외출시 피하는 옷 색깔: 흰 색 계통

③ 집안에 들여 놓지 말아야 할 물건: 도검(刀劍, 칼) 종류, 어항, 애완용 닭이나 닭의 그림

④ 피해야 할 장소: 술집, 대중 목욕탕, 나이트클럽, 지하실로 된 상점이나 지하실, 양어장, 해수욕장, 수영장, 저수지, 연못, 강가

⑤ 하지 말아야 할 행위: 부정한 외도는 절대 금물(성병의 우려가 많음)

3월생 쥐띠 (辰月生)

① 외출시 입는 옷 색깔: 청색이나 녹색 계통

② 외출시 피하는 옷 색깔: 흰 색이나 검은 색 계통

③ 집안에 들여 놓지 말아야 할 물건: 어항, 용의 그림 조각품, 수석, 고양이

④ 피해야 할 장소: 술집, 대중 목욕탕, 나이트클럽, 지하실로 된 상점이나 지하실, 양어장, 해수욕장, 수영장, 저수지, 연못, 강가

⑤ 하지 말아야 할 행위: 수영, 습식 사우나, 음주가무, 타인과의 시비(是非)를 따지는 일

4월생 쥐띠 (巳月生)

① 외출시 입는 옷 색깔: 흰 색이나 검은 색 계통

② 외출시 피하는 옷 색깔: 붉은 색 계통

③ 집안에 들여 놓지 말아야 할 물건: 목재 가구류, 조류(鳥類) 그림이나 조각품, 애완견

④ 피해야 할 장소: 화기를 취급하는 장소, 숯가마, 도자기 굽는 터

⑤ 하지 말아야 할 행위: 등산, 패러글라이딩, 비행기 여행

5월생 쥐띠 (午月生)

① 외출시 입는 옷 색깔: 청색이나 녹색 계통

② 외출시 피하는 옷 색깔: 붉은 색이나 검은 색 계통

③ 집안에 들여 놓지 말아야 할 물건: 전자제품, 어항, 애완견

④ 피해야 할 장소: 모닥불, 사우나, 양어장, 해수욕장, 저수지, 연못, 강가

⑤하지 말아야 할 행위: 타인과의 시비(是非)를 따지는 일, 등산, 배타는 것

6월생 쥐띠 (未月生)

① 외출시 입는 옷 색깔: 흰 색이나 검은 색 계통

② 외출시 피하는 옷 색깔: 붉은 색이나 노란 색 계통

③ 집안에 들여 놓지 말아야 할 물건: 난로 등 열을 내는 기구, 애완견

④ 피해야 할 장소: 모래사장, 황토 흙이 많은 곳, 산, 찜질 방, 개가 많은 곳

⑤ 하지 말아야 할 행위: 흙을 다루는 일, 종교에 심취하는 것, 나무를 심거나 베는 일

7월생 쥐띠 (申月生)

① 외출시 입는 옷 색깔: 청색이나 녹색, 붉은 색 계통

② 외출시 피하는 옷 색깔: 흰 색이나 검은 색 계통

③ 집안에 들여 놓지 말아야 할 물건: 어항, 물고기 그림, 수석이나 산수화

④ 피해야 할 장소: 술집, 대중 목욕탕, 나이트클럽, 지하실로 된 상점이나 지하실, 양어장, 해수욕장, 수영장, 저수지, 연못, 강가

⑤하지 말아야 할 행위: 과음(過飮), 과식(過食), 배타는 것

8월생 쥐띠 (酉月生)

① 외출시 입는 옷 색깔: 붉은 색이나 노란 색 계통

② 외출시 피하는 옷 색깔: 흰 색이나 검은 색 계통

③ 집안에 들여 놓지 말아야 할 물건: 수석(壽石), 돌이나 쇠붙이, 도검 종류

④ 피해야 할 장소: 대중이 많이 모이는 곳, 도살장(屠殺場) 특히 닭 잡는 곳

⑤ 하지 말아야 할 행위: 문란한 성행위(性行爲)

9월생 쥐띠 (戌月生)

① 외출시 입는 옷 색깔: 흰 색이나 검은 색 계통

② 외출시 피하는 옷 색깔: 노란 색이나 붉은 색 계통

③ 집안에 들여 놓지 말아야 할 물건: 애완견, 전자제품

④ 피해야 할 장소: 술집, 개사육장, 넓은 운동장

⑤ 하지 말아야 할 행위: 과음(過飮), 등산

10월생 쥐띠 (亥月生)

① 외출시 입는 옷 색깔: 노란 색이나 붉은 색 계통

② 외출시 피하는 옷 색깔: 흰 색이나 검은 색 계통

③ 집안에 들여 놓지 말아야 할 물건: 어항, 물고기 그림, 수석이나 산수화

④ 피해야 할 장소: 해수욕장, 양돈장, 저수지, 연못, 강가

⑤ 하지 말아야 할 행위: 수영, 문란한 성행위, 과음, 과식, 배타는 것

11월생 쥐띠 (子月生)

① 외출시 입는 옷 색깔: 노란 색이나 붉은 색 계통

② 외출시 피하는 옷 색깔: 흰 색이나 검은 색 계통

③ 집안에 들여 놓지 말아야 할 물건: 고양이, 어항, 물고기 그림, 수석, 산수화

④ 피해야 할 장소: 해수욕장, 저수지, 연못, 강가

⑤ 하지 말아야 할 행위: 문란한 성행위(性行爲)

12월생 쥐띠 (丑月生)

① 외출시 입는 옷 색깔: 흰 색이나 검은 색, 청색이나 녹색, 붉은 색 계통

② 외출시 피하는 옷 색깔: 노란 색

③ 집안에 들여 놓지 말아야 할 물건: 수석(壽石), 애완견, 고양이

④ 피해야 할 장소: 높고 험한 산, 섬(島)

⑤ 하지 말아야 할 행위: 등산, 낚시, 원행(遠行)

소띠 - (축丑)

　소띠인 축토丑土는 음양오행으로 보아 토기운土氣運(땅의 기운)에 속합니다. 기운은 음기陰氣이니 속으로 감춰져 있는 보이지 않는 음습한 땅과 관련된 사물을 뜻합니다. 또한 축토丑土를 금기金氣의 묘고지墓庫地라고 하여 밀폐된 공간이나 장소를 의미하기도 합니다.

　그러므로 소띠는 본래 가지고 있는 특성이 땅과 관련이 깊은 까닭에, 삼재 때에는 발을 헛디뎌 다친다거나, 계단에서 굴러 떨어진다거나, 도로에서 봉변을 당한다거나, 교통사고를 당한다거나하는 등의 불의의사고를 조심해야 합니다.

　또한 음습한 기운이 작용을 하므로 우울증이나, 염세적인 성격이 나타나 심하면 자살기도를 하는 등 사회생활에 적응을 못하여 불편함을 겪는 수도 있습니다. 그러니 항상 정신 건강에 신경을 써야 하고, 주의력이 산만하지 않도록 하여 사고예방에 최선을 다하여야 합니다.

사고 예상 장소로는 차고, 비탈길, 자갈 밭, 모래사장, 야산野山에 있는 숲 속, 동굴, 지하실, 지하층에 있는 영업장, 기찻길, 차도, 부동산중개업소, 고물상 등이니 가급적 피해야할 장소입니다.

그리고 인체에 있어서는 팔이나 다리를 의미하며, 오장육부五臟六腑로는 비장脾臟이나 위장胃臟에 해당하며, 맹장盲腸, 늑막肋膜에도 해당이 되고 있으니 삼재 때에는 이러한 곳의 질병에 신경을 써야 할 것입니다.

 ## 삼재예방법

1월생 소띠 (寅月生)

① 외출시 입는 옷 색깔: 붉은 색 계통
② 외출시 피하는 옷 색깔: 흰 색이나 검은 색 계통
③ 집안에 들여 놓지 말아야 할 물건: 어항, 물고기 그림, 산수화, 수석
④ 피해야 할 장소: 지하실, 지하주차장, 지하층에 있는 영업장(클럽 등)
⑤ 하지 말아야 할 행위: 등산, 음주가무, 야밤의 고성방가, 뱃놀이

2월생 소띠 (卯月生)

① 외출시 입는 옷 색깔: 붉은 색 계통
② 외출시 피하는 옷 색깔: 흰 색이나 검은 색 계통
③ 집안에 들여 놓지 말아야 할 물건: 쇠붙이, 수석(壽石), 어항, 물고기 그림, 닭이나 새 그림
④ 피해야 할 장소: 오래된 옛날 집, 지하실, 지하주차장, 지하나이트클럽,
⑤ 하지 말아야 할 행위: 문란한 성생활, 화투, 포커, 내기당구, 도박

3월생 소띠 (辰月生)

① 외출시 입는 옷 색깔: 청색이나 녹색 계통

② 외출시 피하는 옷 색깔: 흰 색이나 검은 색, 노란색 계통

③ 집안에 들여 놓지 말아야 할 물건: 닭, 닭 그림, 새 그림, 용 그림, 산수화

④ 피해야 할 장소: 지하실, 지하주차장, 양어장, 해수욕장, 강, 바다

⑤ 하지 말아야 할 행위: 장기간 여행, 등산

4월생 소띠 (巳月生)

① 외출시 입는 옷 색깔: 흰 색이나 검은 색 계통

② 외출시 피하는 옷 색깔: 청색이나 녹색, 붉은 색 계통

③ 집안에 들여 놓지 말아야 할 물건: 닭, 새 종류, 닭 그림이나 새 그림

④ 피해야 할 장소: 도로 한복판, 보일러실, 광산, 도박장

⑤ 하지 말아야 할 행위: 도로에서 자동차 경주, 잦은 직업변경

5월생 소띠 (午月生)

① 외출시 입는 옷 색깔: 흰 색이나 검은 색 계통

② 외출시 피하는 옷 색깔: 청색이나 녹색, 노란 색, 붉은 색 계통

③ 집안에 들여 놓지 말아야 할 물건: 모형비행기, 닭 그림이나 새 그림

④ 피해야 할 장소: 번지점프대, 놀이공원, 비탈길, 비행장, 구름다리

⑤ 하지 말아야 할 행위: 등산, 놀이기구, 장시간 운전, 문란한 성생활

6월생 소띠 (未月生)

① 외출시 입는 옷 색깔: 청색이나 녹색 계통

② 외출시 피하는 옷 색깔: 노란 색, 붉은 색 계통

③ 집안에 들여 놓지 말아야 할 물건: 산수화, 수석, 도자기, 유리제품

④ 피해야 할 장소: 가파른 계단, 구름다리, 험한 산, 논 밭, 비탈길, 좁은 도로나 골목

⑤ 하지 말아야 할 행위: 남과 시비(是非)를 붙는 것, 욕설, 뒤에서 남을 비방하는 일

7월생 소띠 (申月生)

① 외출시 입는 옷 색깔: 붉은 색 계통

② 외출시 피하는 옷 색깔: 흰 색이나 검은 색 계통

③ 집안에 들여 놓지 말아야 할 물건: 큰 돌, 쇠붙이, 어항, 남이 신던 신발

④ 피해야 할 장소: 도로 한복판, 약수터, 울창한 숲, 바위가 많은 산

⑤ 하지 말아야 할 행위: 교통신호 무시, 잘난 체, 따져 묻고 대드는 일

8월생 소띠 (酉月生)

① 외출시 입는 옷 색깔: 붉은 색 계통

② 외출시 피하는 옷 색깔: 흰 색이나 검은 색 계통

③ 집안에 들여 놓지 말아야 할 물건: 도자기, 유리제품, 금불상, 고양이

④ 피해야 할 장소: 한적한 암자(庵子), 우물가, 바위가 많은 계곡

⑤ 하지 말아야 할 행위: 소극적 태도, 지나친 질투, 싸움

9월생 소띠 (戌月生)

① 외출시 입는 옷 색깔: 흰 색이나 검은 색 계통

② 외출시 피하는 옷 색깔: 붉은 색 계통

③ 집안에 들여 놓지 말아야 할 물건: 애완견이나 개의 모형, 큰 돌, 칼, 전자제품

④ 피해야 할 장소: 높고 험한 산, 다리, 고층빌딩, 비탈 길, 토굴 속

⑤ 하지 말아야 할 행위: 등산, 행글라이딩, 소송(訴訟), 돈놀이

10월생 소띠 (亥月生)

① 외출시 입는 옷 색깔: 청색이나 녹색, 붉은 색 계통

② 외출시 피하는 옷 색깔: 흰 색이나 검은 색 계통

③ 집안에 들여 놓지 말아야 할 물건: 어항, 강, 바다 그림, 물고기 그림, 소라껍질

④피해야 할 장소: 바다, 강, 호수, 저수지, 음습한 지하실

11월생 소띠 (子月生)

① 외출시 입는 옷 색깔: 청색이나 녹색, 붉은 색 계통

② 외출시 피하는 옷 색깔: 흰 색이나 검은 색 계통

③ 집안에 들여 놓지 말아야 할 물건: 어항, 산수화, 물고기 그림

④ 피해야 할 장소: 음습한 지하실, 지하주차장, 지하층의 술집

⑤ 하지 말아야 할 행위: 문란한 성행위, 가족 간 의견충돌

12월생 소띠 (丑月生)

① 외출시 입는 옷 색깔: 붉은 색 계통

② 외출시 피하는 옷 색깔: 흰 색이나 검은 색 계통

③ 집안에 들여 놓지 말아야 할 물건: 애완견, 수석, 유리제품, 소 그림

④ 피해야 할 장소: 지하주차장, 지하층의 술집, 비탈 길, 철재계단

⑤ 하지 말아야 할 행위: 종교몰입, 어두운 곳에서의 운동, 암벽등반

호랑이띠 - (인寅)

호랑이띠인 인목寅木은 음양오행으로 보아 목기운木氣運(나무의 기운)에 속합니다. 기운은 양기陽氣이니 겉으로 드러나는 사물을 뜻하여 주로 겉으로 드러난 물과 관련된 사물을 뜻합니다. 또한 인목寅木 속에는 불기운이 들어있어 전기나 전자제품, 불과 관련된 기구를 의미하기도 합니다. 호랑이띠가 본래 가지고 있는 특성이 나무와 전기, 전자 혹은 불에 관련된 까닭에 평소 나무를 다루는 일을 좋아 하거나 화기火氣를 취급하는 일이 잦을 수 있는데, 삼재때에는 나무에 의하여 다치거나 화재로 인하여 피해를 볼 수 있겠고, 도로가에 있는 가로수를 상징하기도하니 도로상 횡액도 주의하여야 합니다.

사고 예상 장소로는 보일러실, 도로, 터미널, 산속의 오솔길, 숲이 울창한 계곡, 목재소, 통신시설이 있는 곳, 전기를 취급하는 곳, 고층건물이 밀집된 곳, 인화물질 취급소 등이니 가급적 피해야할 장소입니다.

그리고 인체에 있어서는 머리, 얼굴, 눈, 팔, 손, 근육등을 의미하며, 오장육부五臟六腑로는 간장肝臟이나 담膽(쓸개)에 해당이 되고 있으니 삼재 때에는 이러한 곳의 질병에 신경을 써야 할 것입니다.

✿ 삼재예방법

1월생 호랑이띠 (寅月生)

① 외출시 입는 옷 색깔: 붉은 색 계통

② 외출시 피하는 옷 색깔: 검은 색 계통

③ 집안에 들여 놓지 말아야 할 물건: 어항, 물고기 그림, 가구, 목재류, 분재

④ 피해야 할 장소: 계곡, 목재소, 동물원, 바닷가, 강, 저수지

⑤ 하지 말아야 할 행위: 불장난, 전기취급, 등산

2월생 호랑이띠 (卯月生)

① 외출시 입는 옷 색깔: 붉은 색 계통

② 외출시 피하는 옷 색깔: 검은 색 계통

③ 집안에 들여 놓지 말아야 할 물건: 분재, 수석, 산수화, 대나무

④ 피해야 할 장소: 수영장, 관공서, 고택(古宅, 옛날에 지은 오래된 집)

⑤ 하지 말아야 할 행위: 수영, 스키, 낚시, 과음(過飮)

3월생 호랑이띠 (辰月生)

① 외출시 입는 옷 색깔: 청색이나 녹색 계통

② 외출시 피하는 옷 색깔: 붉은 색 계통

③ 집안에 들여 놓지 말아야 할 물건: 고양이, 어항, 산수화 병풍, 도자기

④ 피해야 할 장소: 수산물시장, 여관, 방파제, 친척집

⑤ 하지 말아야 할 행위: 남을 비방하는 짓, 부동산 소개, 친구 소개

4월생 호랑이띠 (巳月生)

① 외출시 입는 옷 색깔: 검은 색 계통

② 외출시 피하는 옷 색깔: 붉은 색이나 흰 색 계통

③ 집안에 들여 놓지 말아야 할 물건: 인화물질, 꽃이나 새, 꽃이나 새 그림

④ 피해야 할 장소: 극장, 백화점, 보일러실, 도심의 번화가

⑤ 하지 말아야 할 행위: 불장난, 과도한 종교심취, 과음(過飮)

5월생 호랑이띠 (午月生)

① 외출시 입는 옷 색깔: 흰 색이나 검은 색 계통

② 외출시 피하는 옷 색깔: 붉은 색 계통

③ 집안에 들여 놓지 말아야 할 물건: 가전제품, 인화물질, 꽃이나 새, 꽃이나 새 그림, 말(馬) 그림 또는 조각, 호랑이 그림이나 조각, 애완견

④ 피해야 할 장소: 긴 다리(橋), 극장, 경마장, 모닥불, 예식장

⑤ 하지 말아야 할 행위: 음주(飮酒), 등산, 비행기 타는 것, 행글라이딩

6월생 호랑이띠 (未月生)

① 외출시 입는 옷 색깔: 검은 색 계통

② 외출시 피하는 옷 색깔: 노란 색이나 붉은 색 계통

③ 집안에 들여 놓지 말아야 할 물건: 돌로 만든 장식품, 남이 갖다 준 음식물

④ 피해야 할 장소: 과수원, 술집, 종교집회장, 야외 캠프장

⑤ 하지 말아야 할 행위: 깊은 사색(思索), 문란한 성행위, 도박

7월생 호랑이띠 (申月生)

① 외출시 입는 옷 색깔: 붉은 색 계통

② 외출시 피하는 옷 색깔: 흰 색 계통

③ 집안에 들여 놓지 말아야 할 물건: 쇠붙이, 수석, 도검류

④ 피해야 할 장소: 돌 계단, 에스컬레이터, 방파제, 채석장

⑤ 하지 말아야 할 행위: 싸움, 과속(過速), 신호위반

8월생 호랑이띠 (酉月生)

① 외출시 입는 옷 색깔: 검은 색 계통

② 외출시 피하는 옷 색깔: 흰 색 계통

③ 집안에 들여 놓지 말아야 할 물건: 수석(壽石), 닭, 호랑이 그림, 유리제품

④ 피해야 할 장소: 양계장, 나이트클럽, 야구장, 고물상, 홍등가, 갯벌

⑤ 하지 말아야 할 행위: 홍등가(紅燈街)출입, 스포츠관람, 신경질

9월생 호랑이띠 (戌月生)

① 외출시 입는 옷 색깔: 청색이나 녹색, 검은 색 계통

② 외출시 피하는 옷 색깔: 노란색이나 붉은 색 계통

③ 집안에 들여 놓지 말아야 할 물건: 애완견, 말 그림이나 모형, 가진제품, 남이 쓰던 물건

④ 피해야 할 장소: 지하실, 보일러실, 공중화장실, 놀이터, 옛 성터

⑤ 하지 말아야 할 행위: 과음(過飮), 불장난, 시나친 컴퓨터 사용

10월생 호랑이띠 (亥月生)

① 외출시 입는 옷 색깔: 붉은 색 계통

② 외출시 피하는 옷 색깔: 청색이나 녹색, 흰 색이나 검은 색 계통

③ 집안에 들여 놓지 말아야 할 물건: 가구류, 어항, 분재(盆栽)

④ 피해야 할 장소: 여관, 지하실, 울창한 숲속이나 계곡, 수영장, 홍등가

⑤ 하지 말아야 할 행위: 홍등가(紅燈街)출입, 지하층의 술집, 뱃놀이

11월생 호랑이띠 (子月生)

① 외출시 입는 옷 색깔: 붉은 색 계통

② 외출시 피하는 옷 색깔: 흰 색이나 검은 색 계통

③ 집안에 들여 놓지 말아야 할 물건: 수석(壽石), 어항

④ 피해야 할 장소: 바닷가, 저수지, 강, 홍등가(紅燈街)

⑤ 하지 말아야 할 행위: 문란한 성생활, 불법행위, 소송(訴訟)

12월생 호랑이띠 (丑月生)

① 외출시 입는 옷 색깔: 붉은 색 계통

② 외출시 피하는 옷 색깔: 흰 색이나 검은 색 계통

③ 집안에 들여 놓지 말아야 할 물건: 수석, 어항, 유리제품, 도자기

④ 피해야 할 장소: 동굴, 터널, 지하주차장, 지하실, 그늘진 산속, 갯벌

⑤ 하지 말아야 할 행위: 도박, 남과의 시비(是非), 공무원과의 다툼

토끼띠 - (묘卯)

토끼띠인 묘목卯木은 음양오행으로 보아 목기운木氣運(나무의 기운을 가진 풀의 기운)에 속합니다. 기운은 음기陰氣이니 속으로 감춰져 있는 보이지 않는 사물을 뜻합니다. 또한 묘목卯木이라는 것은 의류衣類(옷, 옷을 만드는 천은 풀이 원료로 사용되기도 함)를 의미하기도 하니 옷과 관련이 있다고 하겠습니다. 토끼띠는 본래 가지고 있는 특성이 풀과 관련이 깊은 까닭에, 풀밭을 다니다가 전염병에 감염된다든지, 옷을 잘 못 입어 남에게 비웃음을 사 마음의 상처를 받는다든지 하는 일들을 경계해야 할 것입니다. 주의해야 할 장소로는 풀밭, 농장, 야산野山, 가구점, 제재소나 목재소, 옷감이나 실을 생산하는 공장, 목욕탕(옷을 입고 벗는 의미) 등이니 가급적 피해야할 장소입니다.

그리고 인체에 있어서는 목과 팔 다리, 근육, 각기관의 구멍竅(구멍 규, '구규九竅': 눈2, 코2, 입1, 귀2, 대소변2, - 생식기1을 포함하면 '십규十竅'라고 함)들을 의미하며, 오장육부五臟六腑로는 간장肝臟이나 담膽(쓸개)에 해당이 되고 있으니 삼재 때에는 이러한 곳의 질병에 신경을 써야 할 것입니다.

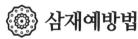 삼재예방법

1월생 토끼띠 (寅月生)

① 외출시 입는 옷 색깔: 붉은 색 계통

② 외출시 피하는 옷 색깔: 흰 색이나 검은 색 계통

③ 집안에 들여 놓지 말아야 할 물건: 어항, 물고기 그림, 나무, 가구류

④ 피해야 할 장소: 수영장, 강, 목재소, 산신당(山神堂), 극장

⑤ 하지 말아야 할 행위: 뱃놀이, 낚시, 음주가무(飮酒歌舞)

2월생 토끼띠 (卯月生)

① 외출시 입는 옷 색깔: 붉은 색 계통

② 외출시 피하는 옷 색깔: 청색이나 녹색, 흰 색이나 검은 색 계통

③ 집안에 들여 놓지 말아야 할 물건: 어항, 나무, 가구류, 도자기, 유리제품

④ 피해야 할 장소: 수영장, 해수욕장, 강, 목재소

⑤ 하지 말아야 할 행위: 잘난체, 남과의 시비(是非), 남을 비방하는 일

3월생 토끼띠 (辰月生)

① 외출시 입는 옷 색깔: 청색이나 녹색 계통

② 외출시 피하는 옷 색깔: 노란색이나 붉은 색 계통

③ 집안에 들여 놓지 말아야 할 물건: 수석, 산수화, 병풍, 새나 새 그림

④ 피해야 할 장소: 비탈진 언덕, 방파제, 댐, 약수터, 운동장, 지하실

⑤ 하지 말아야 할 행위: 일가친척들과의 다툼, 손 윗사람에게 대드는 일

4월생 토끼띠 (巳月生)

① 외출시 입는 옷 색깔: 흰 색이나 검은 색 계통

② 외출시 피하는 옷 색깔: 붉은 색 계통

③ 집안에 들여 놓지 말아야 할 물건: 새 그림, 애완견, 장식용 술, 가전제품

④ 피해야 할 장소: 보일러실, 백화점, 모닥불, 홍등가, 밤거리, 목욕탕

⑤ 하지 말아야 할 행위: 과음, 과식, 불장난, 지나친 컴퓨터 사용

5월생 토끼띠 (午月生)

① 외출시 입는 옷 색깔: 흰 색이나 검은 색 계통

② 외출시 피하는 옷 색깔: 붉은 색 계통

③ 집안에 들여 놓지 말아야 할 물건: 새 그림, 애완견, 장식용 술, 가구류, 말 그림 모형

④ 피해야 할 장소: 복잡한 시내중심, 관공서, 야간업소

⑤ 하지 말아야 할 행위: 음주가무, 타인과의 말다툼, 지나친 장난

6월생 토끼띠 (未月生)

① 외출시 입는 옷 색깔: 흰 색 계통

② 외출시 피하는 옷 색깔: 청색이나 녹색, 붉은 색 계통

③ 집안에 들여 놓지 말아야 할 물건: 새나 새 그림, 애완견, 장식용 술, 가전제품, 가구류

④ 피해야 할 장소: 극장, 예식장, 경마장, 공동묘지, 과수원, 청과물시장

⑤ 하지 말아야 할 행위: 단체로 하는 스포츠게임, 과잉친절

7월생 토끼띠 (申月生)

① 외출시 입는 옷 색깔: 검은 색이나 붉은 색 계통

② 외출시 피하는 옷 색깔: 흰 색 계통

③ 집안에 들여 놓지 말아야 할 물건: 고양이, 쇠붙이, 칼

④ 피해야 할 장소: 장례식장, 도로변, 낚시터, 고물상

⑤ 하지 말아야 할 행위: 낚시, 뱃놀이, 암벽등반, 장시간 운전

8월생 토끼띠 (酉月生)

① 외출시 입는 옷 색깔: 검은 색 계통

② 외출시 피하는 옷 색깔: 흰 색, 청색이나 녹색 계통

③ 집안에 들여 놓지 말아야 할 물건: 고양이, 수석, 유리제품, 분재, 가구류

④ 피해야 할 장소: 닭고기 전문점, 철물점, 양조장, 당구장, 모래야적장

⑤ 하지 말아야 할 행위: 남을 의심하는 일, 불법행위(不法行爲)

9월생 토끼띠 (戌月生)

① 외출시 입는 옷 색깔: 흰 색 계통

② 외출시 피하는 옷 색깔: 붉은 색 계통

③ 집안에 들여 놓지 말아야 할 물건: 애완견, 호랑이 그림, 새나 새 그림

④ 피해야 할 장소: 쓰레기장, 지하 술집, 보일러실, 운동경기장, 홍등가

⑤ 하지 말아야 할 행위: 문란한 성생활, 과음(過飮)

10월생 토끼띠 (亥月生)

① 외출시 입는 옷 색깔: 붉은 색 계통

② 외출시 피하는 옷 색깔: 흰 색이나 검은 색 계통

③ 집안에 들여 놓지 말아야 할물건: 어항, 물고기 그림, 용그림, 용(龍)자 글씨

④ 피해야 할 장소: 울창한 숲속, 바다, 강, 저수지, 해수욕장, 홍등가

⑤ 하지 말아야 할 행위: 과음(過飮), 낚시, 지나친 종교 활동

11월생 토끼띠 (子月生)

① 외출시 입는 옷 색깔: 붉은 색 계통

② 외출시 피하는 옷 색깔: 흰 색이나 검은 색 계통

③ 집안에 들여 놓지 말아야 할 물건: 어항, 물고기 그림, 유리제품, 도자기

④ 피해야 할 장소: 냉동 창고, 스케이트장, 양어장, 밤 길, 수산물시장

⑤ 하지 말아야 할 행위: 문란한 성행위, 일가친척과의 언쟁(言爭)이나 돈거래, 가족동반 여행

12월생 토끼띠 (丑月生)

① 외출시 입는 옷 색깔: 붉은 색 계통

② 외출시 피하는 옷 색깔: 흰 색이나 검은 색 계통

③ 집안에 들여 놓지 말아야 할 물건: 고양이, 소(牛) 그림, 쇠붙이, 유리제품

④ 피해야 할 장소: 암실, 습한 지하실, 지하 술집, 우시장, 중고차 시장

⑤ 하지 말아야 한 행위: 의기소침한 행동, 과음(過飮), 돈거래

용띠 - (진辰)

　용띠인 진토辰土는 음양오행으로 보아 토기운土氣運(땅의 기운, 진흙)에 속합니다. 기운은 양기陽氣이니 겉으로 드러나는 사물을 뜻하여 주로 겉으로 드러난 흙과 관련된 사물을 뜻합니다. 또한 진토辰土를 수기水氣의 묘고지墓庫地라고 하여 물과 관련된 공간이나 장소를 의미하기도 합니다. 그리고 용龍은 예로부터 신령스러운 동물로 풍우風雨(비와 바람)나 운무雲霧(구름과 안개)를 몰고 다닌다고 하니 물과는 불가분不可分(뗄래야 뗄 수 없는)의 관계인 것입니다. 그런 의미에서 삼재 때에는 물 조심을 해야 하는 것입니다.

　그리고 진토辰土라고 하는 것이 진흙을 의미하고 있고, 연꽃이 자라는 곳이 바로 이 진흙탕이고 보면 비록 더러운 느낌의 물질이지만 진리의 꽃을 피울수 있는 신령한 물질이라 할 것입니다. 진토辰土는 흙이며 역리학상 오색五色으로는 황토색에 해당하여 황토흙을 의미하고 있고, 바위가 적고 잔나무로 이루어진 산이나 초원지대, 넓은 운동장, 늪지대, 바다 등의 의미도 있다할 것입니다. 그러니 용띠인 사람은 이러한 곳을 좋아 하는 성향을 가질 수 있고, 삼재 때에는 이러한 곳에서의 사고도 있을 수 있으니 주의를 요한다 할 것입니다.

주의해야할 장소 건물옥탑의 물탱크, 강둑, 방파제, 수산시장, 대운동장, 높은 산, 경사가 가파른 언덕, 갯벌, 늪지대, 연못, 저수지, 냉동보관창고 등이니 가급적 피해야할 장소입니다.

그리고 인체에 있어서는 피부, 배, 목, 맹장, 혈액 등을 의미하며, 오장육부 五臟六腑로는 비장脾臟이나 위장胃臟에 해당이 되고 있으니 삼재 때에는 이러한 곳의 질병에 신경을 써야 할 것입니다.

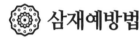 **삼재예방법**

1월생 용띠 (寅月生)

① 외출시 입는 옷 색깔: 붉은 색 계통

② 외출시 피하는 옷 색깔: 흰 색이나 검은 색 계통

③ 집인에 들여 놓시 발아야 할 물건: 어항, 가정용 미니분수대

④피해야 할 장소: 술집, 매음가(賣淫街), 대중 목욕탕, 나이트클럽, 지하 업소 지하실, 양어장, 해수욕장, 수영장, 저수지, 연못, 강가

⑤하지 말아야 할 행위: 음주가무 행위, 부정한 외도(外道)

2월생 용띠 (卯月生)

① 외출시 입는 옷 색깔: 붉은 색 계통

② 외출시 피하는 옷 색깔:흰 색 계통

③ 집안에 들여 놓지 말아야 할 물건: 칼, 어항, 애완용 닭이나 닭의 그림

④ 피해야 할 장소: 술집, 매음가(賣淫街), 대중 목욕탕, 나이트클럽,지하 업소 지하실, 양어장, 해수욕장, 수영장, 연못, 강가

⑤ 하지 말아야 할 행위: 부정한 외도는 절대 금물(성병의 우려가 많음)

3월생 용띠 (辰月生)

① 외출시 입는 옷 색깔: 청색이나 녹색 계통

② 외출시 피하는 옷 색깔: 흰 색이나 검은 색 계통

③ 집안에 들여 놓지 말아야 할 물건: 어항, 용(龍) 그림, 수석, 고양이

④ 피해야 할 장소: 술집, 대중 목욕탕, 나이트클럽, 지하 업소, 지하실, 양어장, 해수욕장, 수영장, 저수지, 연못, 강가

⑤ 하지 말아야 할 행위: 수영, 습식 사우나, 음주가무, 타인과의 시비

4월생 용띠 (巳月生)

① 외출시 입는 옷 색깔: 흰 색이나 검은 색 계통

② 외출시 피하는 옷 색깔: 붉은 색 계통

③ 집안에 들여 놓지 말아야 할 물건: 목재 가구류, 새 그림, 애완견

④ 피해야 할 장소: 화기를 취급하는 장소, 숯가마, 도자기 굽는 터

⑤ 하지 말아야 할 행위: 등산, 행글라이딩, 잦은 비행기 여행

5월생 용띠 (午月生)

① 외출시 입는 옷 색깔: 청색이나 녹색 계통

② 외출시 피하는 옷 색깔: 붉은 색이나 검은 색 계통

③ 집안에 들여 놓지 말아야 할 물건: 전자제품, 어항, 애완견

④ 피해야 할 장소: 모닥불, 건식 사우나, 양어장, 수영장, 연못, 강가 등

⑤ 하지 말아야 할 행위: 타인과의 시비를 따지는 일, 등산, 배타는 것

6월생 용띠 (未月生)

① 외출시 입는 옷 색깔: 흰 색이나 검은 색 계통

② 외출시 피하는 옷 색깔: 붉은 색이나 노란 색 계통

③ 집안에 들여 놓지 말아야 할 물건: 난로 등 열을 내는 기구, 애완견

④ 피해야 할 장소: 황토 흙이 많은 곳, 산, 찜질 방, 개가 많은 곳

⑤ 하지 말아야 할 행위: 흙을 다루는 일, 나무를 심거나 베는 일

7월생 용띠 (申月生)

① 외출시 입는 옷 색깔: 청색이나 녹색, 붉은 색 계통

② 외출시 피하는 옷 색깔: 흰 색이나 검은 색 계통

③ 집안에 들여 놓지 말아야 할 물건: 어항, 물고기 그림, 수석이나 산수화

④ 피해야 할 장소: 술집, 매음가(賣淫街), 대중 목욕탕, 나이트클럽, 지하업소 지하실, 양어장, 수영장, 저수지, 연못, 강가

⑤ 하지 말아야 할 행위: 과음(過飮), 과식(過食), 배타는 것

8월생 용띠 (酉月生)

① 외출시 입는 옷 색깔: 붉은 색이나 노란 색 계통

② 외출시 피하는 옷 색깔: 흰 색이나 검은 색 계통

③ 집안에 들여 놓지 말아야 할 물건: 수석, 돌이나 쇠붙이, 칼 종류

④ 피해야 할 장소: 대중이 많이 모이는 곳, 도살장 특히 닭 잡는 곳

⑤ 하지 말아야 할 행위: 문란한 성행위(性行爲)

9월생 용띠 (戌月生)

① 외출시 입는 옷 색깔: 흰 색이나 검은 색 계통

② 외출시 피하는 옷 색깔: 노란 색이나 붉은 색 계통

③ 집안에 들여 놓지 말아야 할 물건: 애완견, 전자제품

④ 피해야 할 장소: 술집, 개사육장, 넓은 운동장

⑤ 하지 말아야 할 행위: 과음(過飮), 등산

10월생 용띠 (亥月生)

① 외출시 입는 옷 색깔: 노란 색이나 붉은 색 계통

② 외출시 피하는 옷 색깔: 흰 색이나 검은 색 계통

③ 집안에 들여 놓지 말아야 할 물건: 어항, 물고기 그림, 수석이나 산수화

④ 피해야 할 장소: 해수욕장, 양돈장, 저수지, 연못, 강가

⑤ 하지 말아야 할 행위: 수영, 문란한 성행위, 과음, 과식, 배타는 것

11월생 용띠 (子月生)

① 외출시 입는 옷 색깔: 노란 색이나 붉은 색 계통

② 외출시 피하는 옷 색깔: 흰 색이나 검은 색 계통

③ 집안에 들여 놓지 말아야 할 물건: 고양이, 어항, 수석, 산수화(山水畵)

④피해야 할 장소: 해수욕장, 저수지, 연못, 강가

⑤하지 말아야 할 행위: 문란한 성행위(性行爲)

12월생 용띠 (丑月生)

① 외출시 입는 옷 색깔: 흰 색이나 검은 색, 청색, 녹색, 붉은 색 계통

② 외출시 피하는 옷 색깔: 노란 색

③ 집안에 들여 놓지 말아야 할 물건: 수석(壽石), 애완견, 고양이

④ 피해야 할 장소: 높고 험한 산, 섬(島)

⑤ 하지 말아야 할 행위: 등산, 낚시, 원행(遠行)

뱀띠 - (사巳)

뱀띠인 사화巳火는 음양오행으로 보아 화기운火氣運(불의 기운)에 속합니다. 기운은 음기陰氣이면서 양기陽氣이니 실제는 겉으로 드러난 불과 관련된 사물을 뜻합니다. 불의 기운이므로 상승上昇하는 의미가 있고, 상승한다는 것은 가볍다는 의미도 되고 있으니 현실적응에 있어서 진중하지 못하여 손해보는 경우가 있다할 것입니다. 그러므로 뱀띠는 평소에 이상주의자理想主義者(현실과 동떨어진 사상이나 생각을 하는 사람)로서 고귀한 뜻을 펼치며 뭇사람들의 관심의 대상이 될 수 있으나 흉운에는 그런 것으로 인하여 구설口舌에 오르기 쉬운 것입니다. 그리고 본래 가지고 있는 특성이 불이므로 인화물질引火物質과 관련된 일에 관심을 가질 수 있으나 삼재 때에는 불조심을 해야 하는 것입니다. 그래서 사고가 예상되는 곳을 되도록 피해야 하는데, 장소로는 주유소, 보일러실, 가스통 저장소, 그늘 없는 모래사장(사막 등), 쓰레기 소각장, 한여름의 아스팔트도로, 화학공장지대, 민둥산, 외국의 사막지역 등 입니다. 그리고 인체에 있어서는 인후咽喉, 편도선扁桃腺, 혀舌와 눈目이나 무형無形의 정신精神을 뜻하며, 오장육부五臟六腑로는 심장心臟이나 소장小腸에 해당이 되고 있으니 역시 삼재 때에는 이러한 곳의 질병에 신경을 써야 할 것입니다.

삼재예방법

1월생 뱀띠 (寅月生)

① 외출시 입는 옷 색깔: 붉은 색 계통

② 외출시 피하는 옷 색깔: 흰 색이나 검은 색 계통

③ 집안에 들여 놓지 말아야 할 물건: 어항, 물고기 그림, 산수화, 수석

④ 피해야 할 장소: 지하실, 지하주차장, 지하층에 있는 영업장

⑤ 하지 말아야 할 행위: 등산, 음주가무, 야밤의 고성방가, 뱃놀이

2월생 뱀띠 (卯月生)

① 외출시 입는 옷 색깔: 붉은 색 계통

② 외출시 피하는 옷 색깔: 흰 색이나 검은 색 계통

③ 집안에 들여 놓지 말아야 할 물건: 수석, 어항, 물고기 그림, 닭, 새 그림

④ 피해야 할 장소: 오래된 옛날 집, 지하실, 지하에 있는 업소, 도박장

⑤ 하지 말아야 할 행위: 문란한 성생활, 도박, 내기당구, 바둑, 장기

3월생 뱀띠 (辰月生)

① 외출시 입는 옷 색깔: 청색이나 녹색 계통

② 외출시 피하는 옷 색깔: 흰 색이나 검은 색, 노란색 계통

③ 집안에 들여 놓지 말아야 할 물건: 새, 닭 그림, 용 그림, 산수화, 수석

④ 피해야 할 장소: 지하실, 지하주차장, 양어장, 해수욕장, 강, 바다

⑤ 하지 말아야 할 행위: 장기간 여행, 등산

4월생 뱀띠 (巳月生)

① 외출시 입는 옷 색깔: 흰 색이나 검은 색 계통

② 외출시 피하는 옷 색깔: 청색이나 녹색, 붉은 색 계통

③ 집안에 들여 놓지 말아야 할 물건: 닭, 새 종류 그림, 가전제품

④ 피해야 할 장소: 도로 한복판, 보일러실, 광산, 도박장, 카지노

⑤ 하지 말아야 할 행위: 도로 자동차 경주, 잦은 직업변경, 이직

5월생 뱀띠 (午月生)

① 외출시 입는 옷 색깔: 흰 색이나 검은 색 계통

② 외출시 피하는 옷 색깔: 청색이나 녹색, 노란 색, 붉은 색 계통

③ 집안에 들여 놓지 말아야 할 물건: 모형비행기, 닭, 새 종류 그림

④ 피해야 할 장소: 번지점프대, 놀이공원, 비탈길, 구름다리, 높은 산

⑤ 하지 말아야 할 행위: 등산, 놀이기구, 장시간 운전, 문란한 성생활

6월생 뱀띠 (未月生)

① 외출시 입는 옷 색깔: 청색이나 녹색 계통

② 외출시 피하는 옷 색깔: 노란 색, 붉은 색 계통

③ 집안에 들여 놓지 말아야 할 물건: 산수화, 수석, 도자기, 유리제품

④ 피해야 할 장소: 계단, 구름다리, 산, 논 밭, 비탈길, 좁은 도로나 골목

⑤ 하지 말아야 할 행위: 남과 시비 붙는 것, 욕설, 남 비방하는 일

7월생 뱀띠 (申月生)

① 외출시 입는 옷 색깔: 붉은 색 계통

② 외출시 피하는 옷 색깔: 흰 색이나 검은 색 계통

③ 집안에 들여 놓지 말아야 할 물건: 큰 돌, 쇠붙이, 어항, 남이 신던 신발

④ 피해야 할 장소: 도로 한복판, 약수터, 울창한 숲, 바위가 많은 산,

⑤ 하지 말아야 할 행위: 과로 운전, 교통신호 무시, 잘난 체, 시비

8월생 뱀띠 (酉月生)

① 외출시 입는 옷 색깔: 붉은 색 계통

② 외출시 피하는 옷 색깔: 흰 색이나 검은 색 계통

③ 집안에 들여 놓지 말아야 할 물건: 도자기, 유리제품, 금불상, 고양이

④ 피해야 할 장소: 한적한 암자(庵子), 우물가, 바위가 많은 계곡

⑤ 하지 말아야 할 행위: 소극적 태도, 지나친 질투, 싸움

9월생 뱀띠 (戌月生)

① 외출시 입는 옷 색깔: 흰 색이나 검은 색 계통

② 외출시 피하는 옷 색깔: 붉은 색 계통

③ 집안에 들여 놓지 말아야 할 물건: 애완견이나 개의 모형, 큰 돌, 칼

④ 피해야 할 장소: 높고 험한 산, 다리, 고층빌딩, 바위 꼭대기, 토굴 속

⑤ 하지 말아야 할 행위: 등산, 패러글라이딩, 소송(訴訟), 돈놀이

10월생 뱀띠 (亥月生)

① 외출시 입는 옷 색깔: 청색이나 녹색, 붉은 색 계통

② 외출시 피하는 옷 색깔: 흰 색이나 검은 색 계통

③ 집안에 들여 놓지 말아야 할 물건:어항, 강 바다 그림, 물고기 그림, 소라껍질

④ 피해야 할 장소: 바다, 강, 호수, 저수지, 음습한 지하실

⑤ 하지 말아야 할 행위: 수영, 물놀이, 과음, 과식, 음주 운전

11월생 뱀띠 (子月生)

① 외출시 입는 옷 색깔: 청색이나 녹색, 붉은 색 계통

② 외출시 피하는 옷 색깔: 흰 색이나 검은 색 계통

③ 집안에 들여 놓지 말아야 할 물건: 어항, 물고기 그림

④ 피해야 할 장소: 음습한 지하실, 지하주차장, 지하층의 술집

⑤ 하지 말아야 할 행위: 문란한 성행위, 가족 간 의견충돌

12월생 뱀띠 (丑月生)

① 외출시 입는 옷 색깔: 붉은 색 계통

② 외출시 피하는 옷 색깔: 흰 색이나 검은 색 계통

③ 집안에 들여 놓지 말아야 할 물건: 애완견, 수석, 유리제품, 소(牛) 그림

④ 피해야 할 장소: 지하실, 지하주차장, 지하의 술집, 비탈 길, 철재계단

⑤ 하지 말아야 할 행위: 종교몰입, 어두운 곳에서의 운동, 암벽 등반

말띠 - (오午)

말띠인 오화午火는 음양오행으로 보아 화기운火氣運(불의 기운)에 속합니다. 기운은 양기陽氣이면서 음기陰氣이니 실제는 속으로 감춰진 눈에 보이지 않는 빛光의 작용력을 의미합니다. 빛光이라고 하는 것은 사물을 밝혀주고 사물의 속을 꿰뚫을 수 있는 투시透視도 가능케 하는 작용을 하는 것이니, 미래에 대한 예측이나 사람 속을 훤히 꿰뚫어 보아 그것을 이용하는 능력을 가지고 이득을 취하는 사람도 있다할 것입니다. 기본적인 기운이 화기운火氣運이니 삼재 때의 불조심은 당연한 것입니다.

그래서 말띠 중에는 직관력直觀力이나 예지능력이 뛰어난 사람이 많은 이유라 할 것입니다. 이러한 능력이 삼재 때에는 어긋나는 경우가 많아 그로 인하여 남에게 피해를 준다든지, 자신의 예측을 믿고 상식 밖의 생각으로 무리하게 일을 추진하다가 실패를 하게 되는 것입니다. 그러므로 항상 상식常識 안에서 사물을 보아야 하고 아는 길도 물어서 가고 돌다리도 두드려 보고 건너는 마음 자세가 필요하다 할 것입니다.

삼재 때 피해야 할 장소는 불야성不夜城(밤에도 대낮 같이 밝은 곳)을 이룬

번화가, 사막, 열대기후지역, 도심지, 민둥산, 방송국 실내, 녹음실, 사진관 암실, 방사선실, 조명이 지나치게 밝은 사무실 등입니다.

인체에 있어서는 어깨, 머리, 눈, 혀, 신경계 등을 뜻하며, 오장육부五臟六腑로는 심장心臟이나 소장小腸에 해당이 되고 있으니 역시 삼재 때에는 이러한 곳의 질병에 신경을 써야 할 것입니다. 그리고 사주에 화기가 많은 사람은 화극금火克金의 원리로써 금金인 폐肺가 화火에 상하므로 폐질환에도 각별히 유의하여야 합니다.

 ## 삼재예방법

1월생 말띠 (寅月生)

① 외출시 입는 옷 색깔: 붉은 색 계통

② 외출시 피하는 옷 색깔: 검은 색 계통

③ 집안에 들여 놓지 말아야 할 물건: 어항, 물고기 그림, 목재류, 분재

④ 피해야 할 장소: 계곡, 목재소, 위험물취급소, 바닷가, 강, 저수지

⑤ 하지 말아야 할 행위: 불장난, 전기취급, 등산

2월생 말띠 (卯月生)

① 외출시 입는 옷 색깔: 붉은 색 계통

② 외출시 피하는 옷 색깔: 검은 색 계통

③ 집안에 들여 놓지 말아야 할 물건: 분재, 수석, 산수화, 대나무

④ 피해야 할 장소: 수영장, 관공서, 고택(古宅, 옛날에 지은 오래된 집)

⑤ 하지 말아야 할 행위: 수영, 스키, 낚시, 과음(過飮)

3월생 말띠 (辰月生)

① 외출시 입는 옷 색깔: 청색이나 녹색 계통

② 외출시 피하는 옷 색깔: 붉은 색 계통

③ 집안에 들여 놓지 말아야 할 물건: 고양이, 어항, 산수화 병풍, 도자기

④ 피해야 할 장소: 수산물시장, 여관, 방파제, 친척집

⑤ 하지 말아야 할 행위: 남을 비방하는 짓, 부동산 소개, 친구 소개

4월생 말띠 (巳月生)

① 외출시 입는 옷 색깔: 검은 색 계통

② 외출시 피하는 옷 색깔: 붉은 색이나 흰 색 계통

③ 집안에 들여 놓지 말아야 할 물건: 인화물질, 꽃이나 새, 꽃이나 새 그림

④ 피해야 할 장소: 극장, 백화점, 보일러실, 도심의 번화가

⑤ 하지 말아야 할 행위: 불장난, 과도한 종교심취, 과음(過飮)

5월생 말띠 (午月生)

① 외출시 입는 옷 색깔: 흰 색이나 검은 색 계통

② 외출시 피하는 옷 색깔: 붉은 색 계통

③ 집안에 들여 놓지 말아야 할 물건: 난로, 가전제품, 인화물질, 꽃이나 새, 꽃이나 새 그림, 말(馬) 그림이나 조각, 호랑이 그림이나 조각, 애완견

④ 피해야 할 장소: 긴 다리(橋), 극장, 경마장, 모닥불가, 예식장

⑤ 하지 말아야 할 행위: 음주, 등산, 비행기 타는 것, 행글라이딩 등

6월생 말띠 (未月生)

① 외출시 입는 옷 색깔: 검은 색 계통

② 외출시 피하는 옷 색깔: 노란 색이나 붉은 색 계통

③ 집안에 들여 놓지 말아야 할 물건: 돌로 만든 장식품, 남이 갖다 준 음식물

④ 피해야 할 장소: 과수원, 룸싸롱, 종교집회장, 야외 캠프장

⑤ 하지 말아야 할 행위: 깊은 사색(思索), 문란한 성행위, 도박

7월생 말띠 (申月生)

① 외출시 입는 옷 색깔: 붉은 색 계통

② 외출시 피하는 옷 색깔: 흰 색 계통

③ 집안에 들여 놓지 말아야 할 물건: 쇠붙이, 수석

④ 피해야 할 장소: 돌 계단, 에스컬레이터, 방파제, 채석장(採石場)

⑤ 하지 말아야 할 행위: 싸움, 과속(過速), 신호위반

8월생 말띠 (酉月生)

① 외출시 입는 옷 색깔: 검은 색 계통

② 외출시 피하는 옷 색깔: 흰 색 계통

③ 집안에 들여 놓지 말아야 할 물건: 수석, 닭 그림, 호랑이 그림, 유리제품

④ 피해야 할 장소: 양계장, 나이트클럽, 야구장, 고물상, 홍등가, 갯벌

⑤ 하지 말아야 할 행위: 홍등가(紅燈街)출입, 스포츠관람, 신경질

9월생 말띠 (戊月生)

① 외출시 입는 옷 색깔: 청색이나 녹색, 검은 색 계통

② 외출시 피하는 옷 색깔: 노란색이나 붉은 색 계통

③ 집안에 들여 놓지 말아야 할 물건: 애완견, 말 그림 모형, 남이 쓰던 중고품

④ 피해야 할 장소: 지하실, 보일러실, 공중화장실, 모닥불, 도로 한 복판, 놀이터, 옛 성터

⑤ 하지 말아야 할 행위: 과음(過飮), 불장난, 지나친 컴퓨터 사용

10월생 말띠 (亥月生)

① 외출시 입는 옷 색깔: 붉은 색 계통

② 외출시 피하는 옷 색깔: 청색이나 녹색, 흰 색이나 검은 색 계통

③ 집안에 들여 놓지 말아야 할 물건: 가구류, 어항, 분재(盆栽)

④ 피해야 할 장소: 여관, 지하실, 울창한 숲속이나 계곡, 수영장, 홍등가

⑤ 하지 말아야 할 행위: 홍등가(紅燈街)출입, 지하층의 술집, 뱃놀이

11월생 말띠 (子月生)

① 외출시 입는 옷 색깔: 붉은 색 계통

② 외출시 피하는 옷 색깔: 흰 색이나 검은 색 계통

③ 집안에 들여 놓지 말아야 할 물건: 수석(壽石), 어항

④ 피해야 할 장소: 바닷가, 저수지, 강, 홍등가(紅燈街)

⑤ 하지 말아야 할 행위: 문란한 성생활, 불법행위(不法行爲), 소송

12월생 말띠 (丑月生)

① 외출시 입는 옷 색깔: 붉은 색 계통

② 외출시 피하는 옷 색깔: 흰 색이나 검은 색 계통

③ 집안에 들여 놓지 말아야 할 물건: 수석, 어항, 유리제품, 도자기

④ 피해야 할 장소: 동굴, 터널, 지하주차장, 지하실, 그늘진 산속, 갯벌

⑤ 하지 말아야 할 행위: 도박, 남과의 시비(是非), 공무원과의 다툼

※말띠가 본래 가지고 있는 특성이 빛에 대하여 민감한 반응을 하고 있기 때문에 한여름 태양에 피부가 노출이 되면 건강에 좋지 않을 것이요, 2세를 생산生産하는데 있어서 눈에 보이지 않는 과도한 태양광선의 작용에 의하여 기형아奇形兒를 출산 할 수도 있으니, 설령 말띠가 아니더라도 사주가 조열燥熱하거나 화기火氣가 강한 사주는 운명학상 주의를 기울여야 할 것입니다.

양띠 - (미未)

　양띠인 미토未土는 음양오행으로 보아 토기운土氣運(땅의 기운)에 속합니다. 기운은 음기陰氣이니 속으로 감춰져 있는 보이지 않는 건조乾燥한 땅과 관련된 사물을 뜻합니다. 또한 미토未土를 목기木氣의 묘고지墓庫地라고 하여 밀폐된 공간이나 장소를 의미하기도 합니다. 축토丑土와는 달리 조열燥熱한 기운을 머금고 있는 흙이므로 흙먼지가 예상되고 있으니, 활동을 하면 할수록 흙먼지가 일어 앞을 분간할 수 없는 지경에 이를 수 있는 오리무중五里霧中(반경 약 2Km가 안개로 싸여 있음)의 의미가 내포되 있기도 합니다.

　그러므로 삼재 때에는 경거망동을 삼가야 하는데, 아집이나 고집으로 일을 무리하게 추진하게 된다면 앞날을 예측하기 어려운 혼란에 빠지기 쉽습니다. 특히 정신적으로 안정되지 못하여 불안한 상태가 예상되므로 정신적 안정을 찾을 수 있는 취미활동이나 건전한 스포츠 활동을 하는 것이 정신건강에 좋으리라 생각합니다.

　주의해야 할 장소는 논, 밭, 과수원, 굴, 터널, 농산물 집하장, 건축 공사장, 교회, 룸살롱 등이니 가급적 피해야할 장소입니다.

인체에 있어서는 입술, 잇몸, 배, 팔다리 등이고, 오장육부五臟六腑로는 비장脾臟이나 위장胃臟에 해당이 되고 있으니 삼재 때에는 이러한 곳의 질병에 신경을 써야 할 것입니다.

 ## 삼재예방법

1월생 양띠 (寅月生)
① 외출시 입는 옷 색깔: 붉은 색 계통
② 외출시 피하는 옷 색깔: 흰 색이나 검은 색 계통
③ 집안에 들여 놓지 말아야 할 물건: 어항, 물고기 그림, 나무, 도자기
④ 피해야 할 장소: 수영장, 해수욕장, 강, 목재소, 산신당(山神堂), 극장
⑤ 하지 말아야 할 행위: 뱃놀이, 낚시, 음주가무(飲酒歌舞)

2월생 양띠 (卯月生)
① 외출시 입는 옷 색깔: 붉은 색 계통
② 외출시 피하는 옷 색깔: 청색이나 녹색, 흰 색이나 검은 색 계통
③ 집안에 들여 놓지 말아야 할 물건: 어항, 나무, 가구류, 도자기, 유리제품
④ 피해야 할 장소: 수영장, 해수욕장, 강, 목재소
⑤ 하지 말아야 할 행위: 잘난 체, 남과의 시비(是非), 남을 비방하는 일

3월생 양띠 (辰月生)
① 외출시 입는 옷 색깔: 청색이나 녹색 계통
② 외출시 피하는 옷 색깔: 노란색이나 붉은 색 계통
③ 집안에 들여 놓지 말아야 할 물건: 수석, 산수화, 병풍, 새, 새 그림
④ 피해야 할 장소: 비탈진 언덕, 방파제, 댐, 약수터, 운동장, 지하실
⑤ 하지 말아야 할 행위: 일가친척들과의 다툼, 손윗 사람에게 대드는 일

4월생 양띠 (巳月生)

① 외출시 입는 옷 색깔: 흰 색이나 검은 색 계통

② 외출시 피하는 옷 색깔: 붉은 색 계통

③ 집안에 들여 놓지 말아야 할 물건: 새 그림, 애완견, 장식용 술, 가전제품

④ 피해야 할 장소: 보일러실, 백화점, 홍등가, 화려한 밤거리, 목욕탕

⑤ 하지 말아야 할 행위: 과음, 과식, 불장난, 지나친 컴퓨터 사용

5월생 양띠 (午月生)

① 외출시 입는 옷 색깔: 흰 색이나 검은 색 계통

② 외출시 피하는 옷 색깔: 붉은 색 계통

③ 집안에 들여 놓지 말아야 할 물건: 새, 새 그, 애완견, 장식용 술, 가전제품, 말 그림 모형

④ 피해야 할 장소: 복잡한 시내중심, 관공서, 야간업소

⑤ 하지 말아야 할 행위: 음주가무, 타인과의 말다툼, 지나친 장난

6월생 양띠 (未月生)

① 외출시 입는 옷 색깔: 흰 색 계통

② 외출시 피하는 옷 색깔: 청색이나 녹색, 붉은 색 계통

③ 집안에 들여 놓지 말아야 할 물건: 새나 새 그림, 애완견, 장식용 술, 가전제품, 가구류

④ 피해야 할 장소: 극장, 여관, 예식장, 경마장, 과수원, 청과물시장

⑤ 하지 말아야 힐 행위: 단체로 하는 스포츠게임, 과잉친절

7월생 양띠 (申月生)

① 외출시 입는 옷 색깔: 검은 색이나 붉은 색 계통

② 외출시 피하는 옷 색깔: 흰 색 계통

③ 집안에 들여 놓지 말아야 할 물건: 고양이, 쇠붙이, 칼

④ 피해야 할 장소: 장례식장, 도로변, 낚시터, 고물상

⑤ 하지 말아야 할 행위: 낚시, 뱃놀이, 암벽등반, 장시간 운전

8월생 양띠 (酉月生)

① 외출시 입는 옷 색깔: 검은 색 계통

② 외출시 피하는 옷 색깔: 흰 색, 청색이나 녹색 계통

③ 집안에 들여 놓지 말아야 할 물건: 고양이, 수석, 유리제품, 분재, 가구류

④ 피해야 할 장소: 닭고기 전문점, 양계장, 양조장, 당구장, 모래야적장

⑤ 하지 말아야 할 행위: 남을 의심하는 일, 불법행위(不法行爲)

9월생 양띠 (戌月生)

① 외출시 입는 옷 색깔: 흰 색 계통

② 외출시 피하는 옷 색깔: 붉은 색 계통

③ 집안에 들여 놓지 말아야 할 물건: 애완견, 호랑이 그림, 새, 새 그림

④ 피해야 할 장소: 쓰레기장, 지하층의 술집, 보일러실, 운동장, 홍등가

⑤ 하지 말아야 할 행위: 문란한 성생활, 과음(過飮)

10월생 양띠 (亥月生)

① 외출시 입는 옷 색깔: 붉은 색 계통

② 외출시 피하는 옷 색깔: 흰 색이나 검은 색 계통

③ 집안에 들여 놓지 말아야 할 물건: 어항, 분재, 용 그림, 용(龍)자 글씨

④ 피해야 할 장소: 울창한 숲속, 바다, 강, 저수지, 해수욕장, 홍등가

⑤ 하지 말아야 할 행위: 과음(過飮), 낚시, 지나친 종교활동

11월생 양띠 (子月生)

① 외출시 입는 옷 색깔: 붉은 색 계통

② 외출시 피하는 옷 색깔: 흰 색이나 검은 색 계통

③ 집안에 들여 놓지 말아야 할 물건: 어항, 분재, 물고기 그림, 도자기

④ 피해야 할 장소: 냉동 창고, 스케이트장, 양어장, 골목길, 수산물시장

⑤ 하지 말아야 할 행위: 일가친척과의 언쟁이나 돈거래, 가족동반 여행

12월생 양띠 (丑月生)

① 외출시 입는 옷 색깔: 붉은 색 계통

② 외출시 피하는 옷 색깔: 흰 색이나 검은 색 계통

③ 집안에 들여 놓지 말아야 할 물건:고양이, 소(牛) 그림이나 모형, 유리제품

④ 피해야 할 장소: 암실, 지하실, 지하층의 술집, 우시장, 중고차시장

⑤ 하지 말아야 할 행위: 의기소침한 행동, 과음, 화(火), 돈거래

원숭이 - (신申)

원숭이띠인 신금申金은 음양오행으로 보아 금기운金氣運(쇠의 기운)에 속합니다. 기운은 양기陽氣이니 겉으로 드러나는 사물을 뜻하여 주로 겉으로 드러난 쇠와 관련된 사물을 뜻합니다.

신금申金이라고 하는 것은 사물로 볼때 자동차, 기차, 비행기, 선박 등 주로 탈것을 의미하고 있으니 삼재 때에는 이러한 탈것에 대한 주의가 필요한 것입니다. 한편 쇠라는 것이 열기熱氣가 없는 한 다른 물질보다도 차가운 성질의 것이므로 건강상 혈액순환이 원활하지 못하여 질병이 침범할 수 있는 여건을 조성한다고 할 수 있겠습니다. 이러한 의미를 내포하고 있으니, 삼재 때에는 교통사고나 건강에 유념하여야 합니다.

삼재 때 피해야할 장소는 버스터미널, 지하철, 기차역, 부두, 공항, 외국 여행지, 군부대, 엘리베이터, 에스컬레이터, 철강을 다루는 공장 등 입니다.

인체에 있어서는 혈관, 각 부위의 뼈, 특히 허리 디스크를 뜻하며, 오장육부五臟六腑로는 폐肺나 대장大腸을 의미하니 삼재 때에는 이러한 곳의 질병에 신경을 써야 할 것입니다.

✾ 삼재예방법

1월생 원숭이띠 (寅月生)

① 외출시 입는 옷 색깔: 붉은 색 계통

② 외출시 피하는 옷 색깔: 흰 색이나 검은 색 계통

③ 집안에 들여 놓지 말아야 할 물건: 어항, 가정용 분수대, 어패류 껍질

④ 피해야 할 장소: 술집, 매음가(賣淫街), 목욕탕, 나이트클럽, 지하실, 지하상점, 양어장, 해수욕장, 수영장, 저수지, 연못, 강가

⑤ 하지 말아야 할 행위: 음주가무 행위, 부정한 외도(外道)

2월생 원숭이띠 (卯月生)

① 외출시 입는 옷 색깔: 붉은 색 계통

② 외출시 피하는 옷 색깔:흰 색 계통

③ 집안에 들여 놓지 말아야 할 물건: 칼, 어항, 애완용 닭이나 닭의 그림

④ 피해야 할 장소: 술집, 매음가(賣淫街), 목욕탕, 나이트클럽, 지하실, 지하상점, 양어장, 해수욕장, 수영장, 저수지, 연못, 강가

⑤ 하지 말아야 할 행위: 부정한 외도는 절대 금물(성병의 우려가 많음)

3월생 원숭이띠 (辰月生)

① 외출시 입는 옷 색깔: 청색이나 녹색 계통

② 외출시 피하는 옷 색깔: 흰 색이나 검은 색 계통

④ 집안에 들여 놓지 말아야 할 물건: 어항, 용(龍)그림 조각품, 고양이

⑤ 피해야 할 장소: 술집, 매음가(賣淫街), 목욕탕, 나이트클럽, 지하실, 지하상점, 양어장, 해수욕장, 수영장, 저수지, 연못, 강가

⑥ 하지 말아야 할 행위: 수영, 습식 사우나, 음주가무, 타인과의 시비

4월생 원숭이띠 (巳月生)

① 외출시 입는 옷 색깔: 흰 색이나 검은 색 계통

② 외출시 피하는 옷 색깔: 붉은 색 계통

③ 집안에 들여 놓지 말아야 할 물건: 목재 가구류, 조류그림 조각품, 애완견

④ 피해야 할 장소: 화기를 취급하는 장소, 숯가마, 도자기 굽는 터

⑤ 하지 말아야 할 행위: 등산, 행글라이딩, 잦은 비행기 여행

5월생 원숭이띠 (午月生)

① 외출시 입는 옷 색깔: 청색이나 녹색 계통

② 외출시 피하는 옷 색깔: 붉은 색이나 검은 색 계통

③ 집안에 들여 놓지 말아야 할 물건: 전자제품, 어항, 애완견

④ 피해야 할 장소: 모닥불 근처, 건식 사우나, 양어장, 해수욕장, 수영장, 저수지, 연못, 강가

⑤ 하지 말아야 할 행위: 타인과의 시비(是非)를 따지는 일, 등산, 배타는 것

6월생 원숭이띠 (未月生)

① 외출시 입는 옷 색깔: 흰 색이나 검은 색 계통

② 외출시 피하는 옷 색깔: 붉은 색이나 노란 색 계통

③ 집안에 들여 놓지 말아야 할 물건: 전자제품, 난로 등 열을 내는 기구, 애완견

④ 피해야 할 장소: 모래사장, 황토 흙이 많은 곳, 산, 찜질 방, 개가 많은 곳

⑤ 하지 말아야 할 행위: 흙을 다루는 일, 종교에 심취하는 것, 나무를 심거나 베는 일

7월생 원숭이띠 (申月生)

① 외출시 입는 옷 색깔: 청색이나 녹색, 붉은 색 계통

② 외출시 피하는 옷 색깔: 흰 색이나 검은 색 계통

③ 집안에 들여 놓지 말아야 할 물건: 어항, 물고기 그림, 수석, 산수화

④ 피해야 할 장소: 술집, 매음가(賣淫街), 목욕탕, 나이트클럽, 지하실, 지하 상점, 양어장, 해수욕장, 수영장, 저수지, 연못, 강가

⑤ 하지 말아야 할 행위: 과음(過飮), 과식(過食), 배타는 것

8월생 원숭이띠 (酉月生)

① 외출시 입는 옷 색깔: 붉은 색이나 노란 색 계통

② 외출시 피하는 옷 색깔: 흰 색이나 검은 색 계통

③ 집안에 들여 놓지 말아야 할 물건: 수석(壽石), 돌이나 쇠붙이, 도검 종류

④ 피해야 할 장소: 대중이 많이 모이는 곳, 도살장(특히 닭 잡는 곳)

⑤ 하지 말아야 할 행위: 문란한 성행위(性行爲)

9월생 원숭이띠 (戌月生)

① 외출시 입는 옷 색깔: 흰 색이나 검은 색 계통

② 외출시 피하는 옷 색깔: 노란 색이나 붉은 색 계통

③ 집안에 들여 놓지 말아야 할 물건: 애완견, 전자제품

④ 피해야 할 장소: 술집, 개사육장, 넓은 운동장

⑤ 하지 말아야 할 행위: 과음(過飮), 등산

10월생 원숭이띠 (亥月生)

① 외출시 입는 옷 색깔: 노란 색이나 붉은 색 계통

② 외출시 피하는 옷 색깔: 흰 색이나 검은 색 계통

③ 집안에 들여 놓지 말아야 할 물건: 어항, 물고기 그림, 수석, 산수화

④ 피해야 할 장소: 해수욕장, 양돈장, 저수지, 연못, 강가

⑤ 하지 말아야 할 행위: 수영, 문란한 성행위, 과음, 과식, 배타는 것

11월생 원숭이띠 (子月生)

① 외출시 입는 옷 색깔: 노란 색이나 붉은 색 계통

② 외출시 피하는 옷 색깔: 흰 색이나 검은 색 계통

③ 집안에 들여 놓지 말아야 할 물건: 고양이, 물고기 그림, 수석, 산수화

④ 피해야 할 장소: 해수욕장, 저수지, 연못, 강가

⑤ 하지 말아야 할 행위: 문란한 성행위(性行爲)

12월생 원숭이띠 (丑月生)

① 외출시 입는 옷 색깔: 흰 색이나 검은 색, 청색이나 녹색 혹은 붉은 색

② 외출시 피하는 옷 색깔: 노란 색

③ 집안에 들여 놓지 말아야 할 물건: 수석(壽石), 애완견, 고양이

④ 피해야 할 장소: 높고 험한 산, 섬(島)

⑤ 하지 말아야 할 행위: 등산, 낚시, 멀리 여행하는 일

닭 - (유酉)

　닭띠인 유금酉金은 음양오행으로 보아 금기운金氣運(보석 종류의 쇠 기운)에 속합니다. 기운은 음기陰氣이니 속으로 감춰져 있는 보이지 않는 보석 같은 귀중한 사물을 뜻합니다.

　유금酉金이라는 것이 보석과 같다고 하였으니, 애지중지하는 물건도 될 수 있겠고, 아끼고 사랑하는 사람도 될 수 있을 터이니, 보석을 다루려면 예민한 감각으로 다루어야 보석에 상처가 나지 않는 법으로 매사에 소심한 성격으로 실수를 하지 않는다거나 자신이 아끼는 사람이나 물건에 대하여 집착 정도가 심할 수 있다 하겠습니다.

　그래서 이러한 특성으로 말미암아 삼재 때에는 결단력 부족으로 추진하는 일이 성사가 되질 않거나 좋은 기회를 놓치게 될 수 있고, 사랑하는 사람에게 너무 집착하여 오해를 사거나 불쾌감을 주어 이별을 하는 경우도 발생할 수 있으니 주의를 요합니다. 항상 포용력과 이해심으로 가정생활이나 사회생활을 하여야 무탈할 것입니다.

　삼재 때 피해야할 장소는 총포사, 귀금속 가게, 증권시장, 은행가銀行街(은

행이 밀집된 거리), 장독대, 돌담길, 수석壽石정원이 있는 연못가, 돌이 많은 곳, 채석장採石場(돌 캐는 곳), 양계장, 꿩사육장, 동물원 등입니다.

인체에 있어서는 코, 가는 뼈대, 월경月經, 정액精液, 항문肛門 등을 뜻하며, 오장육부五臟六腑로는 폐肺나 대장大腸을 의미하니 삼재 때에는 이러한 곳의 질병에 신경을 써야 할 것입니다.

 ## 삼재예방법

1월생 닭띠 (寅月生)
① 외출시 입는 옷 색깔: 붉은 색 계통
② 외출시 피하는 옷 색깔: 흰 색이나 검은 색 계통
③ 집안에 들여 놓지 말아야 할 물건: 어항, 물고기 그림, 산수화, 수석
④ 피해야 할 장소: 지하실, 지하주차장, 지하층에 있는 영업장
⑤ 하지 말아야 할 행위: 등산, 음주가무, 야밤의 고성방가, 뱃놀이

2월생 닭띠 (卯月生)
① 외출시 입는 옷 색깔: 붉은 색 계통
② 외출시 피하는 옷 색깔: 흰 색이나 검은 색 계통
③ 집안에 들여 놓지 말아야 할 물건: 수석, 어항, 물고기 그림, 닭 그림
④ 피해야 할 장소: 고택, 지하실, 지하주차장, 지하층에 있는 영업장, 도박장
⑤하지 말아야 할 행위: 화투, 내기당구, 내기바둑, 내기장기, 카지노출입 등

3월생 닭띠 (辰月生)
① 외출시 입는 옷 색깔: 청색이나 녹색 계통
② 외출시 피하는 옷 색깔: 흰 색이나 검은 색, 노란색 계통
③ 집안에 들여 놓지 말아야 할 물건: 새, 닭 그림, 용 그림, 산수화, 수석

④ 피해야 할 장소: 지하실, 지하주차장, 양어장, 해수욕장, 강, 바다

⑤ 하지 말아야 할 행위: 장기간 여행, 등산

4월생 닭띠 (巳月生)

① 외출시 입는 옷 색깔: 흰 색이나 검은 색 계통

② 외출시 피하는 옷 색깔: 청색이나 녹색, 붉은 색 계통

③ 집안에 들여 놓지 말아야 할 물건: 닭, 새 종류, 닭 그림이나 새 그림

④ 피해야 할 장소: 도로 한복판, 보일러실, 광산, 도박장하우스

⑤ 하지 말아야 할 행위: 도로 자동차 경주, 잦은 직업변경

5월생 닭띠 (午月生)

① 외출시 입는 옷 색깔: 흰 색이나 검은 색 계통

② 외출시 피하는 옷 색깔: 청색이나 녹색, 노란 색, 붉은 색 계통

③ 집안에 들여 놓지 말아야 할 물건: 닭, 새 종류, 닭 그림, 새 그림

④ 피해야 할 장소: 번시섬프대, 놀이공원, 비탈길, 비행장, 구름다리, 높고 험한 산

⑤ 하지 말아야 할 행위: 등산, 놀이기구, 장시간 운전, 문란한 성생활

6월생 닭띠 (未月生)

① 외출시 입는 옷 색깔: 청색이나 녹색 계통

② 외출시 피하는 옷 색깔: 노란 색, 붉은 색 계통

③ 집안에 들여 놓지 말아야 할 물건: 산수화, 수석, 도자기, 유리제품

④ 피해야 할 장소: 가파른 계단, 구름다리, 험한 산, 논 밭, 비탈길, 좁은 도로나 골목

⑤ 하지 말아야 할 행위: 남과 시비(是非), 욕설, 뒤에서 남을 비방하는 일

7월생 닭띠 (申月生)

① 외출시 입는 옷 색깔: 붉은 색 계통

② 외출시 피하는 옷 색깔: 흰 색이나 검은 색 계통

③ 집안에 들여 놓지 말아야 할 물건: 큰 돌, 쇠붙이, 어항, 남이 신던 신발

④ 피해야 할 장소: 도로 한복판, 약수터, 울창한 숲, 바위가 많은 산, 광산

⑤ 하지 말아야 할 행위: 과로 운전, 교통신호 무시, 윗사람에게 대드는 일

8월생 닭띠 (酉月生)

① 외출시 입는 옷 색깔: 붉은 색 계통

② 외출시 피하는 옷 색깔: 흰 색이나 검은 색 계통

③ 집안에 들여 놓지 말아야 할 물건: 보석류, 도자기, 금불상, 고양이

④ 피해야 할 장소: 한적한 암자, 우물가, 바위가 많은 계곡

⑤ 하지 말아야 할 행위: 소극적 태도, 지나친 질투, 싸움

9월생 닭띠 (戌月生)

① 외출시 입는 옷 색깔: 흰 색이나 검은 색 계통

② 외출시 피하는 옷 색깔: 붉은 색 계통

③ 집안에 들여 놓지 말아야 할 물건: 애완견이나 개의 모형, 큰 돌, 칼

④ 피해야 할 장소: 높고 험한 산, 다리, 고층빌딩, 비탈 길, 바위 꼭대기

⑤ 하지 말아야 할 행위: 등산, 행글라이딩, 패러글라이딩, 소송, 돈놀이

10월생 닭띠 (亥月生)

① 외출시 입는 옷 색깔: 청색이나 녹색, 붉은 색 계통

② 외출시 피하는 옷 색깔: 흰 색이나 검은 색 계통

③ 집안에 들여 놓지 말아야 할 물건: 어항, 물고기 그림, 소라껍질

④ 피해야 할 장소: 바다, 강, 호수, 저수지, 음습한 지하실

⑤ 하지 말아야 할 행위: 수영, 물놀이, 과음, 과식(過食), 음주운전

11월생 닭띠 (子月生)

① 외출시 입는 옷 색깔: 청색이나 녹색, 붉은 색 계통

② 외출시 피하는 옷 색깔: 흰 색이나 검은 색 계통

③ 집안에 들여 놓지 말아야 할 물건: 어항, 강이나 바다 풍경의 그림

④ 피해야 할 장소: 음습한 지하실, 지하주차장, 지하층의 술집

⑤ 하지 말아야 할 행위: 문란한 성행위, 가족 간 의견충돌

12월생 닭띠 (丑月生)

① 외출시 입는 옷 색깔: 붉은 색 계통

② 외출시 피하는 옷 색깔: 흰 색이나 검은 색 계통

③ 집안에 들여 놓지 말아야 할 물건: 애완견, 수석, 소(牛, 소 우) 그림

④ 피해야 할 장소: 음습한 지하실, 지하주차장, 지하층의 술집, 비탈 길, 늪

⑤ 하지 말아야 할 행위: 지나친 종교몰입, 어두운 곳에서의 운동, 암벽 등반

개띠 - (술戌)

　개띠인 술토戌土는 음양오행으로 보아 토기운土氣運(땅의 기운, 마른 흙)에 속합니다. 기운은 양기陽氣이니 겉으로 드러나는 사물을 뜻하여 주로 겉으로 드러난 흙과 관련된 사물을 뜻합니다. 또한 술토辰土를 화기火氣의 묘고지墓庫地라고 하여 불과 관련된 공간이나 장소를 의미하기도 합니다. 그런 의미에서 삼재 때에는 불조심을 해야 하는 것입니다.

　술토戌土는 땅 속에서 용암이 끓어 오르는 형상을 의미하기도 하니 마음 속 깊이 세상을 지배하고자 하는 끓어오르는 욕망을 감추고 있다할 것입니다. 그래서 항상 호연지기浩然之氣(도량이 넓은 마음가짐)의 자세로 대인관계에 임하니 만인이 따르는 우두머리 역할을 하기도 합니다. 그러나 삼재 때에는 이러한 성향이 남에게는 거만한 모습으로 비춰질 수 있으니 자신을 낮추고 겸허한 자세로 매사에 임해야 실패가 없을 것입니다.

　또한 술토戌土는 연기가 피어오르는 넓은 쓰레기장의 의미도 있으니, 열악한 환경으로 남들이 꺼려하는 장소의 의미도 되는데, 삼재 때에는 이러한 장소에서 생활하는 경우도 발생할 수 있으나 훗날 삶의 소중한 바탕이 되는 것입니다.

삼재 때 피해야할 장소는 높고 험한 산, 깊은 계곡, 분화구, 사람이 많이 모이는 곳, 개사육장, 공동묘지, 장례식장, 화장터, 공중 화장실, 지하 보일러실, 화공약품공장, 유흥업소 등입니다.

인체에 있어서는 갈비, 등, 항문, 무릎, 변비증상, 소변불리 등을 뜻하며, 오장육부五臟六腑로는 비장脾臟이나 위장胃臟에 해당이 되고 있으니 삼재 때에는 이러한 곳의 질병에 신경을 써야 할 것입니다.

 ## 삼재예방법

1월생 개띠 (寅月生)
① 외출시 입는 옷 색깔: 붉은 색 계통
② 외출시 피하는 옷 색깔: 검은 색 계통
③ 집안에 들여 놓지 말아야 할 물건: 어항, 물고기 그림, 목재류, 분재
④ 피해야 할 장소: 계곡, 위험물취급소, 동물원, 바닷가, 강, 저수지
⑤ 하지 말아야 할 행위: 불장난, 전기취급, 등산

2월생 개띠 (卯月生)
① 외출시 입는 옷 색깔: 붉은 색 계통
② 외출시 피하는 옷 색깔: 검은 색 계통
③ 집안에 들여 놓지 말아야 할 물건: 분재, 수석, 산수화, 대나무
④ 피해야 할 장소: 수영장, 관공서, 고택(古宅, 옛날에 지은 오래된 집)
⑤ 하지 말아야 할 행위: 수영, 스키, 낚시, 과음(過飮)

3월생 개띠 (辰月生)

① 외출시 입는 옷 색깔: 청색이나 녹색 계통

② 외출시 피하는 옷 색깔: 붉은 색 계통

③ 집안에 들여 놓지 말아야 할 물건: 고양이, 어항, 산수화 병풍, 도자기

④ 피해야 할 장소: 수산물시장, 여관, 방파제, 친척집

⑤ 하지 말아야 할 행위: 남을 비방하는 짓, 부동산 소개, 친구 소개

4월생 개띠 (巳月生)

① 외출시 입는 옷 색깔: 검은 색 계통

② 외출시 피하는 옷 색깔: 붉은 색이나 흰 색 계통

③ 집안에 들여 놓지 말아야 할 물건: 인화물질, 꽃이나 새, 꽃이나 새 그림

④ 피해야 할 장소: 극장, 백화점, 보일러실, 도심의 번화가

⑤ 하지 말아야 할 행위: 불장난, 과도한 종교심취, 과음(過飮)

5월생 개띠 (午月生)

① 외출시 입는 옷 색깔: 흰 색이나 검은 색 계통

② 집안에 들여 놓지 말아야 할 물건: 조류(鳥類), 조류(鳥類)그림이나 조각 품, 태양을 그린 그림, 말(馬)그림이나 조각 품, 호랑이 그림

③ 피해야 할 장소: 경마장, 동물원, 오락실, 술집, 한증막 등

④ 하지말아야 할 행위: 흡연, 행글라이딩, 패러글라이딩, 불장난

6월생 개띠 (未月生)

① 외출시 입는 옷 색깔: 검은 색 계통

② 외출시 피하는 옷 색깔: 노란 색이나 붉은 색 계통

③ 집안에 들여 놓지 말아야 할 물건: 돌로 만든 장식품, 남이 준 음식물

④ 피해야 할 장소: 과수원, 룸살롱, 종교집회장, 야외 캠프장

⑤ 하지 말아야 할 행위: 깊은 사색(思索), 문란한 성행위, 도박

7월생 개띠 (申月生)

① 외출시 입는 옷 색깔: 붉은 색 계통

② 외출시 피하는 옷 색깔: 흰 색 계통

③ 집안에 들여 놓지 말아야 할 물건: 쇠붙이, 수석, 도검류

④ 피해야 할 장소: 돌 계단, 에스컬레이터, 방파제, 채석장(採石場)

⑤ 하지 말아야 할 행위: 싸움, 과속(過速), 신호위반

8월생 개띠 (酉月生)

① 외출시 입는 옷 색깔: 검은 색 계통

② 외출시 피하는 옷 색깔: 흰 색 계통

③ 집안에 들여 놓지 말아야 할 물건: 수석, 닭 그림, 호랑이 그림, 유리제품

④ 피해야 할 장소: 양계장, 나이트클럽, 야구장, 고물상, 홍등가, 갯벌

⑤ 하지 말아야 할 행위: 홍등가(紅燈街)출입, 스포츠관람, 신경질

9월생 개띠 (戌月生)

① 외출시 입는 옷 색깔: 청색이나 녹색, 검은 색 계통

② 외출시 피하는 옷 색깔: 노란색이나 붉은 색 계통

③ 집안에 들여 놓지 말아야 할 물건: 애완견, 말 그림 모형, 남이 쓰던 중고품

④ 피해야 할 장소: 지하실, 공중화장실, 도로 한 복판, 놀이터, 옛 성터

⑤ 하지 말아야 할 행위: 과음(過飮), 불장난, 지나친 컴퓨터 사용

10월생 개띠 (亥月生)

① 외출시 입는 옷 색깔: 붉은 색 계통

② 외출시 피하는 옷 색깔: 청색이나 녹색, 흰 색이나 검은 색 계통

③ 집안에 들여 놓지 말아야 할 물건: 가구류, 어항, 분재(盆栽)

④ 피해야 할 장소: 여관, 지하실, 울창한 숲속이나 계곡, 수영장, 홍등가

⑤ 하지 말아야 할 행위: 홍등가(紅燈街)출입, 지하층의 술집, 뱃놀이

11월생 개띠 (子月生)

① 외출시 입는 옷 색깔: 붉은 색 계통

② 외출시 피하는 옷 색깔: 흰 색이나 검은 색 계통

③ 집안에 들여 놓지 말아야 할 물건: 수석(壽石), 어항

④ 피해야 할 장소: 바닷가, 저수지, 강, 홍등가(紅燈街)

⑤ 하지 말아야 할 행위: 문란한 성생활, 불법행위, 소송(訴訟)

12월생 개띠 (丑月生)

① 외출시 입는 옷 색깔: 붉은 색 계통

② 외출시 피하는 옷 색깔: 흰 색이나 검은 색 계통

③ 집안에 들여 놓지 말아야 할 물건: 수석, 어항, 유리제품, 도자기

④ 피해야 할 장소: 동굴, 터널, 지하주차장, 지하실, 그늘진 산속, 갯벌

⑤ 하지 말아야 할 행위: 도박, 남과의 시비(是非), 공무원과의 다툼

돼지띠 - (해亥)

　돼지띠인 해수亥水는 음양오행으로 보아 수기운水氣運(물 기운)에 속합니다. 기운은 음기陰氣이니 속으로 감춰져 있는 보이지 않는 사물을 뜻합니다. 그러므로 돼지띠는 본래 가지고 있는 특성이 물과 관련이 깊은 까닭에 평소에는 물과 관련된 일이나 물과 친숙하게 지낼 수 있지만, 삼재가 닥치면 물 조심을 해야 하는 것입니다.

　해수亥水는 바닷물의 의미가 있으니, 바닷물은 만물을 정화淨化하는 작용을 하므로 사람됨이 모든 일에 있어서 적극적으로 남을 돕고 부정不淨한 일에 대하여 참견을 하며 시시비비是是非非를 가리려 하는 성향이 있습니다. 한마디로 오지랖이 넓다는 말을 듣는다고 하겠습니다. 이러한 성향은 평소에 많은 사람들에게 호응을 얻고 고마움으로 생각되나 삼재 때에는 남에게 베푸는 만큼 돌아 오는게 아니라 도리어 화禍로 돌아오니 인생에 회의를 느끼게 되는 것입니다. 이러하니 대인관계에 있어서 적당한 선線을 유지하는 지혜가 필요하다 할 것입니다.

삼재 때 피해야할 장소는 해수욕장, 대중 목욕탕, 저수지, 강, 음습한 지하실, 술집, 양조장, 해수온천, 수영장, 댐, 염전, 윤락가淪落街 어두운 장소 등입니다.

인체에 있어서는 발, 남녀의 생식기生殖器나 여자의 자궁子宮에 해당하며, 오장육부五臟六腑로는 신장腎臟(콩팥)이나 방광膀胱(오줌보)에 해당이 되고 있으니 삼재 때에는 이러한 곳의 질병에 신경을 써야 할 것입니다.

삼재예방법

1월생 돼지띠 (寅月生)

① 외출시 입는 옷 색깔: 붉은 색 계통

② 외출시 피하는 옷 색깔: 흰 색이나 검은 색 계통

③ 집안에 들여 놓지 말아야 할 물건: 어항, 물고기 그림, 도자기, 유리제품

④ 피해야 할 장소: 수영장, 해수욕장, 강, 목재소, 산신당(山神堂)

⑤ 하지 말아야 할 행위: 뱃놀이, 낚시, 음주가무(飮酒歌舞)

2월생 돼지띠 (卯月生)

① 외출시 입는 옷 색깔: 붉은 색 계통

② 외출시 피하는 옷 색깔: 청색이나 녹색, 흰 색이나 검은 색 계통

③ 집안에 들여 놓지 말아야 할 물건: 어항, 나무, 가구류, 도자기, 유리

④ 피해야 할 장소: 수영장, 해수욕장, 강, 목재소

⑤ 하지 말아야 할 행위: 잘난체, 남과의 시비(是非), 남을 비방하는 일

3월생 돼지띠 (辰月生)

① 외출시 입는 옷 색깔: 청색이나 녹색 계통

② 외출시 피하는 옷 색깔: 노란색이나 붉은 색 계통

③ 집안에 들여 놓지 말아야 할 물건: 수석, 산수화, 병풍, 새나 새 그림

④ 피해야 할 장소: 비탈진 언덕, 방파제, 댐, 약수터, 운동장, 지하실

⑤ 하지 말아야 할 행위: 일가친척들과의 다툼, 손윗 사람에게 대드는 일

4월생 돼지띠 (巳月生)

① 외출시 입는 옷 색깔: 흰 색이나 검은 색 계통

② 외출시 피하는 옷 색깔: 붉은 색 계통

③ 집안에 들여 놓지 말아야 할 물건: 새나 새 그림, 애완견, 장식용 술

④ 피해야 할 장소: 보일러실, 백화점, 홍등가(紅燈街), 밤거리, 목욕탕

⑤ 하지 말아야 할 행위: 과음, 과식(過食), 불장난, 지나친 컴퓨터 사용

5월생 돼지띠 (午月生)

① 외출시 입는 옷 색깔: 흰 색이나 검은 색 계통

② 외출시 피하는 옷 색깔: 붉은 색 계통

③ 집안에 들여 놓지 말아야 할 물건: 새 그림, 애완견, 장식용 술, 말 그림

④피해야 할 장소: 교통체증이 심한 도로, 관공서, 야간업소

⑤하지 말아야 할 행위: 음주가무, 타인과의 말다툼, 지나친 장난

6월생 돼지띠 (未月生)

① 외출시 입는 옷 색깔: 흰 색 계통

② 외출시 피하는 옷 색깔: 청색이나 녹색, 붉은 색 계통

③ 집안에 들여 놓지 말아야 할 물건: 새 그림, 애완견, 장식용 술, 가구류

④ 피해야 할 장소: 극장, 여관, 예식장, 경마장, 과수원, 청과물시장

⑤ 하지 말아야 할 행위: 단체로 하는 스포츠게임, 과잉친절

7월생 돼지띠 (申月生)

① 외출시 입는 옷 색깔: 검은 색이나 붉은 색 계통

② 외출시 피하는 옷 색깔: 흰 색 계통

③ 집안에 들여 놓지 말아야 할 물건: 고양이, 쇠붙이, 칼

④ 피해야 할 장소: 장례식장, 도로변, 낚시터, 고물상

⑤ 하지 말아야 할 행위: 낚시, 뱃놀이, 암벽등반, 장시간 운전

8월생 돼지띠 (酉月生)

① 외출시 입는 옷 색깔: 검은 색 계통

② 외출시 피하는 옷 색깔: 흰 색, 청색이나 녹색 계통

③ 집안에 들여 놓지 말아야 할 물건: 고양이, 수석, 유리제품

④ 피해야 할 장소: 닭 전문점, 양계장, 철물점, 당구장, 모래야적장

⑤ 하지 말아야 할 행위: 남을 의심하는 일, 불법행위(不法行爲)

9월생 돼지띠 (戌月生)

① 외출시 입는 옷 색깔: 흰 색 계통

② 외출시 피하는 옷 색깔: 붉은 색 계통

③ 집안에 들여 놓지 말아야 할 물건: 애완견, 호랑이 그림, 새, 새 그림

④ 피해야 할 장소: 쓰레기장, 지하의 술집, 보일러실, 운동경기장, 홍등가

⑤ 하지 말아야 할 행위: 문란한 성생활, 과음(過飮)

10월생 돼지띠 (亥月生)

① 외출시 입는 옷 색깔: 붉은 색 계통

② 외출시 피하는 옷 색깔: 흰 색이나 검은 색 계통

③ 집안에 들여 놓지 말아야 할 물건: 어항, 분재, 용 그림, 용(龍)자 글씨

④ 피해야 할 장소: 울창한 숲속, 바다, 강, 저수지, 해수욕장, 홍등가

⑤ 하지 말아야 할 행위: 과음(過飮), 낚시, 지나친 종교활동

11월생 돼지띠 (子月生)

① 외출시 입는 옷 색깔: 붉은 색 계통

② 외출시 피하는 옷 색깔: 흰 색이나 검은 색 계통

③ 집안에 들여 놓지 말아야 할 물건: 어항, 분재, 물고기 그림, 도자기

④ 피해야 할 장소: 냉동 창고, 스케이트장, 양어장, 밤길, 수산물시장

⑤ 하지 말아야 할 행위: 일가친척과의 언쟁이나 돈거래, 가족동반 여행

12월생 돼지띠 (丑月生)

① 외출시 입는 옷 색깔: 붉은 색 계통

② 외출시 피하는 옷 색깔: 흰 색이나 검은 색 계통

③ 집안에 들여 놓지 말아야 할 물건: 고양이, 소(牛) 그림이나 모형, 쇠붙이

④ 피해야 할 장소: 습한 지하실,지하층의 술집, 우시장(牛市場), 중고차시장

⑤ 하지 말아야 할 행위: 의기소침한 행동, 과음(過飮), 화(火), 돈거래

5. 삼재三災를 물리치는 부적법符籍法

삼재 때에 복福을 기원하고 행운幸運을 빌며, 흉사凶事를 예방하고 흉사에서 벗어나기 위해 쉽게 찾게 되는 것이 부적符籍 입니다. 부적符籍을 부작符作이라고도 합니다.

(1) 부적符籍의 이해

부적의 기원을 살펴보면 중국의 도교道教에서 전해졌다는 말이 있고, 우리나라는 신라 때, 동해 용왕의 아들 처용處容이 자신의 아내와 놀아난 역신疫神을 넓은 도량度量으로 춤(처용무處容舞)을 추어 물리쳤다하여 이 후, 사람들이 잡귀雜鬼를 물리치는 데에 처용의 형상形象을 그려 붙였다는데서 그 유래를 찾아 볼 수가 있을 법하나, 그 이전 부터도 도사導師나 신선神仙들이 부적을 이용하여 도술道術을 부렸다는 옛날 이야기는 심심찮게 전해오고 있다 하겠습니다.

옛날부터 전해 내려오는 부적의 용도는 주로 도인道人들이 도道 닦을 때 도력道力을 향상시키려고 사용했다고 합니다. 그러나 세월이 흘러 그 용도가 변질되었는데, 부적과 함께 동물이나 여러 가지 물건을 활용하여 민간民間에서는 개인의 기복祈福(복을 기원 함)을 빌거나, 궁중宮中에서는 임금의 총애寵愛를 받으려고 후궁後宮들간에 암투의 수단으로 저주용咀呪用 부적이 활용되었다고 합니다.

저주咀呪라는 말이 '무고巫蠱'라고 하는 저주 방법을 일컫는 말과도 통하는데, 무고巫蠱는 남을 혹독하게 저주한다는 뜻으로 무巫는 하늘과 땅을 연결하는 무녀巫女를 뜻하고, 고蠱는 '벌레 충蟲'과 '그릇 명皿'이 합하여진 글자로 밥그릇 크기의 그릇에 지네나 두꺼비 같은 독충이나 독을 가진 동물을 한 그릇에 여러 마리를 가두어 두면 서로 싸우고, 배고프면 서로 잡아먹어 최후에는 곤충이나 동물이 단 한 마리만 남게 되는데, 마지막 남은 한 마리는 독기毒氣가 강렬하게 되니, 이를 가지고 무녀巫女는 저주할 대상의 몸에 몰래 숨겨 놓거나 집안에 몰래 들여보내어 저주 당사자의 정신을 혼란시키거나 죽음에 이를 정도의 해를 끼치는 저주 방법을 말합니다.

이러한 방법을 다른 말로 '고혹蠱惑', 또는 '고독蠱毒'이라고 하는 것입니다. 이러한 저주 방법은 시간도 오래 걸리고 실행하기가 번거로운 까닭에 부적과 물건으로 대신하는 것이라 하겠습니다. 잘 생각해 보면 묘한 것이, 삼재 때 사용되어지는 부적의 내용을 보면, 삼재三災의 음기陰氣를 저주咀呪하는 부적입니다. 즉, 삼재저주부적三災咀呪符籍인 것입니다. 왜냐하면, 삼재의 액을 막기 위하여 삼재부적을 써서 몸에 지니고, 계란에 삼재 당사자의 주소나 이름, 생년월일을 적어 깨뜨린다든지, 입던 옷이나 속옷에 마찬가지의 방법으로 하여 태운다든지, 주구呪具(주술의 도구)로 부엌칼을 이용 하는 것은 "질투 저주嫉妬咀呪"에서 볼 수 있는 방법과 유사하기 때문입니다. 다만, 삼재 당사자의 기복祈福(복을 기원함)을 염원念願한다는 차원에서 저주咀呪의 음기陰氣(나쁜 기운)가 아니라 기원祈願의 양기陽氣(좋은 기운)로서 그 효과가 있는 것이 질투 저주嫉妬 咀呪와의 차이라고 생각합니다. 이러한 내용을 알고 부적을 쓰거나 써 받는다면 마음가짐이 틀려질 것이라고 생각하는 바입니다.

상기의 두 가지 내용에서도 볼 수 있듯이 말도 많고 탈도 많은 게 부적입니다. 부적을 원하는 분들은 대부분 기복祈福을 염원念願하는데, 삼재 기도와 마찬가지로 기도하는 의식儀式이 중요한 것이 아니라 무엇을 염원하며 부적을 만드느냐가 중요한 관건입니다. 다시 말하여 진실로 간절한 마음으로 만드는 부적이 효과가 있다는 것입니다.

예를 들면, 좋지 않은 일이 있어 액막이를 하기 위해 스님이나 철학원, 혹은 무속인에게 찾아가 부적을 써달라고 하여 부적을 받아왔는데, 흉액을 당한 당사자는 써 준 부적만 믿고 "이제 부적이 있으니 액막이가 잘 될 거야"하고 생각하기 쉬우나, 이런 생각은 금물이라는 것입니다.

다시 말하여 부적을 쓴 마음이 써 준 사람이나 써 받은 사람이나 같아야 한다는 것입니다. 즉, 두 사람 모두 "천지신명이시여 ○○액막이를 간절히 원하옵나이다. 부디 굽어 살펴주옵소서"하고 일편단심 간절한 염원이 지속되어야지, "부적을 썼으니 반드시 좋은 일이 있을 거야, 오늘 부터는 두 다리 쭈욱 뻗고 편이 잘 수 있겠지, 나는 부적만 믿는다 ! "라는 식의 안이한 생각은 버려야 합니다. 이러면 절대 효과를 보지 못할 것입니다.

부적을 손으로 그렸던, 발로 그렸던, 인쇄를 하였던, 복사를 하였던 간에, 그리고 얼마짜리냐, 어디서 썼느냐, 누가 썼느냐가 중요한 것이 아니라 "간절한 염원"이 없다면 휴지조각에 불과한 것입니다. 요즘 흔히 유행하고 있는 달마도 達磨圖도 부적의 일종인데, 역시 마찬가지라고 보면 정답일 것입니다. 어떤 스님 달마도가 효과가 있다더라, 어떤 달마도가 제일 비싸고 잘 그려졌더라, 지나가는 스님이 주고 간 달마도를 가게에 붙여 놓았는데 그 때부터 손님이 밀려들어 장사가 잘되더라 하는 등의 얘기 내용에도 지성至誠이면 감천感天이라고, "간절한 염원"의 유무有無가 효과가 있고 없고의 관건인 것입니다.

(2) 부적 제작 방법

① 길일(吉日)을 택일 합니다.

② 택일 한 날 3 일 전부터 부정한 행위는 일체 금하고 정결한 마음으로 목욕 제계를 3일동안 하며 천지신명께 기도를 합니다.

③ 택일 당일 날, 제단을 준비하여 떠오르는 태양을 향하여 동서남북으로 합장 재배하고 천지 신명께 분향을 한 후, (택일 날은 맑은 날이어야 하며 날씨가 흐리거나 비가 오면 안 된다.)

④ 떠오르는 태양을 향하여 고치삼통叩齒三通(이를 세 번 마주침, 딱, 딱, 딱)을 하고 주문(呪文)을 외웁니다.

『"혁혁양양赫赫陽陽 일출동방日出東方 보탱불상普撑不祥 구토삼매지화口吐三昧之火 복비문읍지광지괴服飛門邑之光提怪 사천봉력사使天逢力士 파질용예적금강破疾用穢跡金剛 항복요괴降伏妖怪 화위길상化爲吉祥 옴~ 급급여율령急急如律令 사바라야 사바하. "』

⑤ 다음, 준비물로 부적을 쓰기 시작합니다.

준비물은 경명주사 분말, 옥수玉水(새벽에 아무도 떠 가지 않은 상태의 정결한 샘물), 붓, 괴황지槐黃紙(홰나무 열매의 씨앗으로 만든 누른 빛깔의 물감으로 물들인 한지韓紙.)입니다. 경명주사 분말을 옥수玉水에 잘 개어 붓으로 괴황지槐黃紙에 정성껏 온 천지의 기운을 받아 작성합니다. 부적의 제작과정이 대략 이렇다 보니, 감히 누가 부적을 함부로 제작한다고 하겠습니까.

그래서 가장 중요한 것이 진실한 마음이므로 마음가짐을 강조한 것입니다. 각자 살아가는 모습이나 형편이 다르니 각자 자신에게 주어진 형편대로 필요한 부적을 제작하여 소원을 염원하신다면 반드시 좋은 결과가 있으리라 확신합니다

.

1. 소원성취부

모든 부적을 사용할 때 반드시 써야 하는 부적입니다. 이 소원성취부를 작성하여야 소원이 이루어진다고 합니다. 예를 들어, 삼재를 당한 사람은 ⑩삼재부를 쓸 때에 함께 작성하여 몸에 지니거나 문안 쪽 위에 붙여야 합니다. 즉, ①소원성취부 + ⑩삼재부를 함께 사용합니다. 그리고 진실로 염원念願하여야 합니다.

〈예시〉

"천지신명이시여 삼재소멸하여 주옵소서"라고 염원念願합니다.

소원이 이루어질때까지 가지고 있어야 하며 소원이 이루어지고 나면 천지신명께 감사의 표시로 간단한 제단(초, 향, 막걸리, 돼지머리나 돼지고기 덩어리 삶은 것, 삼색나물, 삼색과일-2장에 삼재풀이 참고 함)을 차려 그 위에 부적을 올린 다음 초와 향을 켜고 동서남북으로 각각 한 번씩 합장목례한 다음 술을 따라 놓고 제단에 세 번 절합니다. 세 번절을 하면서 "천지신명님 소원성취하게 해주셔서 감사드립니다"하고 마음속 혹은 입으로 되뇌입니다. 그리고 제단에 올렸던 부적을 내려서 태웁니다. 그런 후 음복하고 음식은 먹어도 됩니다.

2. 금전재수부

　금전이 절박하게 필요할 때에 작성하여 ①
소원성취부와 함께 몸에 지닙니다. ①소원성
취부＋② 금전재수부를 함께 사용합니다.
　삼재 때에는 ①소원성취부＋⑩삼재부＋②
금전재수부를 함께 사용합니다.

〈예시〉

"천지신명이시여 금전을 도와 주옵소서"라고 염원念願합니다.

　소원이 이루어질 때까지 가지고 있어야 하며 소원이 이루어지고 나면 천지신명
께 감사의 표시로 간단한 제단(초, 향, 막걸리, 돼지머리나 돼지고기 덩어리 삶
은 것, 삼색나물, 삼색과일－2장에 삼재풀이 참고 함)을 차려 그 위에 부적을 올
린 다음 초와 향을 켜고 동서남북으로 각각 한 번씩 합장목례한 다음 술을 따라
놓고 제단에 세 번 절합니다. 세번 절을 하면서 "천지신명님 소원성취하게 해주
셔서 감사드립니다."하고 마음속 혹은 입으로 되뇌입니다. 그리고 제단에 올렸
던 부적을 내려서 태웁니다. 그런 후 음복하고 음식은 먹어도 됩니다.

3. 만사대길부

매사 일이 순조롭지 못하여 예기치 않은 걸림돌이 많이 발생할 때 작성하여 ①소원성취부와 함께 몸에 지닙니다. ①소원성취부+③만사대길부를 함께 사용합니다.

삼재 때에는 ①소원성취부+⑩삼재부+③만사대길부를 함께 사용합니다.

〈예시〉

"천지신명이시여 만사 막힘없이 잘 풀리게 도와 주옵소서" 염원念願합니다.

소원이 이루어질때까지 가지고 있어야 하며 소원이 이루어지고 나면 천지신명께 감사의 표시로 간단한 제단(초, 향, 막걸리, 돼지머리나 돼지고기 덩어리 삶은 것, 삼색나물, 삼색과일-2장에 삼재풀이 참고 함)을 차려 그 위에 부적을 올린 다음 초와 향을 켜고 동서남북으로 각각 한 번씩 합장목례한 다음 술을 따라 놓고 제단에 세 번 절합니다. 세 번절을 하면서 "천지신명님 소원성취하게 해주셔서 감사드립니다"하고 마음속 혹은 입으로 되뇌입니다. 그리고 제단에 올렸던 부적을 내려서 태웁니다. 그런 후 음복하고 음식은 먹어도 됩니다.

4. 사업흥왕부

개업을 하였거나 사업을 하는데 있어서 불안감이 생겨날 때, 혹은 사업이 잘되라는 간절한 마음이 있을 때 작성하여 ①소원성취부와 함께 몸에 지닙니다. ①소원성취부＋④사업흥왕부를 함께 사용합니다.

삼재 때에는 ①소원성취부＋⑩삼재부＋④사업흥왕부를 함께 사용합니다.

〈예시〉

"천지신명이시여 사업 잘 되게 하여 주옵소서"라고 염원念願합니다.

소원이 이루어질때까지 가지고 있어야 하며 소원이 이루어지고 나면 천지신명께 감사의 표시로 간단한 제단(초, 향, 막걸리, 돼지머리나 돼지고기 덩어리 삶은 것, 삼색나물, 삼색과일-2장에 삼재풀이 참고 함)을 차려 그 위에 부적을 올린 다음 초와 향을 켜고 동서남북으로 각각 한 번씩 합장목례한 다음 술을 따라 놓고 제단에 세 번 절합니다. 세 번절을 하면서 "천지신명님 소원성취하게 해주셔서 감사드립니다"하고 마음속 혹은 입으로 되뇌입니다. 그리고 제단에 올렸던 부적을 내려서 태웁니다. 그런 후 음복하고 음식은 먹어도 됩니다.

5. 인연부

결혼 적령기에 남편이나 부인될 사람, 혹은 사업상 좋은 사람을 만날 수 있기를 간절히 원할 때 작성하여 ①소원성취부와 함께 몸에 지닙니다. ①소원성취부＋⑤인연부를 함께 사용합니다.

삼재 때에는 ①소원성취부＋⑩삼재부＋⑤인연부로 함께 사용합니다.

〈예시〉

"천지신명이시여 좋은 인연을 만나게 하여 주옵소서"라고 염원念願합니다.

소원이 이루어질때까지 가지고 있어야 하며 소원이 이루어지고 나면 천지신명께 감사의 표시로 간단한 제단(초, 향, 막걸리, 돼지머리나 돼지고기 덩어리 삶은 것, 삼색나물, 삼색과일−2장에 삼재풀이 참고 함)을 차려 그 위에 부적을 올린 다음 초와 향을 켜고 동서남북으로 각각 한 번씩 합장목례한 다음 술을 따라 놓고 제단에 세 번 절합니다. 세 번절을 하면서 "천지신명님 소원성취하게 해주셔서 감사드립니다"하고 마음속 혹은 입으로 되뇌입니다. 그리고 제단에 올렸던 부적을 내려서 태웁니다. 그런 후 음복하고 음식은 먹어도 됩니다.

6. 사고 예방부

잦은 사고가 발생하거나 이상하게 사고가 날 것 같은 불길한 예감이 들 때 작성하여 ①소원성취부와 함께 몸에 지닙니다. ①소원성취부＋⑥사고예방부를 사용합니다.
삼재 때에는 ①소원성취부＋⑩삼재부＋⑥사고예방부를 함께 사용합니다.

〈예시〉

"천지신명이시여 사고수를 소멸하여 주옵소서."라고 염원念願합니다.

소원이 이루어질 때까지 가지고 있어야 하며 소원이 이루어지고 나면 천지신명께 감사의 표시로 간단한 제단(초, 향, 막걸리, 돼지머리나 돼지고기 덩어리 삶은 것, 삼색나물, 삼색과일-2장에 삼재풀이 참고 함)을 차려 그 위에 부적을 올린 다음 초와 향을 켜고 동서남북으로 각각 한 번씩 합장목례한 다음 술을 따라 놓고 제단에 세 번 절합니다. 세 번 절을 하면서 "천지신명님 소원성취하게 해주셔서 감사드립니다."하고 마음속 혹은 입으로 되뇌입니다. 그리고 제단에 올렸던 부적을 내려서 태웁니다. 그런 후 음복하고 음식은 먹어도 됩니다.

7. 애정부

이성(異性)간에 자주 다투거나 헤어질 조짐이 보여 불안할 때, 혹은 오래도록 인연이 지속되기를 원할 때 작성하여 ①소원성취부와 함께 몸에 지닙니다. ①소원성취부 + ⑦애정부를 함께 사용합니다.

삼재 때에는 ①소원성취부 + ⑩삼재부 + ⑦애정부를 함께 사용합니다.

〈예시〉

"천지신명이시여 ○○와 인연이 변하지 않고 오래도록 지속되게 해 주옵소서"라고 염원念願합니다.

소원이 이루어질 때까지 가지고 있어야 하며 소원이 이루어지고 나면 천지신명께 감사의 표시로 간단한 제단(초, 향, 막걸리, 돼지머리나 돼지고기 덩어리 삶은 것, 삼색나물, 삼색과일-2장에 삼재풀이 참고 함)을 차려 그 위에 부적을 올린 다음 초와 향을 켜고 동서남북으로 각각 한 번씩 합장목례한 다음 술을 따라 놓고 제단에 세 번 절합니다. 세 번 절을 하면서 "천지신명님 소원성취하게 해주셔서 감사드립니다."하고 마음속 혹은 입으로 되뇌입니다. 그리고 제단에 올렸던 부적을 내려서 태웁니다. 그런 후 음복하고 음식은 먹어도 됩니다.

8. 관재부

경미한 불법(不法)이나 위법(違法)행위로 인하여 경찰서 출입이 염려될 때, 혹은 경찰서 출입을 하고 있을 때 작성하여 ①소원성취부와 함께 몸에 지닙니다. ①소원성취부＋⑧관재부를 함께 사용합니다.

삼재 때에는 ①소원성취부＋⑩삼재부＋⑧관재부를 함께 사용합니다.

〈예시〉

"천지신명이시여 관재수를 소멸하여 주옵소서."라고 염원念願합니다.

소원이 이루어질 때까지 가지고 있어야 하며 소원이 이루어지고 나면 천지신명께 감사의 표시로 간단한 제단(초, 향, 막걸리, 돼지머리나 돼지고기 덩어리 삶은 것, 삼색나물, 삼색과일-2장에 삼재풀이 참고 함)을 차려 그 위에 부적을 올린 다음 초와 향을 켜고 동서남북으로 각각 한 번씩 합장목례한 다음 술을 따라 놓고 제단에 세 번 절합니다. 세 번 절을 하면서 "천지신명님 소원성취하게 해주셔서 감사드립니다."하고 마음속 혹은 입으로 되뇌입니다. 그리고 제단에 올렸던 부적을 내려서 태웁니다. 그런 후 음복하고 음식은 먹어도 됩니다.

9. 동토부

집안에 흙이나 나무, 혹은 물건을 잘못 다루거나, 집안에 새로운 물건을 들여 놓았는데 이상한 일이 발생하여 예기치 않는 고통을 받는다든지, 물건을 다루거나 들여 놓고부터 꿈자리가 사납다든지 할 때 작성하여 ①소원성취부와 함께 몸에 지닙니다. ①소원성취부＋⑨동토부를 함께 사용합니다. 삼재 때에는 ①소원성취부＋⑩삼재부＋⑨동토부를 함께 사용합니다.

〈예시〉

"천지신명이시여 동토를 소멸하여 주옵소서."라고 염원念願합니다.

소원이 이루어질 때까지 가지고 있어야 하며 소원이 이루어지고 나면 천지신명께 감사의 표시로 간단한 제단(초, 향, 막걸리, 돼지머리나 돼지고기 덩어리 삶은 것, 삼색나물, 삼색과일-2장에 삼재풀이 참고 함)을 차려 그 위에 부적을 올린 다음 초와 향을 켜고 동서남북으로 각각 한 번씩 합장목례한 다음 술을 따라 놓고 제단에 세 번 절합니다. 세 번절을 하면서 "천지신명님 소원성취하게 해주셔서 감사드립니다."하고 마음속 혹은 입으로 되뇌입니다. 그리고 제단에 올렸던 부적을 내려서 태웁니다. 그런 후 음복하고 음식은 먹어도 됩니다.

> ※ 동토분별법
> 동토(동티 또는 동투라고도 함)가 났는지 안 났는지를 분별하는 방법은 바짝 마른 빨간 고추를 태워보면 알 수 있는데, 고추를 태워서 눈물, 콧물이 날 정도의 아주 매운 냄새가 나면 동토가 난 것이 아니고, 별다른 냄새가 나지 않고 그저 조금 매운 정도로 눈물, 콧물의 반응이 없는 냄새라면 동토가 난 것입니다. 이는 경험상 미신이라고 치부하기에는 적절치 못하고 그런대로 분별하는데 효과가 있다고 봅니다.

10. 삼재부

삼재가 드는 사람이 들 삼재의 해에 작성하여 ①소원성취부와 함께 몸에 지닙니다.
①소원성취부 + ⑩삼재부를 함께 사용합니다. 들 삼재의 해를 잊고 있어서 들 삼재 때에 작성치 못하여도 차후에 작성하여도 됩니다.

〈예시〉

"천지신명이시여 삼재를 소멸하여 주옵소서"라고 염원念願합니다.

소원이 이루어질 때까지 가지고 있어야 하며 소원이 이루어지고 나면 천지신명께 감사의 표시로 간단한 제단(초, 향, 막걸리, 돼지머리나 돼지고기 덩어리 삶은 것, 삼색나물, 삼색과일-2장에 삼재풀이 참고 함)을 차려 그 위에 부적을 올린 다음 초와 향을 켜고 동서남북으로 각각 한 번씩 합장목례한 다음 술을 따라 놓고 제단에 세 번 절합니다. 세 번절을 하면서 "천지신명님 소원성취하게 해주셔서 감사드립니다"하고 마음속 혹은 입으로 되뇌입니다. 그리고 제단에 올렸던 부적을 내려서 태웁니다. 그런 후 음복하고 음식은 먹어도 됩니다.

11. 합격부

시험을 보는 수험생이 시험장에 갈 때 작성하여 ①소원성취부와 함께 몸에 지닙니다. ①소원성취부＋⑪합격부를 함께 사용합니다.
삼재 때에는 ①소원성취부＋⑩삼재부＋⑪합격부를 함께 사용합니다.

<예시>

"천지신명이시여 이번 시험에 합격하게 하여 주옵소서"라고 염원念願합니다.
소원이 이루어질 때까지 가지고 있어야 하며 소원이 이루어지고 나면 천지신명께 감사의 표시로 간단한 제단(초, 향, 막걸리, 돼지머리나 돼지고기 덩어리 삶은 것, 삼색나물, 삼색과일-2장에 삼재풀이 참고 함)을 차려 그 위에 부적을 올린 다음 초와 향을 켜고 동서남북으로 각각 한 번씩 합장목례한 다음 술을 따라 놓고 제단에 세 번 절합니다. 세 번 절을 하면서 "천지신명님 소원성취하게 해주셔서 감사드립니다"하고 마음속 혹은 입으로 되뇌입니다. 그리고 제단에 올렸던 부적을 내려서 태웁니다. 그런 후 음복하고 음식은 먹어도 됩니다.

12. 승진부

직장에서 승진할 시기가 지났는데 이상하게 승진이 되질 않거나 승진이 예정된 달에 마음이 불안할 때 작성하여 ①소원성취부와 함께 몸에 지닙니다. ①소원성취부＋⑫승진부를 함께 사용합니다. 삼재 때에는 ①소원성취부 ＋⑩삼재부＋⑫승진부를 함께 사용합니다.

〈예시〉

"천지신명이시여 이번에는 꼭 승진하게 하여 주옵소서" 염원念願합니다.

소원이 이루어질 때까지 가지고 있어야 하며 소원이 이루어지고 나면 천지신명께 감사의 표시로 간단한 제단(초, 향, 막걸리, 돼지머리나 돼지고기 덩어리 삶은 것, 삼색나물, 삼색과일−2장에 삼재풀이 참고 함)을 차려 그 위에 부적을 올린 다음 초와 향을 켜고 동서남북으로 각각 한 번씩 합장목례한 다음 술을 따라 놓고 제단에 세 번 절합니다. 세번 절을 하면서 "천지신명님 소원성취하게 해주셔서 감사드립니다"하고 마음속 혹은 입으로 되뇌입니다. 그리고 제단에 올렸던 부적을 내려서 태웁니다. 그런 후 음복하고 음식은 먹어도 됩니다.

13. 결혼부

결혼 적령기가 지났거나 마음에 드는 결혼 상대자가 있을 때 작성하여 ①소원
성취부와 함께 몸에 지닙니다. ①소원성취부＋⑬결혼부를 함께 사용합니다.
삼재 때에는 ①소원성취부＋⑩삼재부＋⑬결혼부를 함께 사용합니다.

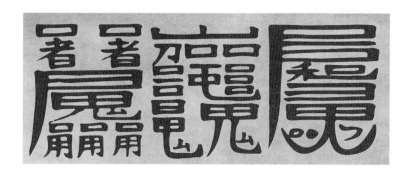

〈예시〉

"천지신명이시여 좋은 배필 만나 결혼하게 하여 주옵소서"염원念願합니다.
①소원성취부＋⑬결혼부＋⑤인연부로 하여도 됩니다. 삼재 때에는 ①소원성취
부＋⑩삼재부＋⑬결혼부＋⑤인연부로 함께 사용합니다. "천지신명이시여 반
드시 ○○와 결혼하게 하여 주옵소서"라고 염원念願합니다. 소원이 이루어질
때까지 가지고 있어야 하며 소원이 이루어지고 나면 천지신명께 감사의 표시로
간단한 제단(초, 향, 막걸리, 돼지머리나 돼지고기 덩어리 삶은 것, 삼색나물,
삼색과일-2장에 삼재풀이 참고 함)을 차려 그 위에 부적을 올린 다음 초와 향
을 켜고 동서남북으로 각각 한 번씩 합장목례한 다음 술을 따라 놓고 제단에
세 번 절합니다. 세 번 절을 하면서 "천지신명님 소원성취하게 해주셔서 감사드
립니다"하고 마음속 혹은 입으로 되뇌입니다. 그리고 제단에 올렸던 부적을 내
려서 태웁니다. 그런 후 음복하고 음식은 먹어도 됩니다.

14. 부정부

집밖이나 집안에서 차마 눈으로 보지 못할 것을 보아 자꾸 부정不淨한 것이 눈에 어른거리거나 더럽고 추한 짓을 한 사람을 보아 마음이 불편 할 때 작성하여 ①소원성취부와 함께 몸에 지닙니다. ①소원성취부 + ⑭부정부를 함께 사용합니다.

삼재 때에는 ①소원성취부 + ⑩삼재부 + ⑭부정부를 함께 사용합니다.

〈예시〉

"천지신명이시여 부정을 없애 주옵소서"라고 염원念願합니다.

소원이 이루어질 때까지 가지고 있어야 하며 소원이 이루어지고 나면 천지신명께 감사의 표시로 간단한 제단(초, 향, 막걸리, 돼지머리나 돼지고기 덩어리 삶은 것, 삼색나물, 삼색과일-2장에 삼재풀이 참고 함)을 차려 그 위에 부적을 올린 다음 초와 향을 켜고 동서남북으로 각각 한 번씩 합장목례한 다음 술을 따라 놓고 제단에 세 번 절합니다. 세 번 절을 하면서 "천지신명님 소원성취하게 해주셔서 감사드립니다"하고 마음속 혹은 입으로 되뇌입니다. 그리고 제단에 올렸던 부적을 내려서 태웁니다. 그런 후 음복하고 음식은 먹어도 됩니다.

15. 묘탈부

조상님의 묘나 일가친척의 묘가 허물어졌거나 동물 등에 의하여 훼손되었을 때나, 이장移葬을 하였는데 집안에 불미한 사고나 사건들이 끊이질 않을 때, 혹은 꿈에서 자꾸 묘가 보이고 조상님이 나타날 때, 묘를 찾아 허물어진 묘의 보수나 경배를 한 연후, 작성하여 ①소원성취부와 함께 몸에 지닙니다. ①소원성취부 + ⑮묘탈부를 함께 사용합니다.

일가친척이나 식구 중 한 사람이 삼재 때에는 ①소원성취부 + ⑩삼재부 + ⑮묘탈부를 함께 사용합니다.

〈예시〉

"천지신명이시여 하루 속히 묘탈을 없애 주옵소서"라고 염원念願합니다.

소원이 이루어질때까지 가지고 있어야 하며 소원이 이루어지고 나면 천지신명께 감사의 표시로 간단한 제단(초, 향, 막걸리, 돼지머리나 돼지고기 덩어리 삶은 것, 삼색나물, 삼색과일-2장에 삼재풀이 참고 함)을 차려 그 위에 부적을 올린 다음 초와 향을 켜고 동서남북으로 각각 한 번씩 합장목례한 다음 술을 따라 놓고 제단에 세 번 절합니다. 세 번절을 하면서 "천지신명님 소원성취하게 해주셔서 감사드립니다"하고 마음속 혹은 입으로 되뇌입니다. 그리고 제단에 올렸던 부적을 내려서 태웁니다. 그런 후 음복하고 음식은 먹어도 됩니다.

16. 화합부

가정에서 식구들과 잦은 불화가 있거나 부부지간에 화합치 못하여 등을 돌리고 있을 때 작성하여 ①소원성취부와 함께 거실문 위에 붙입니다. ①소원성취부 + 화합부를 함께 사용합니다.

삼재 때에는 ①소원성취부 + ⑩ + 화합부를 함께 사용합니다.

〈예시〉

"천지신명이시여 부부화합하여 가정이 화목하게 하여 주옵소서" 염원합니다.

소원이 이루어질 때까지 가지고 있어야 하며 소원이 이루어지고 나면 천지신명께 감사의 표시로 간단한 제단(초, 향, 막걸리, 돼지머리나 돼지고기 덩어리 삶은 것, 삼색나물, 삼색과일-2장에 삼재풀이 참고 함)을 차려 그 위에 부적을 올린 다음 초와 향을 켜고 동서남북으로 각각 한 번씩 합장목례한 다음 술을 따라 놓고 제단에 세 번 절합니다. 세번 절을 하면서 "천지신명님 소원성취하게 해주셔서 감사드립니다"하고 마음속 혹은 입으로 되뇌입니다. 그리고 제단에 올렸던 부적을 내려서 태웁니다. 그런 후 음복하고 음식은 먹어도 됩니다.

17. 자손부

자손이 밖에서 자주 사고를 친다든지, 잔병치레를 자주하여 건강이 좋지 않거나, 놀기만 좋아하고 공부에 취미가 없을 때 작성하여 ①과 함께 자손의 몸에 지녀줍니다. ①소원성취부 + 자손부를 함께 사용합니다.
삼재 때에는 ①소원성취부 + ⑩삼재부 + 자손부를 함께 사용합니다.

<예시>
"천지신명이시여 우리 귀한 자손 ○○가 잘 되게 보살펴 주옵소서"라고 염원念願합니다.

소원이 이루어질 때까지 가지고 있어야 하며 소원이 이루어지고 나면 천지신명께 감사의 표시로 간단한 제단(초, 향, 막걸리, 돼지머리나 돼지고기 덩어리 삶은 것, 삼색나물, 삼색과일-2장에 삼재풀이 참고 함)을 차려 그 위에 부적을 올린 다음 초와 향을 켜고 동서남북으로 각각 한 번씩 합장목례한 다음 술을 따라 놓고 제단에 세 번 절합니다. 세번 절을 하면서 "천지신명님 소원성취하게 해주셔서 감사드립니다"하고 마음속 혹은 입으로 되뇌입니다. 그리고 제단에 올렸던 부적을 내려서 태웁니다. 그런 후 음복하고 음식은 먹어도 됩니다.

18. 악몽부

꿈에 자주 가위에 눌린다거나 악몽으로 잠을 설칠 때 ①소원성취부와 함께 몸에 지닙니다. ①소원성취부 + 악몽부를 함께 사용합니다.

삼재 때에는 ①소원성취부 + ⑩삼재부 + 악몽부를 함께 사용합니다.

〈예시〉

"천지신명이시여 부디 악몽을 제거하여 주옵소서"라고 염원念願합니다.

소원이 이루어질 때까지 가지고 있어야 하며 소원이 이루어지고 나면 천지신명께 감사의 표시로 간단한 제단(초, 향, 막걸리, 돼지머리나 돼지고기 덩어리 삶은 것, 삼색나물, 삼색과일-2장에 삼재풀이 참고 함)을 차려 그 위에 부적을 올린 다음 초와 향을 켜고 동서남북으로 각각 한 번씩 합장목례한 다음 술을 따라 놓고 제단에 세 번 절합니다. 세번 절을 하면서 "천지신명님 소원성취하게 해주셔서 감사드립니다"하고 마음속 혹은 입으로 되뇌입니다. 그리고 제단에 올렸던 부적을 내려서 태웁니다. 그런 후 음복하고 음식은 먹어도 됩니다.

19. 마음안정부

마음이 항상 심란하여 불안하고 누군가 자신을 죽이거나 해치려 한다는 생각을 떨쳐버릴 수 없을 때 ①소원성취부과 함께 몸에 지닙니다. ①소원성취부 + 마음안정부를 함께 사용합니다.

삼재 때에는 ①소원성취부 + ⑩삼재부 + 마음안정부를 함께 사용합니다.

<예시>

"천지신명이시여 불안한 마음을 안정되게 해주옵소서"라고 염원念願합니다.

소원이 이루어질 때까지 가지고 있어야 하며 소원이 이루어지고 나면 천지신명께 감사의 표시로 간단한 제단(초, 향, 막걸리, 돼지머리나 돼지고기 덩어리 삶은 것, 삼색나물, 삼색과일-2장에 삼재풀이 참고 함)을 차려 그 위에 부적을 올린 다음 초와 향을 켜고 동서남북으로 각각 한 번씩 합장목례한 다음 술을 따라 놓고 제단에 세 번 절합니다. 세번 절을 하면서 "천지신명님 소원성취하게 해주셔서 감사드립니다"하고 마음속 혹은 입으로 되뇌입니다. 그리고 제단에 올렸던 부적을 내려서 태웁니다. 그런 후 음복하고 음식은 먹어도 됩니다.

20. 매매부

소유하고 있는 부동산을 팔려하는데 오랜기간이 되어도 팔리질 않거나, 하루 속히 팔고자 할 때, 세 들어 살고 있는 집을 하루 속히 내 놓고자 할 때 ①소원성취부와 함께 현관 문안 위에 붙인다.

①소원성취부 + 매매부 입니다. 삼재 때에는 ①소원성취부 + ⑩삼재부 + 매매부를 함께 사용합니다.

〈예시〉

"천지신명이시여 소유하고 있는 부동산이 하루빨리 매매가 되게하여 주옵소서"라고 염원念願합니다.

소원이 이루어질 때까지 가지고 있어야 하며 소원이 이루어지고 나면 천지신명께 감사의 표시로 간단한 제단(초, 향, 막걸리, 돼지머리나 돼지고기 덩어리 삶은 것, 삼색나물, 삼색과일-2장에 삼재풀이 참고 함)을 차려 그 위에 부적을 올린 다음 초와 향을 켜고 동서남북으로 각각 한 번씩 합장목례한 다음 술을 따라 놓고 제단에 세 번 절합니다. 세번 절을 하면서 "천지신명님 소원성취하게 해주셔서 감사드립니다"하고 마음속 혹은 입으로 되뇌입니다. 그리고 제단에 올렸던 부적을 내려서 태웁니다. 그런 후 음복하고 음식은 먹어도 됩니다.

※매매에 관한 여러 가지가 비법을 소개 합니다.

바늘 한쌈을 집안의 내응맥 동서남북의 사면의 벽지에 골고루 꽂아 넣는 방법
이 있습니다.

살고 있는 집에서 반경 4Km내(10리)의 동서남북 방향에 있는 흙을 한 줌씩 가
져와 합한 후, 대문 앞이나 현관문 앞에 뿌립니다.

시장이나 백화점 등 장사가 잘되는 가게의 사장님들의 명함을 가져다 몸에 지
니고 있는 것입니다.

매매부적을 써서 아주 작은 크기로 접은 다음, 이것을 집 주소의 동사무소나
면사무소의 출입문 옆에 놓아 두는 것입니다.

집안 현관문 위에 가위를 거꾸로 매달아 놓는 것입니다. 이중에서 가장 하기
쉽다고 생각되는 방법을 선택은 하면 됩니다.

※삼재에 해당한 사람이, 소원이 한가지 이상일 때는 소원성취부적과 함께 해
당하는 부적을 여러장 작성하여 사용할 수 있습니다. 예를 들면, 승진도 하고
싶고결혼도 하고 싶다면, ①소원성취부＋⑩삼재부＋⑫승진부＋⑬결혼부를 함
께 작성하시어 "천지신명이시여 소원성취하게 하여 주옵소서"라고 염원(念願)
합니다. 다른 것도 이와 같이 응용하면 됩니다.

제3장

띠별로 보는 삼재 운수

띠별로 보는 삼재三災의 운수運數

삼재가 들어 그 작용되는 흉함이 띠별로 다르며, 태어날 달에서도 영향이 있으니 자세한 내용을 살펴보도록 하겠습니다. 자신의 띠와 생월을 음력을 기준하여 보면 됩니다. 삼합三合의 영향으로 같은 기운의 삼합에 해당하는 띠, 즉 인오술寅午戌, 신자진申子辰, 해묘미亥卯未, 사유축巳酉丑띠는 그 삼재의 운세도 같이 가는 것입니다. 이는 원형리정元亨利貞의 대자연의 순환법칙循環法則인 춘하추동春夏秋冬의 원리이기 때문입니다.

삼재三災의 기본적 의미가 흉함을 의미하는 것이니 그 의미에 마음을 두기 보다는 그 예방이나 퇴치방법에 심혈을 기울여야 할 것이다.

✸ 삼재가 들어오는 해(들 삼재)

들 삼재라 함은 삼재의 출발을 의미하는 것이므로 삼재기간인 3년 동안에 일어날 흉함이 시작되는 기본적 의미가 담겨있습니다. (생지生地 충冲-시작의 의미) 각 띠별의 내용을 살펴보기로 하겠습니다.

生地 入 三災

쥐띠 – 호랑이해 (인년寅年) 들 삼재

　쥐띠는 인년寅年 호랑이해에 만물이 처음 세상에 태어난다는 의미의 생지 生地를 부딪히니 들 삼재가 되는데, 전체적인 운運이 교통사고, 음독飮毒 자살기도, 화재火災, 원행遠行(출장 등으로 해외에 나가든지, 집에서 멀리 떠나 봄), 실족失足하여 뼈가 상하는 수, 가출家出(가정을 등지고 집을 나 감)해 볼 수, 남과 싸워서 다칠 수, 병을 얻을 수 등의 흉함이 내포되어 있습 니다.

1월생 쥐띠 (寅月生)

　쥐띠 인월생은 활동이 많은 가운데 이사(移徙)를 한다든지, 원행(遠行, 출장 등으로 해외에 나가든지, 집에서 멀리 떠남)을 하는 일이 자주 발생할 수 있는 해입니다. 또 혼자 생활한다는 의미도 있어 부부 이별이나 상복(喪服)을 입어 볼 수도 있는 해 입니다. 비행기, 배, 자동차 운전, 자전거, 오토바이, 스키, 승마, 수영, 계단을 오르내림 등을 조심하여야 합니다.

2월생 쥐띠 (卯月生)

　쥐띠 묘월생은 하는 일에 시비(是非)가 붙고, 부부지간, 남녀지간에 다툼이 생기며 병(病)을 얻어 고생할 수 있는 해입니다. 사람이 많이 모이는 곳을 피해 야 좋고, 내가 남에게 베푸는 것보다 돌아오는 것이 적으니 인덕(人德)이 없는 해이기도 합니다. 말(言)로써 화(禍)를 부르는 해이므로 말조심에 각별히 유념 하여야 합니다.

3월생 쥐띠 (辰月生)

쥐띠 진월생은 우울증이나 정신적인 허망함에 삶의 의미를 잃어버릴 수 있는 해입니다. 가만히 앉아 있어도 남들에게 공연한 구설수(口舌數)에 오르기도 합니다. 가족 간의 시비(是非)로 가출(家出)을 하는 해이기도 합니다. 이 경우 흉함은 자기 자신의 어두운 모습에서 오게 되는 것이므로 밝고 희망적인 생각을 하는 것이 좋습니다.

4월생 쥐띠 (巳月生)

쥐띠 사월생은 사기를 당하거나, 도둑을 맞는다거나 소지품을 분실하는 흉함이 일어나는 해 입니다. 건망증 증세가 발생하기도 합니다. 음주위반을 하여 운전면허가 정지 내지는 취소될 수 있습니다. 부 어느 한쪽이 바람이 난다든지, 사귀던 애인이 멀어지거나 헤어지는 아픔을 겪어 볼 수 있는 해이기도 합니다. 든 삼재에는 사람 단속, 각종 면허증 단속, 귀중품 단속을 철저히 해야 합니다. 심하면 파산(破産)을 하는 경우도 있습니다.

5월생 쥐띠 (午月生)

쥐띠 오월생은 관재수(官災數, 흉한 일로 경찰서 출입이나 소송사건을 당함)나 구설수(口舌數)가 주로 도로상(道路上)에서 발생 할 수 있는 해 입니다(직업이 군인이나 경찰이면 그 흉함은 경미함). 길을 걷다가도 다른 사람에게 부딪혀 시비가 붙을 수도 있고, 주차문제로 싸울 수도 있습니다. 또한 화재를 조심하여야 하고, 삶을 비관하여 자살기도를 해 보는 수도 있는 해입니다.

6월생 쥐띠 (未月生)

쥐띠 미월생은 사람간의 흉함 보다는 자연적 재해를 겪어 볼 수 있는 해입니다. 예컨대 불의의 화재(火災) 사고라든지, 태풍이나 해일 등의 풍재(風災)·수해(水害)를 당해 본다든지 지진(地震)에 피해를 볼 수 있는 것입니다. 농사 짓는 사람이라면 밭작물의 냉해(冷害)로 인한 금전적 손실 혹은 가뭄으로 인한 피해를 볼 수 있는 해이기도 합니다. 가정적으로는 부부지간에 잦은 말다툼으로 금실(부부간의 도타운 정)에 금이 갈 수 있는 해이기도 합니다.

7월생 쥐띠 (申月生)

쥐띠 신월생은 활동영역이 확대되고 분주한 일상이 연출될 수 있는 해인데, 움직임이 많은 만큼 사고발생 확률이 높아진다고 보아야 할 것입니다. 교통사고를 조심해야하고, 직장인은 뜻하지 않은 인사발령으로 곤혹스러운 일이 발생한다든지, 집에 대한 법적인 문제가 발생하여 이사를 해야하는 경우도 발생될 수 있는 해이기도 합니다.

8월생 쥐띠 (酉月生)

쥐띠 유월생은 주로 향락적(享樂的)인 일로 인하여 망신을 당하는 해입니다. 특히 주색잡기(酒色雜技), 즉 술이나 이성(異姓)을 탐닉하다가 망신을 당한다거나, 도박(賭博)으로 인하여 가정적으로나 사회적인 지탄(指彈, 손가락질 받음)을 받을 수 있는 해입니다. 또한 정신적인 불안함과 타인과의 만남을 불쾌하게 생각하여 외부와 출입을 끊고 집에만 틀어 박혀 있을 수 있다.

9월생 쥐띠 (戌月生)

쥐띠 술월생은 겹치는 업무나 일로 몸과 마음이 모두 지쳐 병고(病苦)에 시달려 보는 해입니다. 자신이 병(病)에 걸리지 않으면 가족 중의 한 사람이 중병(重病)에 걸려 마음고생을 하는 해이기도 합니다. 심하면 상복(喪服)을 입을 수도 있습니다. 또한 직장이나 직업에 변화가 있을 수 있는 해이기도 합니다.

10월생 쥐띠 (亥月生)

쥐띠 해월생은 인간관계에 있어서 구설(口舌, 남의 입에 좋지 않게 오르내림)이 따르고, 그로인하여 체면 깎일 일을 당하는 해입니다. 문서관리를 잘못하여 재산상의 손해도 입을 수 있는 해이기도 합니다. 보증(保證)을 선다든지, 돈을 남에게 빌려 준다든지 하여 사기(詐欺)를 당하거나 돈 갚을 사람의 경제사정 악화(惡化)로 돈을 떼일 수 있은 해입니다.

11월생 쥐띠 (子月生)

쥐띠 자월생은 의기(義氣)가 충천(衝天)하여 매사에 자신감이 충만하니 물불 가리지 않고 일을 추진하다가 큰 낭패를 보는 해입니다. 일에 대한 의욕이 사라지고 대인기피증세(對人忌避症勢)가 나타날 수도 있으며, 또한 자신의 고집과 겸손하지 않는 태도로 남에게 불쾌감을 주어 남들에게 따돌림을 당하는 등. 보이지 않는 불이익(不利益)을 당하게 되는 해이기도 합니다.

12월생 쥐띠 (丑月生)

쥐띠 축월생은 다른 사람과의 경쟁이 치열해지는 해입니다. 경쟁에 밀려 장막 뒤로 가려지는 배우처럼 자신의 능력을 인정받지 못하고 도태될 수 있는 해이기도 합니다. 시험을 본다고 하여도 평소 실력을 발휘하지 못하고 떨어지는 해이기도 합니다. 같은 업종이나 같은 일을 하는 사람과 경쟁관계로 피해를 볼 수 있는 해입니다.

소띠 - 돼지해 (해년亥年) 들 삼재

소띠는 해년亥年 돼지해에 만물이 처음 세상에 태어난다는 의미의 생지生地를 충沖하니 들 삼재가 되는데, 전체적인 운運이 쥐띠와 마찬가지로 교통사고, 음독飮毒자살기도, 화재火災, 원행遠行(출장 등으로 해외에 나가든지, 집에서 멀리 떠나 봄), 실족失足(발을 헛딛음)하여 뼈가 상하는 수, 가출家出(가정을 등지고 집을 나감)해 볼 수, 남과 싸워서 다칠 수, 병을 얻을 수 등의 흉함이 내포되어 있습니다.

1월생 소띠 (寅月生)

소띠 인월생은 사기를 당하거나, 도둑을 맞는다거나 소지품을 분실하는 흉함이 일어나는 해 입니다. 건망증 증세가 발생하기도 합니다. 음주위반을 하여 운전면허가 정지 내지는 취소될 수 있습니다. 부 어느 한쪽이 바람이 난다든지, 사귀던 애인이 멀어지거나 헤어지는 아픔을 겪어 볼 수 있는 해이기도 합니다. 든 삼재에는 사람 단속, 각종 면허증 단속, 귀중품 단속을 철저히 해야 합니다. 심하면 파산(破産)을 하는 경우도 있습니다.

2월생 소띠 (卯月生)

소띠 묘월생은 관재수(官災數, 흉한 일로 경찰서 출입이나 소송사건을 당함)나 구설수(口舌數)가 주로 도로상(道路上)에서 발생 할 수 있는 해 입니다(직업이 군인이나 경찰이면 그 흉함은 경미함). 길을 걷다가도 다른 사람에게 부딪혀 시비가 붙을 수도 있고, 주차문제로 싸울 수도 있습니다. 또한 화재를 조심하여야 하고, 삶을 비관하여 자살기도를 해 보는 수도 있는 해입니다.

3월생 소띠 (辰月生)

소띠 진월생은 사람간의 흉함 보다는 자연적 재해를 겪어 볼 수 있는 해입니다. 예컨대 불의의 화재(火災) 사고라든지, 태풍이나 해일 등의 풍재(風災)·수해(水害)를 당해 본다든지 지진(地震)에 피해를 볼 수 있는 것입니다. 농사짓는 사람이라면 밭작물의 냉해(冷害)로 인한 금전적 손실 혹은 가뭄으로 인한 피해를 볼 수 있는 해이기도 합니다. 가정적으로는 부부지간에 잦은 말다툼으로 금실(부부간의 도타운 정)에 금이 갈 수 있는 해이기도 합니다.

4월생 소띠 (巳月生)

소띠 사월생은 활동영역이 확대되고 분주한 일상이 연출될 수 있는 해인데, 움직임이 많은 만큼 사고빌생 확률이 높아신다고 보아야 할 것입니다. 교통사고를 조심해야하고, 직장인은 뜻하지 않은 인사발령으로 곤혹스러운 일이 발생한다든지, 집에 대한 법적인 문제가 발생하여 이사를 해야하는 경우도 발생될 수 있는 해이기도 합니다.

5월생 소띠 (午月生)

소띠 오월생은 주로 향락적(享樂的)인 일로 인하여 망신을 당하는 해입니다. 특히 주색잡기(酒色雜技), 즉 술이나 이성(異姓)을 탐닉하다가 망신을 당한다거나, 도박(賭博)으로 인하여 가정적으로나 사회적인 지탄(指彈, 손가락질 받음)을 받을 수 있는 해입니다. 또한 정신적인 불안함과 타인과의 만남을 불쾌하게 생각하여 외부와 출입을 끊고 집에만 틀어 박혀 있을 수 있다.

6월생 소띠 (未月生)

소띠 미월생은 겹치는 업무나 일로 몸과 마음이 모두 지쳐 병고(病苦)에 시달려 보는 해입니다. 자신이 병(病)에 걸리지 않으면 가족 중의 한 사람이 중병(重病)에 걸려 마음고생을 하는 해이기도 합니다. 심하면 상복(喪服)을 입을 수도 있습니다. 또한 직장이나 직업에 변화가 있을 수 있는 해이기도 합니다.

7월생 소띠 (申月生)

소띠 신월생은 인간관계에 있어서 구설(口舌, 남의 입에 좋지 않게 오르내림)이 따르고, 그로인하여 망신(亡身)을 당하는 해입니다. 문서관리를 잘못하여 재산상의 손해도 입을 수 있는 해이기도 합니다. 보증(保證)을 선다든지, 돈을 남에게 빌려 준다든지 하여 사기(詐欺)를 당하거나 채무자(債務者, 돈 갚을 사람)의 급작스런 경제사정 악화(惡化)로 돈을 떼일 수 있은 해입니다.

8월생 소띠 (酉月生)

소띠 유월생은 의기(義氣)가 충천(衝天)하여 매사에 자신감이 충만하니 물불 가리지 않고 일을 추진하다가 큰 낭패를 보는 해입니다. 일에 대한 의욕이 사라지고 대인기피증세(對人忌避症勢)가 나타날 수도 있으며, 또한 자신의 고집과 겸손하지 않는 태도로 남에게 불쾌감을 주어 남들에게 따돌림을 당하는 등. 보이지 않는 불이익(不利益)을 당하게 되는 해이기도 합니다.

9월생 소띠 (戌月生)

소띠 술월생은 다른 사람과의 경쟁이 치열해지는 해입니다. 경쟁에 밀려 장막 뒤로 가려지는 배우처럼 자신의 능력을 인정받지 못하고 도태될 수 있는 해이기도 합니다. 시험을 본다고 하여도 평소 실력을 발휘하지 못하고 떨어지는 해이기도 합니다. 같은 업종이나 같은 일을 하는 사람과 경쟁관계로 피해를 볼 수 있는 해입니다.

10월생 소띠 (亥月生)

소띠 해월생은 활동이 많은 가운데 이사(移徙)를 한다든지, 원행(遠行, 출장 등으로 해외에 나가든지, 집에서 멀리 떠나 봄)을 하는 일이 자주 발생할 수 있는 해입니다. 또 혼자 생활한다는 의미도 있어 부부 이별이나 상복(喪服)을 입어 볼 수도 있는 해 입니다. 비행기, 배, 자동차 운전, 자전거, 오토바이, 스키, 승마, 수영, 계단을 오르내림 등을 조심하여야 합니다.

11월생 소띠 (子月生)

소띠 자월생은 하는 일에 시비(是非)가 붙고, 부부지간, 남녀지간에 다툼이 생기며 병(病)을 얻어 고생할 수 있는 해입니다. 사람이 많이 모이는 곳을 피해야 좋고, 내가 남에게 베푸는 것보다 돌아오는 것이 적으니 인덕(人德)이 없는 해이기도 합니다. 말(言)로써 화(禍)를 부르는 해이므로 말조심에 각별히 유념하여야 합니다.

12월생 소띠 (丑月生)

소띠 축월생은 우울증이나 정신적인 허망함에 삶의 의미를 잃어버릴 수 있는 해입니다. 가만히 앉아 있어도 남들에게 공연한 구설수(口舌數)에 오르기도 합니다. 가족 간의 시비(是非)로 가출(家出)을 하는 해이기도 합니다. 이 경우 흉함은 자기 자신의 어두운 모습에서 오게 되는 것이므로 밝고 희망적인 생각을 하는 것이 좋습니다.

호랑이띠 - 원숭이해 (신년申年) 들삼재

호랑이띠는 신년申年 원숭이해에 역시 만물이 처음 세상에 태어난다는 의미의 생지生地를 충沖하니 들 삼재가 되는데, 전체적인 운運이 교통사고, 음독飮毒자살기도, 화재火災, 원행遠行(출장 등으로 해외에 나가든지, 집에서 멀리 떠나 봄), 실족失足(발을 헛딛음)하여 뼈가 상하는 수, 가출家出(가정을 등지고 집을 나감)해 볼 수, 남과 싸워서 다칠 수, 병을 얻을 수 등의 흉함이 내포되어 있습니다.

1월생 호랑이띠 (寅月生)

호랑이띠 인월생은 활동영역이 확대되고 분주한 일상이 연출될 수 있는 해인데, 움직임이 많은 만큼 사고발생 확률이 높아진다고 보아야 할 것입니다. 교통사고를 조심해야하고, 직장인은 뜻하지 않은 인사발령으로 곤혹스러운 일이 발생한다든지, 집에 대한 법적인 문제가 발생하여 이사를 해야하는 경우도 발생될 수 있는 해이기도 합니다.

2월생 호랑이띠 (卯月生)

호랑이띠 묘월생은 주로 향락적(享樂的)인 일로 인하여 망신을 당하는 해입니다. 특히 주색잡기(酒色雜技), 즉 술이나 이성(異姓)을 탐닉하다가 망신을 당한다거나, 도박(賭博)으로 인하여 가정적으로나 사회적인 지탄(指彈, 손가락질 받음)을 받을 수 있는 해입니다. 또한 정신적인 불안함과 타인과의 만남을 불쾌하게 생각하여 두문불하는 현상도 일어 날 수 있는 해입니다.

3월생 호랑이띠 (辰月生)

호랑이띠 진월생은 겹치는 업무나 일로 몸과 마음이 모두 지쳐 병고(病苦)에 시달려 보는 해입니다. 자신이 병(病)에 걸리지 않으면 가족 중의 한 사람이 중병(重病)에 걸려 마음고생을 하는 해이기도 합니다. 심하면 상복(喪服)을 입을 수도 있습니다. 또한 직장이나 직업에 변화가 있을 수 있는 해이기도 합니다.

4월생 호랑이띠 (巳月生)

호랑이띠 사월생은 인간관계에 있어서 구설(口舌, 남의 입에 좋지 않게 오르내림)이 따르고, 그로인하여 망신(亡身, 창피를 당함, 체면 깍일 일을 당함)을 당하는 해입니다. 문서관리를 잘못하여 재산상의 손해도 입을 수 있는 해이기도 합니다. 보증을 서다든지, 돈을 남에게 빌려 준다든지 하여 사기를 당하거나 채무자의 급작스런 경제사정 악화로 돈을 떼일 수 있은 해입니다.

5월생 호랑이띠 (午月生)

호랑이띠 오월생은 의기(義氣)가 충천(衝天)하여 매사에 자신감이 충만하니 물불가리지 않고 일을 추진하다가 큰 낭패를 보는 해입니다. 일에 대한 의욕이 사라지고 대인기피증세(對人忌避症勢)가 나타날 수도 있으며, 또한 자신의 고집과 겸손하지 않는 태도로 남에게 불쾌감을 주어 남들에게 따돌림을 당하는 등. 보이지 않는 불이익(不利益)을 당하게 되는 해이기도 합니다.

6월생 호랑이띠 (未月生)

호랑이띠 미월생은 다른 사람과의 경쟁이 치열해지는 해입니다. 경쟁에 밀려 장막 뒤로 가려지는 배우처럼 자신의 능력을 인정받지 못하고 도태될 수 있는 해이기도 합니다. 시험을 본다고 하여도 평소 실력을 발휘하지 못하고 떨어지는 해이기도 합니다. 같은 업종이나 같은 일을 하는 사람과 경쟁관계로 피해를 볼 수 있는 해입니다.

7월생 호랑이띠 (申月生)

호랑이띠 신월생은 활동이 많은 가운데 이사(移徙)를 한다든지, 원행(遠行, 출장 등으로 해외에 나가든지, 집에서 멀리 떠나 봄)을 하는 일이 자주 발생할 수 있는 해입니다. 또 혼자 생활한다는 의미도 있어 부부 이별이나 상복(喪服)을 입어 볼 수도 있는 해 입니다. 비행기, 배, 자동차 운전, 자전거, 오토바이, 스키, 승마, 수영, 계단을 오르내림 등을 조심하여야 합니다.

8월생 호랑이띠 (酉月生)

호랑이띠 유월생은 하는 일에 시비(是非)가 붙고, 부부지간, 남녀지간에 다툼이 생기며 병(病)을 얻어 고생할 수 있는 해입니다. 사람이 많이 모이는 곳을 피해야 좋고, 내가 남에게 베푸는 것보다 돌아오는 것이 적으니 인덕(人德)이 없는 해이기도 합니다. 말(言)로써 화(禍)를 부르는 해이므로 말조심에 각별히 유념하여야 합니다.

9월생 호랑이띠 (戌月生)

호랑이띠 술월생은 우울증이나 정신적인 허망함에 삶의 의미를 잃어 버릴 수 있는 해입니다. 가만히 앉아 있어도 남들에게 공연한 구설수(口舌數)에 오르기도 합니다. 가족들간의 시비(是非)로 가출(家出)을 하는 해이기도 합니다. 이 경우 흉함은 자기 자신의 어두운 모습에서 오게 되는 것이므로 밝고 희망적인 생각을 하는 것이 좋습니다.

10월생 호랑이띠 (亥月生)

호랑이띠 해월생은 사기를 당하거나, 도둑을 맞는다거나 소지품을 분실하는 흉함이 일어나는 해 입니다. 건망증 증세가 발생하기도 합니다. 음주위반을 하여 운전면허가 정지 내지는 취소될 수 있습니다. 부 어느 한쪽이 바람이 난다든지, 사귀던 애인이 멀어지거나 헤어지는 아픔을 겪어 볼 수 있는 해이기도 합니다. 든 삼재에는 사람 단속, 각종 면허증 단속, 귀중품 단속을 철저히 해야 합니다. 심하면 파산(破産)을 하는 경우도 있습니다.

11월생 호랑이띠 (子月生)

호랑이띠 자월생은 관재수(官災數, 흉한 일로 경찰서 출입이나 소송사건을 낭함)나 구설수(口舌數)가 주로 도로상(道路上)에서 발생 할 수 있는 해 입니다(직업이 군인이나 경찰이면 그 흉함은 경미함). 운전에 각별한 주의를 하지 않으면 안 됩니다. 길을 걷다가도 다른 사람에게 부딪혀 시비가 붙을 수도 있고, 주차문제로 싸울 수도 있습니다. 또한 화재를 조심하여야 합니다.

12월생 호랑이띠 (丑月生)

호랑이띠 사람간의 흉함 보다는 자연적 재해를 겪어 볼 수 있는 해입니다. 예컨대 불의의 화재(火災) 사고라든지, 태풍이나 해일 등의 풍재(風災)·수해(水害)를 당해 본다든지 지진(地震)에 피해를 볼 수 있는 것입니다. 농사짓는 사람이라면 밭작물의 냉해(冷害)로 인한 금전적 손실 혹은 가뭄으로 인한 피해를 볼 수 있는 해이기도 합니다. 가정적으로는 부부지간에 잦은 말다툼으로 금실(부부간의 도타운 정)에 금이 갈 수 있는 해이기도 합니다

토끼띠 - 뱀해 (사년巳年) 들 삼재

    토끼띠는 사년巳年 뱀해에 역시 만물이 처음 세상에 태어난다는 의미의 생지生地를 충沖하니 들 삼재가 되는데, 전체적인 운運이 교통사고, 음독飮毒자살기도, 화재火災, 원행遠行(출장 등으로 해외에 나가든지, 집에서 멀리 떠나봄), 실족失足(발을 헛디딤)하여 뼈가 상하는 수, 가출家出(가정을 등지고 집을 나감)해 볼 수, 남과 싸워서 다칠 수, 병을 얻을 수 등의 흉함이 내포되어 있습니다.

1월생 토끼띠 (寅月生)

    토기띠 인월생은 인간관계에 있어서 구설(口舌, 남의 입에 좋지 않게 오르내림)이 따르고, 그로인하여 망신(亡身, 창피를 당함, 체면 깍일 일을 당함)을 당하는 해입니다. 문서관리를 잘못하여 재산상의 손해도 입을 수 있는 해이기도 합니다. 보증(保證)을 선다든지, 돈을 남에게 빌려 주고 사기(詐欺)를 당하거나 채무자의 경제사정 악화(惡化)로 돈을 떼일 수 있은 해입니다.

2월생 토끼띠 (卯月生)

    토끼띠 묘월생은 의기(義氣)가 충천(衝天)하여 매사에 자신감이 충만하니 물불가리지 않고 일을 추진하다가 큰 낭패를 보는 해입니다. 오히려 자신감을 상실하여 일에 대한 의욕이 사라지고 대인기피증세(對人忌避症勢)가 나타날 수도 있습니다. 또한 남에게 불쾌감을 주어 남들에게 따돌림을 당하는 등. 보이지 않는 불이익(不利益)을 당하게 되는 해이기도 합니다.

3월생 토끼띠 (辰月生)

토끼띠 진월생은 다른 사람과의 경쟁이 치열해지는 해입니다. 경쟁에 밀려 장막 뒤로 가려지는 배우처럼 자신의 능력을 인정받지 못하고 도태될 수 있는 해이기도 합니다. 시험을 본다고 하여도 평소 실력을 발휘하지 못하고 떨어지는 해이기도 합니다. 같은 업종이나 같은 일을 하는 사람과 경쟁관계로 피해를 볼 수 있는 해입니다.

4월생 토끼띠 (巳月生)

토끼띠 사월생은 활동이 많은 가운데 이사(移徙)를 한다든지, 원행(遠行, 출장 등으로 해외에 나가든지, 집에서 멀리 떠나 봄)을 하는 일이 자주 발생할 수 있는 해입니다. 또 혼자 생활한다는 의미도 있어 부부 이별이나 상복(喪服)을 입어 볼 수도 있는 해 입니다. 비행기, 배, 자동차 운전, 자전거, 오토바이, 스키, 승마, 수영, 계단을 오르내림 등을 조심하여야 합니다.

5월생 토끼띠 (午月生)

토끼띠 오월생은 하는 일에 시비(是非)가 붙고, 부부지간, 남녀지간에 다툼이 생기며 병(病)을 얻어 고생할 수 있는 해입니다. 사람이 많이 모이는 곳을 피해야 좋고, 내가 남에게 베푸는 것보다 돌아오는 것이 적으니 인덕(人德)이 없는 해이기도 합니다. 말(言)로써 화(禍)를 부르는 해이므로 말조심에 각별히 유념하여야 합니다.

6월생 토끼띠 (未月生)

토끼띠 미월생은 우울증이나 정신적인 허망함에 삶의 의미를 잃어버릴 수 있는 해입니다. 가만히 앉아 있어도 남들에게 공연한 구설수(口舌數)에 오르기도 합니다. 가족들 간의 시비(是非)로 가출(家出)을 하는 해이기도 합니다. 이 경우 흉함은 자기 자신의 어두운 모습에서 오게 되는 것이므로 밝고 희망적인 생각을 하는 것이 좋습니다.

7월생 토끼띠 (申月生)

토끼띠 신월생은 사기를 당하거나, 도둑을 맞는다거나 외출시에 소지품을 분실하는 흉함이 일어나는 해 입니다. 건망증 증세가 발생하기도 합니다. 운전을 하는 사람은 음주를 하여 교통사고를 낸다든지, 음주위반을 하여 운전면허가 정지 내지는 취소될 수 있는 해이기도 합니다. , 사귀던 애인이 멀어지거나 헤어지는 아픔을 겪어 볼 수 있는 해이기도 합니다. 든 삼재에는 사람 단속, 각종 면허증 단속, 귀중품 단속을 철저히 해야 합니다.

8월생 토끼띠 (酉月生)

토끼띠 유월생은 관재수(官災數, 흉한 일로 경찰서 출입이나 소송사건을 당함)나 구설수(口舌數)가 주로 도로상(道路上)에서 발생 할 수 있는 해 입니다 (직업이 군인이나 경찰이면 그 흉함은 경미함). 운전에 각별한 주의를 하지 않으면 안됩니다. 길을 걷다가도 다른 사람에게 부딪혀 시비가 붙을 수도 있고, 주차문제로 싸울 수도 있습니다. 또한 화재를 조심하여야 하고, 삶을 비관하여 자살기도를 해 보는 수도 있는 해입니다.

9월생 토끼띠 (戌月生)

토끼띠 술월생은 사람간의 흉함 보다는 자연적 재해를 겪어 볼 수 있는 해입니다. 예컨대 불의의 화재(火災) 사고라든지, 태풍이나 해일 등의 풍재(風災)·수해(水害)를 당해 본다든지 지진(地震)에 피해를 볼 수 있는 것입니다. 농사짓는 사람이라면 밭작물의 냉해(冷害)로 인한 금전적 손실 혹은 가뭄으로 인한 피해를 볼 수 있는 해이기도 합니다. 가정적으로는 부부지간에 잦은 말다툼으로 부부간의 도타운 정에 금이 갈 수 있는 해이기도 합니다.

10월생 토끼띠 (亥月生)

토기띠 해월생은 활동영역이 확대되고 분주한 일상이 연출될 수 있는 해인데, 움직임이 많은 만큼 사고발생 확률이 높아진다고 보아야 할 것입니다. 교통사고를 조심해야하고, 직장인은 뜻하지 않은 인사발령으로 곤혹스러운 일이 발생한다든지, 집에 대한 법적인 문제가 발생하여 이사를 해야하는 경우도 발생될 수 있는 해이기도 합니다.

11월생 토끼띠 (子月生)

토기띠 자월생은 주로 향락적(享樂的)인 일로 인하여 망신을 당하는 해입니다. 특히 주색잡기(酒色雜技), 즉 술이나 이성(異姓)을 탐닉하다가 망신을 당한다거나, 도박(賭博)으로 인하여 가정적으로나 사회적인 지탄(指彈, 손가락질 받음)을 받을 수 있는 해입니다. 또한 정신적 불안으로 외부와 출입을 끊고 집에만 틀어 박혀 있을 수도 있습니다.

12월생 토끼띠 (丑月生)

토기띠 축월생은 겹치는 업무나 일로 몸과 마음이 모두 지쳐 병고(病苦)에 시달려 보는 해입니다. 자신이 병(病)에 걸리지 않으면 가족 중의 한 사람이 중병(重病)에 걸려 마음고생을 하는 해이기도 합니다. 심하면 상복(喪服)을 입을 수도 있습니다. 또한 직장이나 직업에 변화가 있을 수 있는 해이기도 합니다.

용띠 – 호랑이해 (인년寅年) 들 삼재

용띠는 인년寅年 호랑이해에 역시 만물이 처음 세상에 태어난다는 의미의 생지生地를 충충하니 들 삼재가 되는데, 전체적인 운運이 교통사고, 음독飮毒자살기도, 화재火災, 원행遠行(출장 등으로 해외에 나가든지, 집에서 멀리 떠나봄), 실족失足(발을 헛딛음)하여 뼈가 상하는 수, 가출家出 수, 남과 싸워서 다칠 수, 병을 얻을 수 등의 흉함이 내포되어 있습니다.

1월생 용띠 (寅月生)

용띠 인월생은 활동이 많은 가운데 이사(移徙)를 한다든지, 출장 등으로 해외에 나가든지, 집에서 멀리 떠나는 일이 자주 발생할 수 있는 해입니다. 또 혼자 생활한다는 의미도 있어 부부 이별이나 상복(喪服)을 입어 볼 수도 있는 해입니다. 비행기, 배, 자동차 운전, 자전거, 오토바이, 스키, 승마, 수영, 계단을 오르내림 등을 조심하여야 합니다.

2월생 용띠 (卯月生)

용띠 묘월생은 하는 일에 시비(是非)가 붙고, 부부지간, 남녀지간에 다툼이 생기며 병(病)을 얻어 고생할 수 있는 해입니다. 사람이 많이 모이는 곳을 피해야 좋고, 내가 남에게 베푸는 것보다 돌아오는 것이 적으니 인덕(人德)이 없는 해이기도 합니다. 말(言)로써 화(禍)를 부르는 해이므로 말조심에 각별히 유념하여야 합니다.

3월생 용띠 (辰月生)

용띠 진월생은 우울증이나 정신적인 허망함에 삶의 의미를 잃어 버릴 수 있는 해입니다. 가만히 앉아 있어도 남들에게 공연한 구설수(口舌數)에 오르기도 합니다. 가족들 간의 시비(是非)로 가출(家出)을 하는 해이기도 합니다. 이 경우 흉함은 자기 자신의 어두운 모습에서 오게 되는 것이므로 밝고 희망적인 생각을 하는 것이 좋습니다.

4월생 용띠 (巳月生)

용띠 사월생은 사기를 당하거나, 도둑을 맞는다거나, 소지품을 분실하는 흉함이 일어나는 해 입니다. 건망증 증세가 발생하기도 합니다. 운전을 하는 사람은 음주를 하여 교통사고를 낸다든지, 음주위반을 하여 운선면허가 정지 내지는 취소될 수 있는 해이기도 합니다. 부부 어느 한쪽이 바람이 난다든지 아픔을 겪어 볼 수 있으니, 든 삼재에는 사람 단속, 각종 면허증 단속, 귀중품 단속을 철저히 해야 합니다.

5월생 용띠 (午月生)

용띠 오월생은 경찰서 출입이나 소송사건을 당함나, 구설수(口舌數)가 주로 도로상에서 발생 할 수 있는 해 입니다(군인, 경찰이면 그 흉함은 경미함). 운전에 각별한 주의를 하지 않으면 안 됩니다. 길을 걷다가도 다른 사람에게 부딪혀 시비가 붙을 수도 있고, 주차문제로 싸울 수도 있습니다. 또한 화재를 조심하여야 하고, 삶을 비관하여 나쁜 생각도 할 수 있는 해입니다.

6월생 용띠 (未月生)

용띠 미월생은 사람간의 흉함 보다는 자연적 재해를 겪어 볼 수 있는 해입니다. 예컨대 불의의 화재(火災) 사고라든지, 태풍이나 해일 등의 풍재(風災)·수해(水害)를 당해 본다든지 지진(地震)에 피해를 볼 수 있는 것입니다. 농사짓는 사람이라면 밭작물의 냉해(冷害)로 인한 금전적 손실 혹은 가뭄으로 인한 피해를 볼 수 있는 해이기도 합니다.

7월생 용띠 (申月生)

용띠 신월생은 활동영역이 확대되고 분주한 일상이 연출될 수 있는 해인데, 움직임이 많은 만큼 사고발생 확률이 높아진다고 보아야 할 것입니다. 사람이 움직이는 수단은 차량이나 비행기, 배 등으로 이에 대한 교통사고를 조심해야 하는 해입니다. 그리고 직장인은 뜻하지 않은 발령으로 곤혹스러운 일이 발생한다든지, 거주하는 집에 대한 법적인 문제가 발생하여 이사를 해야하는 경우도 발생될 수 있는 해이기도 합니다.

8월생 용띠 (酉月生)

용띠 유월생은 주로 향락적(享樂的)인 일로 인하여 망신을 당하는 해입니다. 특히 주색잡기(酒色雜技), 즉 술이나 이성(異姓)을 탐닉하다가 망신을 당한다거나, 도박(賭博)으로 인하여 가정적으로나 사회적인 지탄(指彈, 손가락질 받음)을 받을 수 있는 해입니다. 또한 타인과의 만남을 불쾌하게 생각하여 두문불출(杜門不出)하는 현상도 일어 날 수 있는 해입니다.

9월생 용띠 (戌月生)

용띠 술월생은 겹치는 업무나 일로 몸과 마음이 모두 지쳐 병고(病苦)에 시달려 보는 해입니다. 자신이 병(病)에 걸리지 않으면 가족 중의 한 사람이 중병(重病)에 걸려 마음고생을 하는 해이기도 합니다. 심하면 상복(喪服)을 입을 수도 있습니다. 또한 직장이나 직업에 변화가 있을 수 있는 해이기도 합니다.

10월생 용띠 (亥月生)

용띠 해월생은 인간관계에 있어서 구설(口舌, 남의 입에 좋지 않게 오르내림)이 따르고, 그로인하여 망신(亡身, 창피를 당함, 체면 깎일 일을 당함)을 당하는 해입니다. 문서관리를 잘못하여 재산상의 손해도 입을 수 있는 해이기도 합니다. 보증(保證)을 선다든지, 돈을 남에게 빌려주고 사기(詐欺)를 당하거나 채무자(債務者, 돈 갚을 사람)에게 돈을 떼일 수 있은 해입니다.

11월생 용띠 (子月生)

용띠 자월생은 의기(義氣)가 충천(衝天)하여 매사에 자신감이 충만하니 물불 가리지 않고 일을 추진하다가 큰 낭패를 보거나, 자신감을 상실하여 일에 대한 의욕이 사라지고 대인기피증세(對人忌避症勢)가 나타날 수도 있습니다. 또한 자신의 고집과 겸손하지 않는 태도로 남에게 불쾌감을 주어 남들에게 따돌림을 당하는 등. 보이지 않는 불이익을 당하게 되는 해이기도 합니다.

12월생 용띠 (丑月生)

용띠 축월생은 다른 사람과의 경쟁이 치열해지는 해입니다. 경쟁에 밀려 장막 뒤로 가려지는 배우처럼 자신의 능력을 인정받지 못하고 도태될 수 있는 해이기도 합니다. 시험을 본다고 하여도 평소 실력을 발휘하지 못하고 떨어지는 해이기도 합니다. 같은 업종이나 같은 일을 하는 사람과 경쟁관계로 피해를 볼 수 있는 해입니다.

뱀띠 – 돼지해 (해년亥年) 들 삼재

뱀띠는 해년亥年 역시 만물이 처음 세상에 태어난다는 의미의 생지生地를 충冲하니 들 삼재가 되는데, 전체적인 운運이 교통사고, 음독飮毒자살기도, 화재火災, 원행遠行(출장 등으로 해외에 나가든지, 집에서 멀리 떠나 봄), 실족失足(발을 헛디딤)하여 뼈가 상하는 수, 가출家出(가정을 등지고 집을 나감)해 볼 수, 남과 싸워서 다칠 수, 병을 얻을 수 등의 흉함이 내포되어 있습니다.

1월생 뱀띠 (寅月生)

뱀띠 인월생은 사기를 당하거나, 도둑을 맞는다거나 외출시에 소지품을 분실하는 흉함이 일어나는 해 입니다. 건망증 증세가 발생하기도 합니다. 운전을 하는 사람은 음주를 하여 교통사고를 낸다든지, 음주위반을 하여 운전면허가 정지 내지는 취소될 수 있는 해이기도 합니다. 자식을 잃어버린다든지, 부부 어느 한쪽이 바람이 난다든지, 아픔을 겪어 볼 수 있는 해이기도 합니다. 든 삼재에는 심하면 파산(破産, 재산을 모두 잃어버리고 망함)을 하는 경우도 있습니다.

2월생 뱀띠 (卯月生)

뱀띠 묘월생은 관재수(官災數, 흉한 일로 경찰서 출입이나 소송사건을 당함)나 구설수(口舌數)가 주로 도로상(道路上)에서 발생 할 수 있는 해 입니다(직업이 군인이나 경찰이면 그 흉함은 경미함). 운전에 각별한 주의를 하지 않으면 안 됩니다. 길을 걷다가도 다른 사람에게 부딪혀 시비가 붙을 수도 있고, 주차문제로 싸울 수도 있습니다. 또한 화재를 조심하여야 하고, 삶을 비관하여 자살을 생각 할 수도 있는 해입니다.

3월생 뱀띠 (辰月生)

뱀띠 진월생은 사람간의 흉함 보다는 자연적 재해를 겪어 볼 수 있는 해입니다. 예컨대 불의의 화재(火災) 사고라든지, 태풍이나 해일 등의 풍재(風災)·수해(水害)를 당해 본다든지 지진(地震)에 피해를 볼 수 있는 것입니다. 농사짓는 사람이라면 밭작물의 냉해(冷害)로 인한 금전적 손실 혹은 가뭄으로 인한 피해를 볼 수 있는 해이기도 합니다.

4월생 뱀띠 (巳月生)

뱀띠 사월생은 활동영역이 확대되고 분주한 일상이 연출될 수 있는 해인데, 움직임이 많은 만큼 사고발생 확률이 높아진다고 보아야 할 것입니다. 사람이 움직이는 수단은 차량이나 비행기, 배 등으로 이에 대한 교통사고를 조심해야 하는 해입니다. 그리고 직장인은 뜻하지 않은 발령으로 곤혹스러운 일이 발생한다든지, 거주하는 집에 대한 법적인 문제가 발생하여 이사를 해야하는 경우도 발생될 수 있는 해이기도 합니다.

5월생 뱀띠 (午月生)

뱀띠 오월생은 주로 향락적(享樂的)인 일로 인하여 망신을 당하는 해입니다. 특히 주색잡기(酒色雜技), 즉 술이나 이성(異姓)을 탐닉하다가 망신을 당한다거나, 도박(賭博)으로 인하여 가정적으로나 사회적인 지탄(指彈, 손가락질 받음)을 받을 수 있는 해입니다. 또한 정신적인 불안함과 타인과의 만남을 불쾌하게 생각하여 두문불출할 수도 있습니다.

6월생 뱀띠 (未月生)

뱀띠 미월생은 겹치는 업무나 일로 몸과 마음이 모두 지쳐 병고(病苦)에 시달려 보는 해입니다. 자신이 병(病)에 걸리지 않으면 가족 중의 한 사람이 중병(重病)에 걸려 마음고생을 하는 해이기도 합니다. 또한 직장이나 자리에 변화가 있을 수 있는 해이기도 합니다.

7월생 뱀띠 (申月生)

뱀띠 신월생은 인간관계에 있어서 좋지 않게 오르내림이 따르고, 그로인하여 망신(亡身)을 당하는 해입니다. 문서관리를 잘못하여 재산상의 손해도 입을 수 있는 해이기도 합니다. 보증(保證)을 선다든지, 돈을 남에게 빌려 준다든지 하여 사기(詐欺)를 당하거나, 채무자의 파산으로 돈을 떼일 수 있은 해입니다.

8월생 뱀띠 (酉月生)

뱀띠 유월생은 의기(義氣)가 충천(衝天)하여 매사에 자신감이 충만하니 물불 가리지 않고 일을 추진하다가 큰 낭패를 보는 해입니다. 오히려 자신감을 상실 하여 일에 대한 의욕이 사라지고 대인기피증세(對人忌避症勢)가 나타날 수도 있습니다. 또한 자신의 고집과 겸손하지 않는 태도로 남에게 불쾌감을 주어 남 들에게 따돌림을 당하는 등. 보이지 않는 불이익(不利益)을 당하게 되는 해이 기도 합니다.

9월생 뱀띠 (戌月生)

뱀띠 술월생은 다른 사람과의 경쟁이 치열해지는 해입니다. 경쟁에 밀려 장 막 뒤로 가려지는 배우처럼 자신의 능력을 인정받지 못하고 도태될 수 있는 해 이기도 합니다. 시험을 본다고 하여도 평소 실력을 발휘하지 못하고 떨어지는 해이기도 합니다. 같은 업종이나 같은 일을 하는 사람과 경쟁관계로 피해를 볼 수 있는 해입니다.

10월생 뱀띠 (亥月生)

뱀띠 해월생은 활동이 많은 가운데 이사(移徙)를 한다든지, 원행(遠行, 출장 등으로 해외에 나가든지, 집에서 멀리 떠나 봄)을 하는 일이 자주 발생할 수 있 는 해입니다. 또 혼자 생활한다는 의미도 있어 부부 이별수도 있습니다. 비행 기, 배, 자동차 운전, 자전거, 오토바이, 스키, 승마, 수영, 계단을 오르내림 등을 조심하여야 합니다.

11월생 뱀띠 (子月生)

뱀띠 자월생은 하는 일에 시비(是非)가 붙고, 부부지간, 남녀지간에 다툼이 생기며 병(病)을 얻어 고생할 수 있는 해입니다. 사람이 많이 모이는 곳을 피해야 좋고, 내가 남에게 베푸는 것보다 돌아오는 것이 적으니 인덕(人德)이 없는 해이기도 합니다. 말(言)로써 화(禍)를 부르는 해이므로 말조심에 각별히 유념하여야 합니다.

12월생 뱀띠 (丑月生)

뱀띠 축월생은 우울증이나 정신적인 허망함에 삶의 의미를 잃어버릴 수 있는 해입니다. 가만히 앉아 있어도 남들에게 공연한 구설수(口舌數)에 오르기도 합니다. 가족들 간의 시비(是非)로 가출(家出)을 하는 해이기도 합니다. 이 경우 흉함은 자기 자신의 어두운 모습에서 오게 되는 것이므로 밝고 희망적인 생각을 하는 것이 좋습니다.

馬 말띠 – 원숭이해 (신년申年) 들삼재

말띠는 신년申年 원숭이해에 역시 만물이 처음 세상에 태어난다는 의미의 생지生地를 충冲하니 들 삼재가 되는데, 전체적인 운運이 교통사고, 음독飮毒 자살기도, 화재火災, 원행遠行(출장 등으로 해외에 나가든지, 집에서 멀리 떠나 봄), 실족失足(발을 헛딛음)하여 뼈가 상하는 수, 가출家出(가정을 등지고 집을 나감)해 볼 수, 남과 싸워서 다칠 수, 병을 얻을 수 등의 흉함이 내포되어 있습니다.

1월생 말띠 (寅月生)

말띠 인월생은 활동영역이 확대되고 분주한 일상이 연출될 수 있는 해인데, 움직임이 많은 만큼 사고발생 확률이 높아진다고 보아야 할 것입니다. 사람이 움직이는 수단은 차량이나 비행기, 배 등으로 이에 대한 교통사고를 조심해야 하는 해입니다. 그리고 직장인은 뜻하지 않은 발령으로 곤혹스러운 일이 발생한다든지, 거주하는 집에 대한 법적인 문제가 발생하여 이사를 해야하는 경우도 발생될 수 있는 해이기도 합니다.

2월생 말띠 (卯月生)

말띠 묘월생은 주로 향락적(享樂的)인 일로 인하여 망신을 당하는 해입니다. 특히 주색잡기(酒色雜技), 즉 술이나 이성(異姓)을 탐닉하다가 망신을 당한다거나, 도박(賭博)으로 인하여 가정적으로나 사회적인 지탄(指彈, 손가락질 받음)을 받을 수 있는 해입니다. 또한 정신적인 불안함과 타인과의 만남을 불쾌하게 생각하여 두문불출(杜門不出, 외부와 출입을 끊고 집에만 틀어 박혀 있음)하는 현상도 일어 날 수 있는 해입니다.

3월생 말띠 (辰月生)

말띠 진월생은 겹치는 업무나 일로 몸과 마음이 모두 지쳐 병고(病苦)에 시달려 보는 해입니다. 자신이 병(病)에 걸리지 않으면 가족 중의 한 사람이 중병(重病)에 걸려 마음고생을 하는 해이기도 합니다. 심하면 상복(喪服)을 입을 수도 있습니다. 또한 직장이나 직업에 변화가 있을 수 있는 해이기도 합니다.

4월생 말띠 (巳月生)

말띠 사월생은 인간관계에 있어서 구설이 따르고, 그로인하여 체면 깍 일 일을 당하는 해입니다. 문서관리를 잘못하여 재산상의 손해도 입을 수 있는 해이기도 합니다. 보증(保證)을 선다든지, 돈을 남에게 빌려 준다든지 하여 사기(詐欺)를 당하거나, 돈을 떼일 수 있은 해입니다.

5월생 말띠 (午月生)

말띠 오월생은 의기(義氣)가 충천(衝天)하여 매사에 자신감이 충만하니 물불 가리지 않고 일을 추진하다가 큰 낭패를 보는 해입니다. 오히려 자신감을 상실하여 일에 대한 의욕이 사라지고 대인기피증세(對人忌避症勢)가 나타날 수도 있거나, 동료들 에게 따돌림을 당하는 등. 보이지 않는 불이익(不利益)을 당하게 되는 해이기도 합니다.

6월생 말띠 (未月生)

말띠 미월생은 다른 사람과의 경쟁이 치열해지는 해입니다. 경쟁에 밀려 장막 뒤로 가려지는 배우처럼 자신의 능력을 인정받지 못하고 도태될 수 있는 해이기도 합니다. 시험을 본다고 하여도 평소 실력을 발휘하지 못하고 떨어지는 해이기도 합니다. 같은 업종이나 같은 일을 하는 사람과 경쟁관계로 피해를 볼 수 있는 해입니다.

7월생 말띠 (申月生)

말띠 신월생은 활동이 많은 가운데 이사(移徙)를 한다든지, 원행(遠行, 출장 등으로 해외에 나가든지, 집에서 멀리 떠나 봄)을 하는 일이 자주 발생할 수 있는 해입니다. 또 혼자 생활한다는 의미도 있어 부부 이별수도 있습니다. 비행기, 배, 운전, 자전거, 오토바이, 스키, 수영, 계단 등을 조심하여야 합니다.

8월생 말띠 (酉月生)

말띠 유월생은 하는 일에 시비(是非)가 붙고, 부부지간, 남녀지간에 다툼이 생기며 병(病)을 얻어 고생할 수 있는 해입니다. 사람이 많이 모이는 곳을 피해야 좋고, 내가 남에게 베푸는 것보다 돌아오는 것이 적으니 인덕(人德)이 없는 해이기도 합니다. 말(言)로써 화(禍)를 부르는 해이므로 말조심에 각별히 유념하여야 합니다.

9월생 말띠 (戌月生)

말띠 술월생은 우울증이나 정신적인 허망함에 삶의 의미를 잃어버릴 수 있는 해입니다. 가만히 앉아 있어도 남들에게 공연한 구설수(口舌數)에 오르기도 합니다. 가족들간의 시비(是非)로 가출(家出)을 하는 해이기도 합니다. 이 경우 흉함은 자기 자신의 어두운 모습에서 오게 되는 것이므로 밝고 희망적인 생각을 하는 것이 좋습니다.

10월생 말띠 (亥月生)

말띠 해월생은 사기를 당하거나, 도둑을 맞는다거나 외출시에 소지품을 분실하는 일어나는 해 입니다. 운전을 하는 사람은 음주위반을 하여 운전면허가 정지 내지는 취소될 수 있습니다. 부부 어느 한쪽이 바람이 난다든지, 사귀던 애인이 멀어지거나 헤어지는 아픔을 겪어 볼 수 있습니다. 든 삼재에는 사람 단속, 각종 면허증 단속, 귀중품 단속을 철저히 해야 합니다

11월생 말띠 (子月生)

말띠 자월생은 관재수(官災數, 흉한 일로 경찰서 출입이나 소송사건을 당함)나 구설수(口舌數)가 주로 도로상(道路上)에서 발생 할 수 있는 해 입니다(직업이 군인이나 경찰이면 그 흉함은 경미함). 운전에 각별한 주의 해야 합니다. 길을 걷다가도 다른 사람에게 부딪혀 시비가 붙을 수도 있고, 주차문제로 싸울 수도 있습니다. 또한 화재를 조심하여야 하고, 삶을 비관하여 자살을 생각 할 수도 있습니다.

12월생 말띠 (丑月生)

말띠 축월생은 사람간의 흉함 보다는 자연적 재해를 겪어 볼 수 있는 해입니다. 예컨대 불의의 화재(火災) 사고라든지, 태풍이나 해일 등의 풍재(風災)·수해(水害)를 당해 본다든지 지진(地震)에 피해를 볼 수 있는 것입니다. 농사짓는 사람이라면 밭작물의 냉해(冷害)로 인한 금전적 손실 혹은 가뭄으로 인한 피해를 볼 수 있는 해이기도 합니다.

양띠 – 뱀해 (사년巳年) 들 삼재

양띠는 사년巳年 뱀해에 역시 만물이 처음 세상에 태어난다는 의미의 생지生地를 충충沖하니 들 삼재가 되는데, 전체적인 운運이 교통사고, 음독飮毒자살기도, 화재火災, 원행遠行(출장 등으로 해외에 나가든지, 집에서 멀리 떠나봄), 실족失足(발을 헛딛음)하여 뼈가 상하는 수, 가출家出(가정을 등지고 집을 나감)해 볼 수, 남과 싸워서 다칠 수, 병을 얻을 수 등의 흉함이 내포되어 있습니다.

1월생 양띠 (寅月生)

양띠 인월생은 인간관계에 있어서 구설(口舌, 남의 입에 좋지 않게 오르내림)이 따르고, 그로인하여 망신(亡身, 창피를 당함)을 당하는 해입니다. 문서관리를 잘못하여 재산상의 손해도 입을 수 있는 해이기도 합니다. 보증(保證)을 선다든지, 돈을 남에게 빌려 준다든지 하여 사기(詐欺)를 당하거나, 돈을 떼일 수 있은 해입니다.

2월생 양띠 (卯月生)

양띠 묘월생은 의기(義氣)가 충천(衝天)하여 매사에 자신감이 충만하니 물불가리지 않고 일을 추진하다가 큰 낭패를 봐, 자신감을 상실하여 일에 대한 의욕이 사라지고 대인기피증세(對人忌避症勢)가 나타날 수도 있습니다. 또한 따돌림을 당해 불이익(不利益)을 볼 수도 있습니다.

3월생 양띠 (辰月生)

양띠 진월생은 다른 사람과의 경쟁이 치열해지는 해입니다. 경쟁에 밀려 장막 뒤로 가려지는 배우처럼 자신의 능력을 인정받지 못하고 도태될 수 있는 해이기도 합니다. 시험을 본다고 하여도 평소 실력을 발휘하지 못하고 떨어지는 해이기도 합니다. 같은 업종이나 같은 일을 하는 사람과 경쟁관계로 피해를 볼 수 있는 해입니다.

4월생 양띠 (巳月生)

양띠 사월생은 활동이 많은 가운데 이사(移徙)를 한다든지, 출장 등으로 해외에 나가는 일이 자주 발생할 수 있는 해입니다. 또 혼자 생활한다는 의미도 있어 부부 이별을 볼 수도 있습니다. 비행기, 배, 자동차 운전, 사선거, 오토바이 등을 조심하여야 합니다.

5월생 양띠 (午月生)

양띠 오월생은 하는 일에 시비(是非)가 붙고, 부부지간, 남녀지간에 다툼이 생기며 병(病)을 얻어 고생할 수 있는 해입니다. 사람이 많이 모이는 곳을 피해야 좋고, 내가 남에게 베푸는 것보다 돌아오는 것이 적으니 인덕(人德)이 없는 해이기도 합니다. 말(言)로써 화(禍)를 부르는 해이므로 말조심에 각별히 유념하여야 합니다.

6월생 양띠 (未月生)

양띠 미월생은 우울증이나 정신적인 허망함에 삶의 의미를 잃어버릴 수 있는 해입니다. 가만히 앉아 있어도 남들에게 공연한 구설수(口舌數)에 오르기도 합니다. 가족들간의 시비(是非)로 가출(家出)을 하는 해이기도 합니다. 이 경우 흉함은 자기 자신의 어두운 모습에서 오게 되는 것이므로 밝고 희망적인 생각을 하는 것이 좋습니다.

7월생 양띠 (申月生)

양띠 신월생은 사기를 당하거나, 도둑을 맞는다거나 외출시에 소지품을 분실하는 흉함이 일어나는 해 입니다. 건망증 증세가 발생하기도 합니다. 운전을 하는 사람은 음주를 하여 교통사고를 낸다든지, 음주위반을 하여 운전면허가 정지 내지는 취소될 수 있는 해이기도 합니다. 자식을 잃어버린다든지, 부부 어느 한쪽이 바람이 난다든지, 사귀던 애인이 멀어지거나 헤어지는 아픔을 겪어 볼 수 있는 해이기도 합니다.

8월생 양띠 (酉月生)

양띠 유월생은 관재수(官災數, 흉한 일로 경찰서 출입이나 소송사건을 당함)나 구설수(口舌數)가 주로 도로상(道路上)에서 발생 할 수 있는 해 입니다(직업이 군인이나 경찰이면 그 흉함은 경미함). 운전에 각별한 주의를 하지 않으면 안됩니다. 길을 걷다가도 다른 사람에게 부딪혀 시비가 붙을 수도 있고, 주차문제로 싸울 수도 있습니다. 또한 화재를 조심하여야 하고, 삶을 비관하여 자살기도를 해 보는 수도 있는 해입니다.

9월생 양띠 (戌月生)

양띠 술월생은 사람간의 흉함 보다는 자연적 재해를 겪어 볼 수 있는 해입니다. 예컨대 불의의 화재(火災) 사고라든지, 태풍이나 해일 등의 풍재(風災)·수해(水害)를 당해 본다든지 지진(地震)에 피해를 볼 수 있는 것입니다. 농사짓는 사람이라면 밭작물의 냉해(冷害)로 인한 금전적 손실 혹은 가뭄으로 인한 피해를 볼 수 있는 해이기도 합니다. 가정적으로는 부부지간에 잦은 말다툼으로 금실(琴瑟 부부간의 도타운 정)에 금이 갈 수 있는 해이기도 합니다.

10월생 양띠 (亥月生)

양띠 해월생은 활동영역이 확대되고 분주한 일상이 연출될 수 있는 해인데, 움직임이 많은 만큼 사고발생 확률이 높아진다고 보아야 할 것입니다. 사람이 움직이는 수단은 차량이나 비행기, 배 등으로 이에 대한 교통사고를 조심해야 하는 해입니다. 그리고 직장인은 뜻하지 않은 발령으로 곤혹스러운 일이 발생한다든지, 거주하는 집에 대한 법적인 문제가 발생하여 이사를 해야하는 경우도 발생될 수 있는 해이기도 합니다.

11월생 양띠 (子月生)

양띠 자월생은 주로 향락적(享樂的)인 일로 인하여 망신을 당하는 해입니다. 특히 주색잡기(酒色雜技), 즉 술이나 이성(異姓)을 탐닉하다가 망신을 당한다거나, 도박(賭博)으로 인하여 가정적으로나 사회적인 지탄(指彈, 손가락질 받음)을 받을 수 있는 해입니다. 또한 정신적인 불안함과 타인과의 만남을 불쾌하게 생각하여 두문불출할 수도 잇습니다.

12월생 양띠 (丑月生)

양띠 축월생은 겹치는 업무나 일로 몸과 마음이 모두 지쳐 병고(病苦)에 시달려 보는 해입니다. 자신이 병(病)에 걸리지 않으면 가족 중의 한 사람이 중병(重病)에 걸려 마음고생을 하는 해이기도 합니다. 심하면 상복(喪服)을 입을 수도 있습니다. 또한 직장이나 직업에 변화가 있을 수 있는 해이기도 합니다.

원숭이띠는 인년寅年 호랑이해에 역시 만물이 처음 세상에 태어난다는 의미의 생지生地를 충충沖하니 들 삼재가 되는데, 전체적인 운運이 교통사고, 음독飮毒자살기도, 화재火災, 원행遠行(출장 등으로 해외에 나가든지, 집에서 멀리 떠나 봄), 실족失足(발을 헛디딤)하여 뼈가 상하는 수, 가출家出(가정을 등지고 집을 나감)해 볼 수, 남과 싸워서 다칠 수, 병을 얻을 수 등의 흉함이 내포되어 있습니다.

1월생 원숭이띠 (寅月生)

원숭이띠 인월생은 활동이 많은 가운데 이사(移徙)를 한다든지, 원행(遠行, 출장 등으로 해외에 나가든지, 집에서 멀리 떠나 봄)을 하는 일이 자주 발생할 수 있는 해입니다. 또 혼자 생활한다는 의미도 있어 부부 이별이나 상복(喪服)을 입어 볼 수도 있는 해 입니다. 비행기, 배, 자동차 운전, 자전거, 오토바이, 스키, 승마, 수영, 계단을 오르내림 등을 조심하여야 합니다.

2월생 원숭이띠 (卯月生)

원숭이띠 묘월생은 하는 일에 시비(是非)가 붙고, 부부지간, 남녀지간에 다툼이 생기며 병(病)을 얻어 고생할 수 있는 해입니다. 사람이 많이 모이는 곳을 피해야 좋고, 내가 남에게 베푸는 것보다 돌아오는 것이 적으니 인덕(人德)이 없는 해이기도 합니다. 말(言)로써 화(禍)를 부르는 해이므로 말조심에 각별히 유념하여야 합니다.

3월생 원숭이띠 (辰月生)

원숭이띠 진월생은 우울증이나 정신적인 허망함에 삶의 의미를 잃어버릴 수 있는 해입니다. 가만히 앉아 있어도 남들에게 공연한 구설수(口舌數)에 오르기도 합니다. 가족들 간의 시비(是非)로 가출(家出)을 하는 해이기도 합니다. 이 경우 흉함은 자기 자신의 어두운 모습에서 오게 되는 것이므로 밝고 희망적인 생각을 하는 것이 좋습니다.

4월생 원숭이띠 (巳月生)

원숭이띠 사월생은 사기를 당하거나, 도둑을 맞는다거나 외출시에 소지품을 분실하는 흉함이 일어나는 해 입니다. 건망증 증세가 발생하기도 합니다. 운전을 하는 사람은 음주를 하여 교통사고를 낸다든지, 음주위반을 하여 운전면허가 정지 내지는 취소될 수 있는 해이기도 합니다. 심하면 파산(破産, 재산을 모두 잃어버리고 망함)을 하는 경우도 있습니다.

5월생 원숭이띠 (午月生)

원숭이띠 오월생은 관재수(官災數, 흉한 일로 경찰서 출입이나 소송사건을 당함)나 구설수(口舌數)가 주로 도로상(道路上)에서 발생 할 수 있는 해 입니다(직업이 군인이나 경찰이면 그 흉함은 경미함). 운전에 각별한 주의를 하지 않으면 안 됩니다. 길을 걷다가도 다른 사람에게 부딪혀 시비가 붙을 수도 있고, 주차문제로 싸울 수도 있습니다. 또한 화재를 조심하여야 하고, 삶을 비관하여 나쁜 생각도 할 수 있습니다.

6월생 원숭이띠 (未月生)

원숭이띠 미월생은 사람간의 흉함 보다는 자연적 재해를 겪어 볼 수 있는 해입니다. 예컨대 불의의 화재(火災) 사고라든지, 태풍이나 해일 등의 풍재(風災)·수해(水害)를 당해 본다든지 지진(地震)에 피해를 볼 수 있는 것입니다. 농사짓는 사람이라면 밭작물의 냉해(冷害)로 인한 금전적 손실 혹은 가뭄으로 인한 피해를 볼 수 있는 해이기도 합니다. 가정적으로는 부부지간에 잦은 말다툼으로 금실지락(琴瑟之樂)에 금이 갈 수 있는 해이기도 합니다.

7월생 원숭이띠 (申月生)

원숭이띠 신월생은 활동영역이 확대되고 분주한 일상이 연출될 수 있는 해인데, 움직임이 많은 만큼 사고발생 확률이 높아진다고 보아야 할 것입니다. 사람이 움직이는 수단은 차량이나 비행기, 배 등으로 이에 대한 교통사고를 조심해야 하는 해입니다. 그리고 직장인은 뜻하지 않은 자리이동으로 곤혹스러운 일이 발생한다든지, 거주하는 집에 대한 법적인 문제가 발생하여 이사하는 경우도 발생될 수 있는 해이기도 합니다.

8월생 원숭이띠 (酉月生)

원숭이띠 유월생은 주로 향락적(享樂的)인 일로 인하여 망신을 당하는 해입니다. 특히 주색잡기(酒色雜技), 즉 술이나 이성(異姓)을 탐닉하다가 망신을 당한다거나, 도박(賭博)으로 인하여 가정적으로나 사회적인 지탄(指彈, 손가락질 받음)을 받을 수 있습니다. 또한 정신적인 불안함과 타인과의 만남을 불쾌하게 생각하여 두문불출(杜門不出)하는 일도 일어 날 수 있습니다.

9월생 원숭이띠 (戌月生)

원숭이띠 술월생은 겹치는 업무나 일로 몸과 마음이 모두 지쳐 병고(病苦)에 시달려 보는 해입니다. 자신이 병(病)에 걸리지 않으면 가족 중의 한 사람이 중병(重病)에 걸려 마음고생을 할 수도 있으며, 심하면 상복(喪服)을 입을 수도 있습니다. 또한 직장이나 직업에 변화가 있을 수 있기도 합니다.

10월생 원숭이띠 (亥月生)

원숭이띠 해월생은 인간관계에 있어서 구설(口舌, 남의 입에 좋지 않게 오르내림)이 따르고, 그로인하여 망신(亡身, 창피를 당함, 체면 깎일 일을 당함)을 당하는 해입니다. 문서관리를 잘못하여 재산상의 손해도 입을 수있고, 보증(保證)을 선다든지, 돈을 남에게 빌려 준다든지 히여 사기(詐欺)를 당하서나, 돈을 떼일 수 있습니다.

11월생 원숭이띠 (子月生)

원숭이띠 자월생은 의기(義氣)가 충천(衝天)하여 매사에 자신감이 충만하니 물불가리지 않고 일을 추진하다가 큰 낭패를 보는 해입니다. 반대로 자신감을 상실하여 일에 대한 의욕이 사라지고 대인기피증세(對人忌避症勢)가 나타날 수도 있으며, 또한 자신의 고집과 겸손하지 않는 태도로 남에게 불쾌감을 주어 남들에게 따돌림을 당하기도 합니다.

12월생 원숭이띠 (丑月生)

원숭이띠 축월생은 다른 사람과의 경쟁이 치열해지는 해입니다. 경쟁에 밀려 장막 뒤로 가려지는 배우처럼 자신의 능력을 인정받지 못하고 도태될 수 있는 해이기도 합니다. 시험을 본다고 하여도 평소 실력을 발휘하지 못하고 떨어지고, 사업을 할 경우 같은 업종이나 같은 일을 하는

닭띠 – 돼지해 (해년亥年) 들 삼재

닭띠는 해년亥年 돼지해에 역시 만물이 처음 세상에 태어난다는 의미의 생지生地를 충沖하니 들 삼재가 되는데, 전체적인 운運이 교통사고, 음독飲毒자살기도, 화재火災, 원행遠行(출장 등으로 해외에 나가든지, 집에서 멀리 떠나봄), 실족失足(발을 헛딛음)하여 뼈가 상하는 수, 가출家出(가정을 등지고 집을 나감)해 볼 수, 남과 싸워서 다칠 수, 병을 얻을 수 등의 흉함이 내포되어 있습니다.

1월생 닭띠 (寅月生)
닭띠 인월생은 사고를 당하거나, 이별을 맞는다거나, 건망증 증세가 발생하는 해입니다. 운전을 하는 사람은 음주를 하여 교통사고를 낸다든지, 음주위반을 하여 운전면허가 정지 내지는 취소될 수 있습니다. 자식을 잃어버린다든지, 사귀던 애인이 멀어지거나 헤어지는 아픔을 겪어 볼 수 있기도 합니다. 든삼재에는 정신집중 과 주위 사람관리를 철저히 해야 합니다.

2월생 닭띠 (卯月生)
닭띠 묘월생은 관재수(官災數, 흉한 일로 경찰서 출입이나 소송사건을 당함)나 구설수(口舌數)가 주로 도로상(道路上)에서 발생 할 수 있는 해입니다. 운전에 각별한 주의를 하지 않으면 안 됩니다. 길을 걷다가도 다른 사람에게 부딪혀 시비가 붙을 수도 있고, 주차문제로 싸울 수도 있습니다. 또한 화재를 조심하여야 합니다.

3월생 닭띠 (辰月生)

닭띠 진월생은 사람간의 흉함 보다는 자연적 재해를 겪어 볼 수 있는 해입니다. 예컨대 불의의 화재(火災) 사고라든지, 태풍이나 해일 등의 풍재(風災)·수해(水害)를 당해 본다든지 지진(地震)에 피해를 볼 수 있는 것입니다. 농사짓는 사람이라면 밭작물의 냉해(冷害)로 인한 금전적 손실 혹은 가뭄으로 인한 피해를 볼 수 있는 해이기도 합니다.

4월생 닭띠 (巳月生)

닭띠 사월생은 활동영역이 확대되고 분주한 일상이 연출될 수 있는 해인데, 움직임이 많은 만큼 사고발생 확률이 높은 해입니다. 사람이 움직이는 수단은 차량이나 비행기, 배 등으로 이에 대한 교통시고를 조심해야 합니다. 그리고 직장인은 뜻하지 않은 자리이동으로 곤혹스러운 일이 발생한다든지, 집에 문제가 발생하여 이사를 해야 하는 경우도 발생될 수 도 있습니다.

5월생 닭띠 (午月生)

닭띠 오월생은 주로 향락적(享樂的)인 일로 인하여 망신을 당하는 해입니다. 특히 주색잡기(酒色雜技), 즉 술이나 이성(異姓)을 탐닉하다가 망신을 당한다거나, 도박(賭博)으로 인하여 가정적으로나 사회적인 지탄(指彈, 손가락질 받음)을 받을 수 있습니다. 또한 정신적인 불안함과 타인과의 만남을 거부하고 외부와 출입을 끊고 집에만 틀어 박혀 고립 될 수고 있습니다.

6월생 닭띠 (未月生)

닭띠 미월생은 겹치는 업무나 일로 몸과 마음이 모두 지쳐 병고(病苦)에 시달려 보는 해입니다. 자신이 병(病)에 걸리지 않으면 가족 중의 한 사람이 중병(重病)에 걸려 마음고생을 하는 해이기도 합니다. 어쩌면 상복(喪服)을 입을 수도 있습니다.

7월생 닭띠 (申月生)

닭띠 신월생은 인간관계에 있어서 구설(口舌, 남의 입에 좋지 않게 오르내림)이 따르고, 그로인하여 체면 깎일 일을 당하는 해입니다. 문서관리를 잘못하여 재산상의 손해도 입을 수 있는 해이기도 합니다. 보증(保證)을 선다든지, 돈을 남에게 빌려 준다든지 하여 사기(詐欺)를 당하거나, 돈을 떼일 수 있습니다.

8월생 닭띠 (酉月生)

닭띠 유월생은 사기가 충천(衝天)하여 매사에 자신감이 충만하니 물불가리지 않고 일을 추진하다가 큰 낭패를 보는 해입니다. 그로인해 일에 대한 의욕이 사라지고 대인기피증세(對人忌避症勢)가 나타날 수도 있습니다. 어쩌면 남들에게 따돌림을 당하는 등. 보이지 않는 불이익(不利益)을 당하게 될 수도 있습니다.

9월생 닭띠 (戌月生)

닭띠 술월생은 다른 사람과의 경쟁이 치열해지는 해입니다. 경쟁에 밀려 장막 뒤로 가려지는 배우처럼 자신의 능력을 인정받지 못하고 도태될 수 있는 해이기도 합니다. 시험을 본다고 하여도 평소 실력을 발휘하지 못하고 떨어지고, 개인 업을 할 겨우 같은 업종이나 같은 일을 하는 사람과 경쟁관계로 피해를 볼 수 있습니다.

10월생 닭띠 (亥月生)

닭띠 해월생은 활동이 많은 가운데 이사(移徙)를 한다든지, 집을 멀리 떠나는 일이 자주 발생할 수 있는 해입니다. 또 혼자 생활한다는 의미도 있어 주말부부 생활도 있을 수 있습니다. 심한운동 스키, 승마, 수영, 계단을 오르내림 등을 조심하여야 합니다.

11월생 닭띠 (子月生)

닭띠 자월생은 하는 일에 시비(是非)가 붙고, 부부지간, 남녀지간에 다툼이 생기며 병(病)을 얻어 고생할 수 있는 해입니다. 사람이 많이 모이는 곳을 피해야 좋고, 내가 남에게 베푸는 것보다 돌아오는 것이 적으니 인덕(人德)이 없습니다. 말(言)로써 화(禍)를 부르는 해이므로 말조심에 각별히 유념하여야 합니다.

12월생 닭띠 (丑月生)

닭띠 축월생은 우울증이나 정신적인 허망함에 삶의 의미를 잃어버릴 수 있는 해입니다. 가만히 앉아 있어도 남들에게 공연한 구설수(口舌數)에 오르기도 합니다. 가족들간의 시비(是非)로 가출(家出)을 하는 해이기도 합니다. 이 경우 흉함은 자기 자신의 어두운 모습에서 오게 되는 것이므로 밝고 희망적인 생각을 하는 것이 좋습니다.

개띠 - 원숭이해 (신년申年) 들삼재

개띠는 신년申年 원숭이해에 역시 만물이 처음 세상에 태어난다는 의미의 생지生地를 충冲하니 들 삼재가 되는데, 전체적인 운運이 교통사고, 음독飮毒 자살기도, 화재火災, 원행遠行(출장 등으로 해외에 나가든지, 집에서 멀리 떠나 봄), 실족失足(발을 헛디딤)하여 뼈가 상하는 수, 가출家出(가정을 등지고 집을 나감)해 볼 수, 남과 싸워서 다칠 수, 병을 얻을 수 등의 흉함이 내포되어 있습니다.

1월생 개띠 (寅月生)

개띠 인월생은 활동영역이 확대되고 분주한 일상이 연출될 수 있는 해인데, 움직임이 많은 만큼 사고발생 확률이 높아진다고 보아야 할 것입니다. 사람이 움직이는 수단은 차량이나 비행기, 배 등으로 이에 대한 교통사고를 조심해야 하는 해입니다. 그리고 직장인은 뜻하지 않은 인사발령으로 곤혹스러운 일이 발생한다든지, 거주하는 집에 대한 법적인 문제가 발생하여 이사를 해야하는 경우도 발생될 수 있는 해이기도 합니다.

2월생 개띠 (卯月生)

개띠 묘월생은 주로 향락적(享樂的)인 일로 인하여 망신을 당하는 해입니다. 특히 주색잡기(酒色雜技), 즉 술이나 이성(異姓)을 탐닉하다가 망신을 당한다거나, 도박(賭博)으로 인하여 가정적으로나 사회적인 지탄(指彈, 손가락질 받음)을 받을 수 있으며, 정신적인 불안함과 타인과의 만남을 불쾌하게 생각하여 두문불출(杜門不出) 할 수도 있습니다.

3월생 개띠 (辰月生)

개띠 진월생은 겹치는 업무나 일로 몸과 마음이 모두 지쳐 병고(病苦)에 시달려 보는 해입니다. 자신이 병(病)에 걸리지 않으면 가족 중의 한 사람이 중병(重病)에 걸려 마음고생을 하는 해이기도 합니다. 또한 직장이나 직업에 변화가 있을 수 있는 해이기도 합니다.

4월생 개띠 (巳月生)

개띠 사월생은 인간관계에 있어서 구설(口舌, 남의 입에 좋지 않게 오르내림)이 따르고, 그로인하여 망신(亡身, 창피를 당함)을 당하는 해입니다. 문서관리를 잘못하여 재산상의 손해도 입을 수 있으며, 보증(保證)을 선다든지, 돈을 남에게 빌려 준다든지 하여 사기(詐欺)를 당하거나 채무자에게 돈을 떼일 수 있습니다.

5월생 개띠 (午月生)

개띠 오월생은 매사에 자신감이 충만하니 물불가리지 않고 일을 추진하다가 큰 낭패를 보는 해입니다. 오히려 자신감을 상실하여 일에 대한 의욕이 사라지고 대인기피증세(對人忌避症勢)가 나타날 수도 있습니다. 또한 자신의 고집과 겸손하지 않는 태도로 남에게 불쾌감을 주어 남들에게 따돌림을 당하는 등 보이지 않는 불이익(不利益)을 당하게 되는 해이기도 합니다.

6월생 개띠 (未月生)

개띠 미월생은 경쟁이 치열해지는 해입니다. 경쟁에 밀려 잊혀진 배우처럼 자신의 능력을 인정받지 못하고 도태될 수 있으며, 시험을 본다고 하여도 평소 실력을 발휘하지 못하고 떨어진다던지, 같은 일을 하는 사람과 경쟁관계로 피해를 볼 수 있습니다.

7월생 개띠 (申月生)

개띠 신월생은 활동이 많은 가운데 이사(移徙)를 한다든지, 출장으로 집에서 멀리 떠나는 일이 자주 발생할 수 있는 해입니다. 또 혼자 생활한다는 의미도 있어 주말 부부 경험을 맞볼 수 도 있습니다. 비행기, 배, 자동차 운전, 자전 등 탈것을 조심하여야 합니다.

8월생 개띠 (酉月生)

개띠 유월생은 하는 일에 시비(是非)가 붙고, 부부지간, 남녀지간에 다툼이 생기며 병(病)을 얻어 고생할 수 있는 해입니다. 사람이 많이 모이는 곳을 피해야 좋고, 내가 남에게 베푸는 것보다 돌아오는 것이 적으니 인덕(人德)이 없는 해이기도 합니다. 말(言)로써 화(禍)를 부르는 해이므로 말조심에 각별히 유념하여야 합니다.

9월생 개띠 (戌月生)

개띠 술월생은 우울증이나 정신적인 허망함에 삶의 의미를 잃어버릴 수 있는 해입니다. 가만히 앉아 있어도 남들에게 공연한 구설수(口舌數)에 오르기도 합니다. 가족들 간의 시비(是非)로 가출(家出)을 하는 해이기도 합니다.

10월생 개띠 (亥月生)

개띠 해월생은 사기를 당하거나, 도둑을 맞는다거나 외출시에 소지품을 분실하는 일이 발생하는 해 입니다. 자식을 잃어버린다든지, 부부 어느 한쪽이 바람이 난다든지, 사귀던 애인이 멀어지거나 헤어지는 아픔을 겪어 볼 수 있는 해이기도 합니다. 든 삼재에는 사람 단속, 각종 면허증 단속, 귀중품 단속을 철저히 해야 합니다.

11월생 개띠 (子月生)

개띠 자월생은 관재수(官災數, 흉한 일로 경찰서 출입이나 소송사건을 당함)나 구설수(口舌數)가 주로 도로상(道路上)에서 발생 할 수 있는 해입니다. 운전에 각별한 주의를 하지 않으면 안 됩니다. 길을 걷다가도 다른 사람에게 부딪혀 시비가 붙을 수도 있고, 주차문제로 싸울 수도 있습니다. 또한 화재를 조심하여야 하고, 삶을 비관하지 말고 희망을 갖도록 합니다.

12월생 개띠 (丑月生)

개띠 축월생은 사람간의 흉함 보다는 자연적 재해를 겪어 볼 수 있는 해입니다. 예컨대 불의의 화재(火災) 사고라든지, 태풍이나 해일 등의 풍재(風災)·수해(水害)를 당해 본다든지 지진(地震)에 피해를 볼 수 있는 것입니다. 농사짓는 사람이라면 밭작물의 냉해(冷害)로 인한 금전적 손실 혹은 가뭄으로 인한 피해를 볼 수 있는 해이기도 합니다. 부부지간에 잦은 말다툼으로 금실(琴瑟)금이 갈 수 있는 해이기도 합니다.

돼지띠 - 뱀해 (사년巳年) 들 삼재

돼지띠는 사년巳年 뱀해에 역시 만물이 처음 세상에 태어난다는 의미의 생지生地를 충冲하니 들 삼재가 되는데, 전체적인 운運이 교통사고, 음독飮毒자살기도, 화재火災, 원행遠行(출장 등으로 해외에 나가든지, 집에서 멀리 떠나봄), 실족失足(발을 헛디딤)하여 뼈가 상하는 수, 가출家出(가정을 등지고 집을 나감)해 볼 수, 남과 싸워서 다칠 수, 병을 얻을 수 등의 흉함이 내포되어 있습니다.

1월생 돼지띠 (寅月生)

돼지띠 인월생은 인간관계에 있어서 남의 입에 좋지 않게 오르내림이 따르고, 체면 깎일 일을 당하는 해입니다. 문서관리를 잘못하여 재산상의 손해도 입을 수 있는 해이기도 합니다. 보증(保證)을 선다든지, 돈을 남에게 빌려 준다든지 하여 사기(詐欺)를 당하거나 채무자(債務者, 돈 갚을 사람)의 급작스런 경제사정 악화(惡化)로 돈을 떼일 수 있은 해입니다.

2월생 돼지띠 (卯月生)

돼지띠 묘월생은 매사에 자신감이 충만하니 물불가리지 않고 일을 추진하다가 큰 낭패를 보는 해입니다. 오히려 자신감을 상실하여 일에 대한 의욕이 사라지고 대인기피증세(對人忌避症勢)가 나타날 수도 있습니다. 또한 동료로부터 따돌림을 당하는 등. 불이익(不利益)을 당하게 되는 해이기도 합니다.

3월생 돼지띠 (辰月生)

돼지띠 진월생은 다른 사람과의 경쟁이 치열해지는 해입니다. 경쟁에 밀려 잊혀진 배우처럼 자신의 능력을 인정받지 못하고 도태될 수 있습니다. 시험을 본다고 하여도 평소 실력을 발휘하지 못하고 떨어져, 인생에 대해 한 번 더 고민하는 해이기도 합니다.

4월생 돼지띠 (巳月生)

돼지띠 사월생은 활동이 많은 가운데 이사(移徙)를 한다든지, 출장으로 집에서 멀리 떠나는 일이 자주 발생할 수 있는 해입니다. 또 혼자 생활한다는 의미도 있어 주말 부부 경험을 맞볼 수 도 있습니다. 비행기, 배, 자동차 운전, 자전 등 탈것을 조심하여야 합니다.

5월생 돼지띠 (午月生)

돼지띠 오월생은 하는 일에 시비(是非)가 붙고, 부부지간, 남녀지간에 다툼이 생기며 병(病)을 얻어 고생할 수 있는 해입니다. 사람이 많이 모이는 곳을 피해야 좋고, 내가 남에게 베푸는 것보다 돌아오는 것이 적으니 인덕(人德)이 없는 해이기도 합니다. 말(言)로써 화(禍)를 부르는 해이므로 말조심에 각별히 유념하여야 합니다.

6월생 돼지띠 (未月生)

돼지띠 미월생은 우울증이나 정신적인 허망함에 삶의 의미를 잃어 버릴 수 있는 해입니다. 가만히 앉아 있어도 남들에게 공연한 구설수(口舌數)에 오르기도 합니다. 가족들간의 시비(是非)로 가출(家出)을 하는 해이기도 합니다. 이 경우 흉함은 자기 자신의 어두운 모습에서 오게 되는 것이므로 밝고 희망적인 생각을 하는 것이 좋습니다.

7월생 돼지띠 (申月生)

돼지띠 신월생은 사기를 당하거나, 도둑을 맞는다거나 외출시에 소지품을 분실하는 일이 발생하는 해 입니다. 자식을 잃어버린다든지, 부부 어느 한쪽이 바람이 난다든지, 사귀던 애인이 멀어지거나 헤어지는 아픔을 겪어 볼 수 있는 해이기도 합니다. 든 삼재에는 사람 단속, 각종 면허증 단속, 귀중품 관리를 철저히 해야 합니다.

8월생 돼지띠 (酉月生)

돼지띠 유월생은 관재수(官災數, 흉한 일로 경찰서 출입이나 소송사건을 당함)나 구설수(口舌數)가 주로 도로상(道路上)에서 발생 할 수 있는 해 입니다 (직업이 군인이나 경찰이면 그 흉함은 경미함). 운전에 각별한 주의를 하지 않으면 안 됩니다. 길을 걷다가도 다른 사람에게 부딪혀 시비가 붙을 수도 있고, 주차문제로 싸울 수도 있습니다.

9월생 돼지띠 (戌月生)

돼지띠 술월생은 사람간의 흉함 보다는 자연적 재해를 겪어 볼 수 있는 해입니다. 예컨대 불의의 화재(火災) 사고라든지, 태풍이나 해일 등의 풍재(風災)·수해(水害)를 당해 본다든지 지진(地震)에 피해를 볼 수 있는 것입니다. 농사 짓는 사람이라면 밭작물의 냉해(冷害)로 인한 금전적 손실 혹은 가뭄으로 인한 피해를 볼 수 있는 해이기도 합니다. 가정적으로는 부부지간에 잦은 말다툼으로 금실에 금이 갈 수 있는 해이기도 합니다.

10월생 돼지띠 (亥月生)

돼지띠 해월생은 활동영역이 확대되고 분주한 일상이 연출될 수 있는 해인데, 움직임이 많은 만큼 사고발생 확률이 높아진다고 보아야 할 것입니다. 사람이 움직이는 수단은 차량이나 비행기, 배 등으로 이에 대한 교통사고를 조심해야 하는 해입니다. 그리고 직장인은 뜻하지 않은 발령으로 곤혹스러운 일이 발생한다든지, 거주하는 집에 대한 법적인 문제가 발생하여 이사를 해야 하는 경우도 발생될 수 있는 해이기도 합니다.

11월생 돼지띠 (子月生)

돼지띠 자월생은 주로 향락적(享樂的)인 일로 인하여 망신을 당하는 해입니다. 특히 주색잡기(酒色雜技), 즉 술이나 이성(異姓)을 탐닉하다가 망신을 당한다거나, 도박(賭博)으로 인하여 가정적으로나 사회적인 지탄(指彈)을 받을 수 있는 해입니다. 또한 정신적인 불안함과 타인과의 만남을 불쾌하게 생각하여 두문불출(杜門不出) 하는 일이 일어 날 수 있습니다.

12월생 돼지띠 (丑月生)

돼지띠 축월생은 겹치는 업무나 일로 몸과 마음이 모두 지쳐 병고(病苦)에 시달려 보는 해입니다. 자신이 병(病)에 걸리지 않으면 가족 중의 한 사람이 중병(重病)에 걸려 마음고생을 하는 해이기도 합니다. 심하면 상복(喪服)을 입을 수도 있습니다. 또한 이직이나, 직장에서 자리이동이 있을 수 있는 해이기도 합니다.

✸ 삼재가 들어오는 해(든 삼재)

든 삼재라 함은 삼재의 진행을 의미하는 것이므로 들 삼재 기간 동안 아무탈 없이 지냈다고 하면 흉凶한 기운이 잠재되어 불안이 좀 더 심해지게 되는 해이기도 합니다. 들 삼재에 이미 흉함이 있었다면 통상 액땜을 하였다고 하는데, 그렇다고 하여 삼재의 흉한 기운이 완전히 사라진 것이 아니니 주의를 기울여야 합니다. 든 삼재는 해당되는 해가 왕지旺地인데, 왕지旺地라 함은 자신감이 왕성해지는 것을 의미하니, 가정에서 사회로, 사회에서 국가로, 국가에서 세계로 뻗어가고자 하는 의욕이 넘치는 시기라고 보아야 합니다. 새가 알을 낳았는데 그 알이 부화가 되어 둥지에서 커가다가 날아오를 힘이 생겨나면 둥지를 떠나는 이치와 같다 하겠습니다. (왕지旺地로 진행-변화의 의미)

쥐띠 – 토끼해 (묘년卯年) 든 삼재

쥐띠는 묘년卯年 토끼해의 왕지旺地에서 든 삼재가 되는데, 가정에서 사회로 진출을 하기 위해서는 가족 간에 의견이 일치하여야 힘을 얻을 수 있는 법인데, 든 삼재의 해에서는 육친간의 의견충돌로 인하여 희망이 좌절될 수 있는 해입니다. 그로 인하여 사업부진, 사업실패, 부부이별 등이 있을 수 있다 하겠습니다. 든 삼재에서는 들 삼재에서의 흉한 내용이 그대로 진행되는데, 주로 자신의 외고집이나 잘못된 판단으로 불행의 씨앗이 생겨난다 할 것입니다.

1월생 쥐띠 (寅月生)

쥐띠 인월생은 들 삼재에서의 영향이 그대로 이어지지만, 자신의 자존심으로 인하여 오히려 부작용을 겪는 해가 되는 것입니다. 자발적으로 원한 출장 등으로 해외에 나가든지 하여 낭패를 본다든지, 부부간에도 더 잘하려고 하다가 오히려 사이가 멀어지는 등 어려움을 겪을 해입니다. 들 삼재보다 더 왕성한 사회활동은 사고 위험률을 한층 가중 시킨다고 하겠습니다.

2월생 쥐띠 (卯月生)

쥐띠 묘월생은 자신이 최고라는 생각에 사로잡혀 남에게 예의를 무시하는 행동하여 불쾌감을 주니, 하는 일에 시비가 붙고 부부지간, 남녀지간에 다툼이 생기며 병(病)을 얻어 고생할 수 있는 해입니다. 들 삼재에서와 같이 말(言)로써 화(禍)를 부르는 해이면서도 사업이나 일에 있어서 판단은 잘하지만 여러 사람들에게 호응을 얻지 못하여 일을 그르칠 수 있는 해이기도 합니다.

3월생 쥐띠 (辰月生)

쥐띠 진월생은 정신적 불안감이 계속돼 가족과 친구, 직장 동료들과의 유대 관계(紐帶關係)가 어려울 수가 있는 해입니다. 든 삼재가 왕성한 활동력을 가져온다지만, 진월생의 경우에는 오히려 정신적으로 나약한 상태가 될 수 있으므로 특정 종교에 심취한다든지 한 가지 일에 몰두하는 경향을 보이게 되므로 사회와 단절될 수 있는 흉의(凶意)를 가진 해이기도 합니다.

4월생 쥐띠 (巳月生)

쥐띠 사월생은 정신이 한 곳으로 집중되는 현상을 겪게 되므로 주변을 관찰하는 통찰능력(通察能力)이 현저히 떨어지므로 소지품이나 물건에 대한 분실이 잦아지는 해입니다. 심하게 되면 든 삼재와 마찬가지로 아이를 잃어버린다거나, 부부지간의 서로에 대한 무관심으로 이별도 하게 되는 해입니다. 또한 교통사고로 관재구설(官災口舌)이 따를 수도 있는 해이기도 합니다.

5월생 쥐띠 (午月生)

쥐띠 오월생은 든 삼재와 같이 관재수(官災數, 흉한 일로 경찰서 출입이나 소송사건을 당함)나 구설수(口舌數)가 주로 도로상(道路上)에서 발생 할 수 있는 해 입니다(직업이 군인이나 경찰이면 그 흉함은 경미함). 운전에 각별한 주의를 하지 않으면 안 됩니다. 길을 걷다가도 다른 사람에게 부딪혀 시비가 붙을 수도 있고, 주차문제로 싸울 수도 있습니다.

6월생 쥐띠 (未月生)

쥐띠 미월생은 자연적 재해를 겪어 볼 수 있는 해입니다. 예컨대 불의의 화재 (火災) 사고라든지, 태풍이나 해일 등의 풍재(風災)·수해(水害)를 당해 본다든 지 지진(地震)에 피해를 볼 수 있는 것입니다. 농사짓는 사람이라면 밭작물의 냉해(冷害)로 인한 금전적 손실 혹은 가뭄으로 인한 피해를 볼 수 있는 해이기 도 합니다. 가정적으로는 부부지간에 잦은 말다툼으로 금실(琴瑟, 금실지락琴瑟之樂의 준말, 부부간의 도타운 정)에 금이 갈 수 있는 해이기도 합니다.

7월생 쥐띠 (申月生)

쥐띠 신월생은 남과 시비(是非)가 자주 일어나고 거주지가 안정이 되질 않아 항상 어디론가 안정된 곳을 찾으려는 마음이 자리하게 되는 해입니다. 뜻한 바 를 성취하려는 의욕이 앞서기 때문에 부동산계약을 잘못하여 손해를 본다든지 이사(移徙)를 잘못하여 어려움을 겪는다든지 하는 흉한 일이 발생하는 해이기 도 합니다.

8월생 쥐띠 (酉月生)

쥐띠 유월생은 향락적인 모임과 친선의 단체 모임이 잦아지는 해입니다. 그로 인하여 자신이 해야 할 일이나 본분을 망각(妄覺)하여 뜻하지 않는 피해를 보 는 해입니다. 금전은 쉽게 들어오나 쉽게 나가게 되므로 손에 쥐는 것이 없고, 남녀 간의 이성교제가 잦아지게 되므로 하고 있는 일이나, 직장까지 위태로울 수 있는 해이기도 합니다.

9월생 쥐띠 (戌月生)

쥐띠 술월생은 들 삼재와 마찬가지로 겹치는 업무나 일로 몸과 마음이 모두 지쳐 병고(病苦)에 시달려 보는 해입니다. 자신이 병(病)에 걸리지 않으면 가족 중의 한 사람이 중병(重病)에 걸려 마음고생을 하는 해이기도 합니다. 심하면 상복(喪服)을 입을 수도 있습니다. 또한 직장이나 직업에 변화가 있을 수 있는 해이기도 합니다. 매사 하는 일에 의욕이 생기질 않아 환자로 오인(誤認)받을 수 있어 남의 눈에 좋지 않게 보일 수도 있는 해입니다.

10월생 쥐띠 (亥月生)

쥐띠 해월생은 들 삼재와 마찬가지로 인간관계에 있어서 구설(口舌, 남의 입에 좋지 않게 오르내림)이 따르고, 그로인하여 망신(亡身)을 당하는 해입니다. 문서관리를 잘못하여 재산상의 손해도 입을 수 있는 해이기도 합니다. 보증(保證)을 선다든지, 돈을 남에게 빌려 준다든지 하여 사기(詐欺)를 당하거나 채무자(債務者, 돈 갚을 사람)의 급작스런 경제사정 악화(惡化)로 돈을 떼일 수 있은 해입니다.

11월생 쥐띠 (子月生)

쥐띠 자월생은 판단력이 흐려지는 해입니다. 매사에 자신감이 충만하니 물불 가리지 않고 일을 추진하다가 큰 낭패를 보는 해입니다. 오히려 자신감을 상실하여 일에 대한 의욕이 사라지고 대인기피증세(對人忌避症勢)가 나타날 수도 있습니다. 또한 동료로부터 따돌림을 당하는 등. 불이익(不利益)을 당하게 되는 해이기도 합니다.

12월생 쥐띠 (丑月生)

쥐띠 축월생은 명예(名譽)는 상승하지만, 다른 사람과의 경쟁이 치열해지는 해입니다. 명예(名譽)가 올라간다 하여도 자신의 능력을 인정받지 못하고 도태될 수 있는 해이기도 합니다. 자신을 바라보는 주변 사람들의 칭송(稱頌)과는 무관하게 일을 하여도 평소 실력을 발휘하지 못하고 일을 그르치고. 같은 일을 하는 사람과 경쟁관계로 피해를 볼 수 있는 해입니다.

소띠 - 쥐해 (자년子年) 든 삼재

소띠는 자년子年 쥐해의 왕지旺地에서 든 삼재가 되는데, 가정에서 사회로 진출을 하기 위해서는 가족 간에 의견이 일치하여야 힘을 얻을 수 있는 법인데, 든 삼재의 해에서는 육친간의 의견충돌로 인하여 희망이 좌절될 수 있는 해입니다. 그로 인하여 사업부진, 사업실패, 부부이별 등이 있을 수 있다 하겠습니다. 든 삼재에서는 들 삼재에서의 흉한 내용이 그대로 진행되는데, 주로 자신의 아집我執이나 오판誤判으로 화근禍根(불행의 씨앗)이 생겨난다 할 것입니다.

1월생 소띠 (寅月生)

소띠 인월생은 성신이 한 곳으로 집중되는 현상을 겪게 되므로 주변을 관찰하는 통찰능력(通察能力)이 현저히 떨어져 소지품이나 물건에 대한 분실이 잦아지는 해입니다. 심하게 되면 들 삼재와 마찬가지로 아이를 잃어버린다거나, 부부지간의 서로에 대한 무관심으로 이별도 하게 되는 해입니다. 교통신호를 무시하여 관재구설(官災口舌)이 따를 수도 있는 해이기도 합니다.

2월생 소띠 (卯月生)

소띠 묘월생은 들 삼재와 같이 관재수(官災數, 흉한 일로 경찰서 출입이나 소송사건을 당함)나 구설수(口舌數)가 주로 도로상에서 발생 할 수 있는 해 입니다(직업이 군인이나 경찰이면 그 흉함은 경미함). 운전에 각별한 주의를 하지 않으면 안 됩니다. 길을 걷다가도 다른 사람에게 부딪혀 시비가 붙을 수도 있고, 주차문제로 싸울 수도 있습니다.

3월생 소띠 (辰月生)

소띠 진월생은 역시 들 삼재와 같이 사람간의 흉함 보다는 자연적 재해를 겪어 볼 수 있는 해입니다. 예컨대 불의의 화재(火災) 사고라든지, 태풍이나 해일 등의 풍재(風災)·수해(水害)를 당해 본다든지 지진(地震)에 피해를 볼 수 있는 것입니다. 농사짓는 사람이라면 밭작물의 냉해(冷害)로 인한 금전적 손실 혹은 가뭄으로 인한 피해를 볼 수 있는 해이기도 합니다. 가정적으로는 부부지간에 잦은 말다툼으로 금실에 금이 갈 수 있는 해이기도 합니다.

4월생 소띠 (巳月生)

소띠 사월생은 남과 시비(是非)가 자주 일어나고 거주지가 안정이 되질 않아 항상 어디론가 안정된 곳을 찾으려는 마음이 자리하게 되는 해입니다. 뜻한 바를 성취하려는 의욕이 앞서기 때문에 부동산계약을 잘못하여 손해를 본다든지 이사(移徙)를 잘못하여 어려움을 겪는다든지 하는 흉한 일이 발생하는 해이기도 합니다. 직장이나 일하는 곳에서도 본의 아니 실수로 상사(上司)에게 문책을 당하거나 거래를 놓치는 경우가 발생할 수 있는 해입니다.

5월생 소띠 (午月生)

소띠 오월생은 향락적인 모임과 친선의 단체 모임이 잦아지는 해입니다. 그로 인하여 자신이 해야할 일이나 본분을 망각(妄覺)하여 뜻하지 않는 피해를 보는 해입니다. 금전은 쉽게 들어오나 쉽게 나가게 되므로 손에 쥐는 것이 없고, 남녀 간의 이성교제가 잦아지게 되므로 다니고 있는 직장까지 위태로울 수 있는 해이기도 합니다.

6월생 소띠 (未月生)

소띠 미월생은 들 삼재와 마찬가지로 겹치는 업무나 일로 몸과 마음이 모두 지쳐 병고(病苦)에 시달려 보는 해입니다. 자신이 병(病)에 걸리지 않으면 가족 중의 한 사람이 중병(重病)에 걸려 마음고생을 하는 해이기도 합니다. 심하면 상복(喪服)을 입을 수도 있습니다. 또한 직장이나 직업에 변화가 있거나, 매사 하는 일에 의욕이 생기질 않아 남의 눈치를 볼 수도 있는 해입니다.

7월생 소띠 (申月生)

소띠 신월생은 들 삼재와 마찬가지로 인간관계에 있어서 남의 입에 좋지 않게 오르내림이 따르고, 그로인하여 체면 깎일 일을 당하는 해입니다. 문서관리를 잘못하여 재산상의 손해도 입을 수 있는 해이기도 합니다. 보증(保證)을 선다든지, 돈을 남에게 빌려 준다든지 하여 사기(詐欺)를 당하거나 돈 갚을 사람의 급작스런 경제사정 악화(惡化)로 돈을 떼일 수 있은 해입니다.

8월생 소띠 (酉月生)

소띠 유월생은 판단력이 흐려지는 해입니다. 매사에 자신감이 충만하니 물불 가리지 않고 일을 추진하다가 큰 낭패를 봐. 오히려 자신감을 상실하여 일에 대한 의욕이 사라지고 대인기피증세(對人忌避症勢)가 나타날 수도 있습니다. 또한 동료로부터 따돌림을 당하는 등. 불이익(不利益)을 당하게 되는 해이기도 합니다.

9월생 소띠 (戌月生)

소띠 술월생은 명예(名譽)는 상승하지만, 다른 사람과의 경쟁이 치열해지는 해입니다. 명예(名譽)가 올라가도, 자신의 능력을 인정받지 못하고 도태될 수 있는 해이기도 합니다. 자신을 바라보는 주변 사람들의 칭송(稱頌)과는 무관하게 일을 하여도 평소 실력을 발휘하지 못하고 일을 그르치기가 일수입니다. 같은 일을 하는 사람으로 인해 피해를 볼 수 있으니 조심해야합니다.

10월생 소띠 (亥月生)

소띠 해월생은 들 삼재에서의 영향이 그대로 이어지지만, 자신의 자존심으로 인하여 오히려 부작용을 겪는 해가 되는 것입니다. 자청(自請)한 원행(遠行, 출장 등으로 해외에 나가든지, 집에서 멀리 떠나 봄)을 하여 낭패를 본다든지, 부부간에도 더 잘하려고 하다가 오히려 사이가 멀어지는 등 어려움을 겪을 해입니다. 들 삼재보다 더 왕성한 사회활동은 사고 위험률을 한층 가중(加重)시키다고 하겠습니다.

11월생 소띠 (子月生)

소띠 자월생은 자신이 최고라는 생각에 사로잡혀 남에게 예의(禮義)를 무시하는 행동을 보여 타인에게 불쾌감을 주는 일로 시비(是非)가 붙고, 부부지간에 다툼이 생기며 병(病)을 얻어 고생할 수 있는 해입니다. 들 삼재에서와 같이 말(言)로써 화(禍)를 부르는 해이므로, 여러 사람들에게 호응을 얻지 못하여 일을 그르칠 수 있으니 신중해야 합니다.

12월생 소띠 (丑月生)

소띠 축월생은 정신적 불안감이 계속되는데, 가족과 친구, 직장 동료들과의 유대관계(紐帶關係)가 어려울 수가 있는 해입니다. 든 삼재가 왕성한 활동력을 가져온다지만, 진월생의 경우에는 오히려 정신적으로 나약한 상태가 될 수 있으므로 특정 종교에 심취한다든지 한 가지 일에 몰두하는 경향을 보이게 되므로 사회와 단절될 수 있는 흉의(凶意)를 가진 해이기도 합니다.

호랑이띠 – 닭해 (유년酉年) 든 삼재

호랑이띠는 유년酉年 닭해의 왕지旺地에서 든 삼재가 되는데, 가정에서 사회로 진출을 하기 위해서는 가족 간에 의견이 일치하여야 힘을 얻을 수 있는 법인데, 든 삼재의 해에서는 육친간의 의견충돌로 인하여 희망이 좌절될 수 있는 해입니다. 그로 인하여 사업부진, 사업실패, 부부이별 등이 있을 수 있다 하겠습니다. 든 삼재에서는 들 삼재에서의 흉한 내용이 그대로 진행되는데, 주로 자신의 아집我執(외고집을 부림)이나 오판誤判(잘못된 판단)으로 화근禍根(불행의 씨앗)이 생겨난다 할 것입니다.

1월생 호랑이띠 (寅月生)

호랑이띠 인월생은 남과 시비(是非)가 자주 일어나고 거주지가 안정이 되질 않아 항상 어디론가 안정된 곳을 찾으려는 마음이 자리하게 되는 해입니다. 뜻한 바를 성취하려는 의욕이 앞서기 때문에 부동산계약을 잘못하여 손해를 본다든지, 직장에서는 본의 아니 실수로 상사(上司)에게 문책을 당하거나 거래를 놓치는 경우가 발생할 수 있는 해입니다.

2월생 호랑이띠 (卯月生)

호랑이띠 묘월생은 향락적인 모임과 친선의 단체 모임이 잦아지는 해입니다. 그로 인하여 자신이 해야 할 일이나 본분을 망각(妄覺)하여 뜻하지 않는 피해를 보는 해입니다. 금전은 쉽게 들어오나 쉽게 나가게 되므로 손에 쥐는 것이 없고, 남녀 간의 이성교제가 잦아지게 되므로 다니고 있는 직장까지 위태로울 수 있는 해이기도 합니다.

3월생 호랑이띠 (辰月生)

호랑이띠 진월생은 들 삼재와 마찬가지로 겹치는 업무나 일로 몸과 마음이 모두 지쳐 병고(病苦)에 시달려 보는 해입니다. 자신이 병(病)에 걸리지 않으면 가족 중의 한 사람이 중병(重病)에 걸려 마음고생을 하는 해이기도 합니다. 심하면 상복(喪服)을 입을 수도 있습니다. 또한 직장이나 직업에 변화가 있을 수 있는 해이기도 합니다.

4월생 호랑이띠 (巳月生)

호랑이띠 사월생은 들 삼재와 마찬가지로 인간관계에 있어서 구설(口舌, 남의 입에 좋지 않게 오르내림)이 따르고, 그로인하여 망신(亡身, 창피를 당함, 체면 깎일 일을 당함)을 당하는 해입니다. 문서관리를 잘못하여 재산상의 손해도 입을 수 있는 해이기도 합니다. 보증(保證)을 선다든지, 돈을 남에게 빌려준다든지 하여 사기를 당하거나, 돈을 떼일 수 있은 해입니다.

5월생 호랑이띠 (午月生)

호랑이띠 오월생은 판단력이 흐려지는 해입니다. 매사에 자신감이 충만하니 물불가리지 않고 일을 추진하다가 큰 낭패를 보는 해입니다. 오히려 자신감을 상실하여 일에 대한 의욕이 사라지고 대인기피증세(對人忌避症勢)가 나타날 수도 있습니다. 또한 동료로부터 따돌림을 당하는 등. 불이익(不利益)을 당하게 되는 해이기도 합니다.

6월생 호랑이띠 (未月生)

호랑이띠 미월생은 명예(名譽)는 상승하지만, 다른 사람과의 경쟁이 치열해지는 해입니다. 명예(名譽)가 올라간다 하여도 자신의 능력을 인정받지 못하고 도태될 수 있는 해이기도 합니다. 자신을 바라보는 주변 사람들의 칭송(稱頌)과는 무관하게 맡은 일을 하여도 평소 실력을 발휘하지 못하고 일을 그르치는 해이기도 합니다. 같은 일을 하는 사람에게 피해를 볼 수 있습니다.

7월생 호랑이띠 (申月生)

호랑이띠 신월생은 들 삼재에서의 영향이 그대로 이어지지만, 자신의 자존심으로 인하여 오히려 부작용을 겪는 해가 되는 것입니다. 자청(自請, 자발적으로 원함)한 원행(遠行, 출장 등으로 해외에 나가든지, 집에서 멀리 떠나 봄)을 하여 낭패를 본다든지, 부부간에도 더 잘하려고 하다가 오히려 사이가 멀어지는 등 어려움을 겪을 해입니다. 들 삼재보다 더 왕성한 사회활동은 사고 위험률을 한층 가중(加重)시키다고 하겠습니다.

8월생 호랑이띠 (酉月生)

호랑이띠 유월생은 자신이 최고라는 생각에 사로잡혀 남에게 예의(禮義)를 무시하는 행동을 보임으로써 불쾌감을 주니 하는 일에 시비(是非)가 붙고, 부부지간, 남녀지간에 다툼이 생기며 병(病)을 얻어 고생할 수 있는 해입니다. 사업이나, 일에 있어서 판단은 잘하지만 주위 사람들에게 호응을 얻지 못하여 일을 그르칠 수 있는 해이기도 합니다.

9월생 호랑이띠 (戌月生)

호랑이띠 술월생은 정신적 불안감이 계속되는데, 가족과 친구, 직장 동료들과의 유대관계(紐帶關係)가 어려울 수가 있는 해입니다. 든 삼재가 왕성한 활동력을 가져온다지만, 진월생의 경우 오히려 정신적으로 나약한 상태가 될 수 있으므로 특정 종교에 심취한다든지 한 가지 일에 몰두하는 경향을 보이게 되므로 사회와 단절될 수 있는 흉의(凶意)를 가진 해이기도 합니다.

10월생 호랑이띠 (亥月生)

호랑이띠 해월생은 정신이 한 곳으로 집중되는 현상을 겪게 되므로 주변을 관찰하는 능력이 현저히 떨어지므로 소지품이나 물건에 대한 분실이 잦아지는 해입니다. 심하게 되면 들 삼재와 마찬가지로 아이를 잃어버린다거나, 부부지간의 서로에 대한 무관심으로 이별도 하게 되는 수가 있으니 각별히 주의 하셔야 합니다.

11월생 호랑이띠 (子月生)

호랑이띠 자월생은 들 삼재와 같이 관재수(官災數, 흉한 일로 경찰서 출입이나 소송사건을 당함)나 구설수가 주로 도로상에서 발생 할 수 있는 해 입니다 (직업이 군인이나 경찰이면 그 흉함은 경미함). 운전에 각별한 주의해야 합니다. 길을 걷다가도 다른 사람에게 부딪혀 시비가 붙을 수도 있고, 주차문제로 싸울 수도 있습니다. 또한 화재를 조심하여야 합니다.

12월생 호랑이띠 (丑月生)

호랑이띠 축월생은 역시 들 삼재와 같이 사람간의 흉함 보다는 자연적 재해를 겪어 볼 수 있는 해입니다. 예컨대 불의의 화재(火災) 사고라든지, 태풍이나 해일 등의 풍재(風災)·수해(水害)를 당해 본다든지 지진(地震)에 피해를 볼 수 있는 것입니다. 농사짓는 사람이라면 밭작물의 냉해(冷害)로 인한 금전적 손실 혹은 가뭄으로 인한 피해를 볼 수 있는 해이기도 합니다. 가정적으로는 부부지간에 잦은 말다툼으로 금실에 금이 갈 수 있는 해이기도 합니다.

토끼띠 - 말해(오년午年) 든 삼재

　토끼띠는 오년午年 말해의 왕지旺地에서 든 삼재가 되는데, 가정에서 사회로 진출을 하기 위해서는 가족간에 의견이 일치하여야 힘을 얻을 수 있는 법인데, 든 삼재의 해에서는 육친간의 의견충돌로 인하여 희망이 좌절될 수 있는 해입니다. 그로 인하여 사업부진, 사업실패, 부부이별 등이 있을 수 있다 하겠습니다. 든 삼재에서는 들 삼재에서의 흉한 내용이 그대로 진행되는데, 주로 자신의 아집我執(외고집을 부림)이나 오판誤判(잘못된 판단)으로 화근禍根(불행의 씨앗)이 생겨난다 할 것입니다.

1월생 토끼띠 (寅月生)

　토끼띠 인월생은 들 삼재와 마찬가지로 인간관계에 있어서 구설(口舌, 남의 입에 좋지 않게 오르내림)이 따르고, 그로인하여 망신(亡身)을 당하는 해입니다. 문서관리를 잘못하여 재산상의 손해도 입을 수 있는 해이기도 합니다. 보증(保證)을 선다든지, 돈을 남에게 빌려 준다든지 하여 사기를 당하거나 돈 갚을 사람의 급작스런 경제사정 악화로 돈을 떼일 수 있은 해입니다.

2월생 토끼띠 (卯月生)

　토끼띠 묘월생은 판단력이 흐려지는 해입니다. 또한 의기(義氣)가 충천(衝天)하여 매사에 자신감이 충만하니 물불가리지 않고 일을 추진하다가 큰 낭패를 보는 해입니다. 그러한 반면, 오히려 자신감을 상실하여 일에 대한 의욕이 사라지고 대인기피증세(對人忌避症勢)가 나타날 수도 있습니다. 또한 주의사람으로부터 따돌림을 당해 불이익(不利益)을 받기도 합니다.

3월생 토끼띠 (辰月生)

토끼띠 진월생은 명예(名譽)는 상승하지만, 다른 사람과의 경쟁이 치열해지는 해입니다. 명예(名譽)가 올라간다 하여도 자신의 능력을 인정받지 못하고 도태될 수 있는 해이기도 합니다. 자신을 바라보는 주변 사람들의 칭송(稱頌)과는 무관하게 평소 실력을 발휘하지 못하고 일을 그르치곤 합니다. 같은 업종이나 같은 일을 하는 사람과 경쟁관계로 피해를 볼 수가 있습니다.

4월생 토끼띠 (巳月生)

토끼띠 사월생은 들 삼재에서의 영향이 그대로 이어지지만, 자신의 자존심으로 인하여 오히려 부작용을 겪는 해가 되는 것입니다. 자청한 출장으로 집에서 멀리 떠나 낭패를 본다든지, 부부간에도 더 잘하려고 하다가 오히려 사이가 멀어지는 등 어려움을 겪을 해입니다. 들 삼재보다 더 왕성한 사회활동은 사고 위험률을 한층 가중(加重)시킨다고 하겠습니다.

5월생 토끼띠 (午月生)

토끼띠 오월생은 자신이 최고라는 생각에 사로잡혀 남에게 예의(禮義)를 무시하는 행동을 보여 불쾌감을 주니 하는 일에 시비(是非)가 붙고, 부부지간, 남녀지간에 다툼이 생기며 병(病)을 얻을 수 있는 해입니다. 든 삼재는 말(言)로써 화(禍)를 부르는 해이므로, 사업에 있어서 판단은 잘하지만 주의 사람들에게 호응을 얻지 못해 일을 그르칠 수 있으니 주의하시길 바랍니다.

6월생 토끼띠 (未月生)

토끼띠 미월생은 정신적 불안감이 계속되는데, 그로 인하여 가족과 친구, 직장 동료들과의 유대관계(紐帶關係)가 어려울 수가 있는 해입니다. 든 삼재가 왕성한 활동력을 가져온다지만, 진월생의 경우에는 오히려 정신적으로 나약한 상태가 될 수 있으므로 종교에 심취한다든지 한 가지 일에 몰두하는 경향을 보여, 사회와 단절될 수 있는 흉의(凶意)를 가진 해이기도 합니다.

7월생 토끼띠 (申月生)

토끼띠 신월생은 정신이 한 곳으로 집중되는 현상을 겪게 되므로 주변을 관찰하는 통찰능력(通察能力)이 현저히 떨어지므로 소지품이나 물건에 대한 분실이 잦아지는 해입니다. 심하게 되면 들 삼재와 마찬가지로 아이를 잃어버린다거나, 부부지간의 서로에 대한 무관심으로 이별도 하게 됩니다. 사소하게는 교통신호를 무시하거나 음주운전을 하여 관재구설(官災口舌)이 따를 수도 있는 해이기도 합니다.

8월생 토끼띠 (酉月生)

토끼띠 유월생은 들 삼재와 같이 관재수(官災數, 흉한 일로 경찰서 출입이나 수송사건을 당함)나 구설수가 주로 도로상에시 발생 할 수 있는 해입니다. 길을 걷다가도 다른 사람에게 부딪혀 시비가 붙을 수도 있고, 주차문제로 싸울 수도 있습니다. 삶을 비관하여 나쁜 생각도 할 수 있으니 마음의 평정이 필요합니다.

9월생 토끼띠 (戌月生)

토끼띠 술월생은 자연적 재해를 겪어 볼 수 있는 해입니다. 화재(火災), 풍재(風災)·수해(水害), 지진(地震)에 피해를 볼 수 있는 것입니다. 농사짓는 사람이라면 밭작물의 냉해(冷害)로 인한 금전적 손실 혹은 가뭄으로 인한 피해를 볼 수 있습니다. 가정적으로는 부부지간에 잦은 말다툼으로 금실(琴瑟)에 금이 갈 수 있는 해이기도 합니다.

10월생 토끼띠 (亥月生)

토끼띠 해월생은 남과 시비(是非)가 자주 일어나고 거주지가 안정이 되질 않아 항상 어디론가 안정된 곳을 찾으려는 마음이 자리하게 되는 해입니다. 뜻한 바를 성취하려는 의욕이 앞서기 때문에 부동산계약을 잘못하여 손해를 본다든지 이사(移徙)를 잘못하여 어려움을 겪는다든지 하는 흉한 일이 발생하는 해이기도 합니다.

11월생 토끼띠 (子月生)

토끼띠 자월생은 향락적인 모임과 친선의 단체 모임이 잦아지는 해입니다. 그로 인하여 자신이 해야 할 일이나 본분을 망각(妄覺)하여 뜻하지 않는 피해를 보는 해입니다. 금전은 쉽게 들어오나 쉽게 나가게 되므로 손에 쥐는 것이 없고, 남녀 간의 이성교제가 잦아지게 되므로 하고 있는 사업까지 위태로울 수 있는 해이기도 합니다.

12월생 토끼띠 (丑月生)

토끼띠 축월생은 명예(名譽)는 상승하지만, 다른 사람과의 경쟁이 치열해지는 해입니다. 명예(名譽)가 올라간다 하여도 자신의 능력을 인정받지 못하고 도태될 수 있고. 자신을 지켜보는 주변 사람들의 칭송(稱頌)과는 무관하게 평소 실력을 발휘하지 못하고 일을 그르치기도 합니다. 같은 업종의 경쟁관계로 피해를 볼 수 있으니 주의하길 바랍니다.

용띠 - 토끼해 (묘년卯年) 든 삼재

　용띠는 묘년卯年 토끼해의 왕지旺地에서 든 삼재가 되는데, 가정에서 사회로 진출을 하기 위해서는 가족 간에 의견이 일치하여야 힘을 얻을 수 있는 법인데, 든 삼재의 해에서는 육친간의 의견충돌로 인하여 희망이 좌절될 수 있는 해입니다. 그로 인하여 사업부진, 사업실패, 부부이별 등이 있을 수 있다 하겠습니다. 든 삼재에서는 들 삼재에서의 흉한 내용이 그대로 진행되는데, 주로 자신의 아집我執(외고집을 부림)이나 오판誤判(잘못된 판단)으로 화근禍根(불행의 씨앗)이 생겨난다 할 것입니다.

1월생 용띠 (寅月生)

　용띠 인월생은 들 삼재에서의 영향이 그대로 이어지지만, 자신의 자존심으로 인하여 오히려 부작용을 겪는 해가 되는 것입니다. 자청(自請)한 출장 등으로 해외에 나가든지, 집에서 멀리 떠나 낭패를 본다든지, 부부간에도 더 잘하려고 하다가 사이가 멀어지는 등 어려움을 겪을 해입니다. 들 삼재보다 더 왕성한 사회활동은 사고 위험률을 한층 가중(加重)시킨다고 하겠습니다.

2월생 용띠 (卯月生)

　용띠 묘월생은 자신이 최고라는 생각에 상대를 무시하는 행동으로 상대에게 불쾌감을 줘 하는 일에 시비(是非)가 붙고, 부부지간, 남녀지간에 다툼이 생기며 병(病)을 얻어 고생할 수 있는 해입니다. 들 삼재에서와 같이 말(言)로써 화(禍)를 부르는 해이므로 사업이나 일에 있어서 판단은 잘 해도, 주위사람들에게 호응을 얻지 못하여 일을 그르칠 수 있는 해이기도 합니다.

3월생 용띠 (辰月生)

용띠 진월생은 정신적 불안감이 계속되는데, 그로 인하여 가족과 친구, 직장 동료들과의 유대관계(紐帶關係)가 어려울 수가 있는 해입니다. 든 삼재가 왕성한 활동력을 가져온다지만, 진월생의 경우에는 오히려 정신적으로 나약한 상태가 될 수 있으므로 특정 종교에 심취한다든지 한가지 일에 몰두하는 경향을 보이게 되므로 사회와 단절될 수 있는 흉의(凶意)를 가진 해이기도 합니다.

4월생 용띠 (巳月生)

용띠 사월생은 정신이 한 곳으로 집중되는 현상을 겪게 되므로 주변을 관찰하는 통찰능력(通察能力)이 현저히 떨어지므로 소지품이나 물건에 대한 분실이 잦아지는 해입니다. 심하게 되면 들 삼재와 마찬가지로 아이를 잃어버린다거나, 부부지간의 서로에 대한 무관심으로 이별도 하게되는 해입니다. 사소하게는 교통신호를 무시하거나 음주운전을 하여 관재구설(官災口舌)이 따를 수도 있는 해이기도 합니다.

5월생 용띠 (午月生)

용띠 오월생은 들 삼재와 같이 관재수(官災數, 흉한 일로 경찰서 출입이나 소송사건을 당함)나 구설수(口舌數)가 주로 도로상(道路上)에서 발생 할 수 있는 해 입니다(직업이 군인이나 경찰이면 그 흉함은 경미함). 운전에 각별한 주의를 하지 않으면 안 됩니다. 길을 걷다가도 다른 사람에게 부딪혀 시비가 붙을 수도 있고, 주차문제로 싸울 수도 있습니다. 또한 화재를 조심하여야 하고, 삶을 비관하여 자살기도를 해 보는 수도 있는 해입니다.

6월생 용띠 (未月生)

용띠 미월생은 자연적 재해를 겪어 볼 수 있는 해입니다. 화재(火災), 풍재(風災)·수해(水害), 지진(地震)에 피해를 볼 수 있는 것입니다. 농사짓는 사람이라면 밭작물의 냉해(冷害)로 인한 금전적 손실 혹은 가뭄으로 인한 피해를 볼 수 있습니다. 가정적으로는 부부지간에 잦은 말다툼으로 금실(琴瑟)에 금이 갈 수 있는 해이기도 합니다.

7월생 용띠 (申月生)

용띠 신월생은 남과 시비(是非)가 자주 일어나고 거주지가 안정이 되질 않아 항상 어디론가 안정된 곳을 찾으려는 헤매는 해입니다. 의욕이 앞서 부동산계약을 잘못하여 손해를 본다든지 이사(移徙)를 잘못하여 어려움을 겪는다든지 하는 흉한 일이 발생하는 해이기도 합니다. 직장에서는 본의 아닌 실수로 윗사람에게 질책을 받을 수 있으니 마음의 평정이 필요 합니다.

8월생 용띠 (酉月生)

용띠 유월생은 향락적인 모임과 친선의 단체 모임이 잦아지는 해입니다. 그로 인하여 자신이 해야 할 일이나 본분을 망각(妄覺)하여 뜻하지 않는 피해를 보는 해입니다. 금전은 쉽게 들어오나 쉽게 나가게 되므로 손에 쥐는 것이 없고, 남녀 간의 이성교제가 잦아지게 되므로 하고 있는 직업까지 위태로울 수 있는 해이기도 합니다.

9월생 용띠 (戌月生)

용띠 술월생은 들 삼재와 마찬가지로 겹치는 업무나 일로 몸과 마음이 모두 지쳐 병고(病苦)에 시달려 보는 해입니다. 자신이 병(病)에 걸리지 않으면 가족 중의 한 사람이 중병(重病)에 걸려 마음고생을 하는 해이기도 합니다. 심하면 상복(喪服)을 입을 수도 있습니다. 하는 일에 의욕이 생기질 않아 환자로 오인(誤認)받을 수 있어 남의 눈에 좋지 않게 보일 수도 있는 해입니다.

10월생 용띠 (亥月生)

용띠 해월생은 들 삼재와 마찬가지로 인간관계에 있어서 남의 입에 좋지 않게 오르내림이 따르고, 그로인하여 체면 깎일 일을 당하는 해입니다. 문서관리를 잘못하여 재산상의 손해도 입을 수 있는 해이기도 합니다. 보증(保證)을 선다든지, 돈을 남에게 빌려 준다든지 하여 사기(詐欺)를 당하거나 돈 갚을 사람의 급작스런 경제사정 악화(惡化)로 돈을 떼일 수 있은 해입니다.

11월생 용띠 (子月生)

용띠 자월생은 판단력이 흐려지는 해입니다. 매사에 자신감이 충만하니 물불가리지 않고 일을 추진하다가 큰 낭패를 보는 해입니다. 그로인해 자신감을 상실하여 일에 대한 의욕이 사라지고 대인기피증세(對人忌避症勢)가 나타날 수도 있습니다. 또한 타인에게 불쾌감을 주어 동료들 에게 따돌림을 당하는 등. 보이지 않는 불이익(不利益)을 당하게 되는 해이기도 합니다.

12월생 용띠 (丑月生)

용띠 축월생은 명예(名譽)는 상승하지만, 다른 사람과의 경쟁이 치열해지는 해입니다. 명예(名譽)가 올라간다 하여도 자신의 능력을 인정받지 못하고 도태될 수 있고. 자신을 지켜보는 주변 사람들의 칭송(稱頌)과는 무관하게 평소 실력을 발휘하지 못하고 일을 그르치기도 합니다. 같은 업종의 경쟁관계로 피해를 볼 수 있으니 주의하길 바랍니다.

뱀띠 – 쥐해 (자년子年) 든 삼재

뱀띠는 자년子年 토끼해의 왕지旺地에서 든 삼재가 되는데, 가정에서 사회로 진출을 하기 위해서는 가족간에 의견이 일치하여야 힘을 얻을 수 있는 법인데, 든 삼재의 해에서는 육친간의 의견충돌로 인하여 희망이 좌절될 수 있는 해입니다. 그로 인하여 사업부진, 사업실패, 부부이별 등이 있을 수 있다 하겠습니다. 든 삼재에서는 들 삼재에서의 흉한 내용이 그대로 진행되는데, 주로 자신의 아집我執(외고집을 부림)이나 오판誤判(잘못된 판단)으로 화근禍根(불행의 씨앗)이 생겨난다 할 것입니다.

1월생 뱀띠 (寅月生)

뱀띠 인월생은 정신이 한 곳으로 집중되는 현상을 겪게 되므로 주변을 관찰하는 능력이 현저히 떨어지므로 소지품이나 물건 분실이 잦아지는 해입니다. 심하게 되면 들 삼재와 마찬가지로 아이를 잃어버린다거나, 부부지간의 서로에 대한 무관심으로 이별을 하게 됩니다. 사소한 교통신호 무시, 음주운전으로 관재구설(官災口舌)이 따를 수도 있는 해이기도 합니다.

2월생 뱀띠 (卯月生)

뱀띠 묘월생은 들 삼재와 같이 관재수(官災數, 흉한 일로 경찰서 출입이나 소송사건을 당함)나 구설수(口舌數)가 주로 도로상(道路上)에서 발생 할 수 있는 해 입니다(직업이 군인이나 경찰이면 그 흉함은 경미함). 운전에 각별한 주의를 하지 않으면 안 됩니다. 길을 걷다가도 다른 사람에게 부딪혀 시비가 붙을 수도 있고, 주차문제로 싸울 수도 있습니다.

3월생 뱀띠 (辰月生)

뱀띠 진월생은 자연적 재해를 겪어 볼 수 있는 해입니다. 화재(火災), 풍재(風災)·수해(水害), 지진(地震)에 피해를 볼 수 있는 것입니다. 농사짓는 사람이라면 밭작물의 냉해(冷害)로 인한 금전적 손실 혹은 가뭄으로 인한 피해를 볼 수 있습니다. 가정적으로는 부부지간에 잦은 말다툼으로 금실(琴瑟)에 금이 갈 수 있는 해이기도 합니다.

4월생 뱀띠 (巳月生)

뱀띠 사월생은 남과 시비(是非)가 자주 일어나고 거주지가 안정이 되질 않아 항상 어디론가 안정된 곳을 찾으려는 헤매는 해입니다. 의욕이 앞서 부동산계약을 잘못하여 손해를 본다든지 이사(移徙)를 잘못하여 어려움을 겪는다든지 하는 흉한 일이 발생하는 해이기도 합니다. 직장에서는 본의 아닌 실수로 윗사람에게 질책을 받을 수 있으니 마음의 평정이 필요 합니다.

5월생 뱀띠 (午月生)

뱀띠 오월생은 향락적인 모임과 친선의 단체 모임이 잦아지는 해입니다. 그로 인하여 자신이 해야할 일이나 본분을 망각(妄覺)하여 뜻하지 않는 피해를 보는 해입니다. 금전은 쉽게 들어오나 쉽게 나가게 되므로 손에 쥐는 것이 없고, 남녀 간의 이성교제가 잦아지게 되므로 하고 있는 직업까지 위태로울 수 있는 해이기도 합니다.

6월생 뱀띠 (未月生)

뱀띠 미월생은 들 삼재와 마찬가지로 겹치는 업무나 일로 몸과 마음이 모두 지쳐 병고(病苦)에 시달려 보는 해입니다. 자신이 병(病)에 걸리지 않으면 가족 중의 한 사람이 중병(重病)에 걸려 마음고생을 하는 해이기도 합니다. 또한 직장이나 직업에 변화가 있을 수 있는 해이기도 합니다. 매사 하는 일에 의욕이 생기질 않아 환자로 오인(誤認)받을 수 있어 남의 눈에 좋지 않게 보일 수도 있는 해입니다.

7월생 뱀띠 (申月生)

뱀띠 신월생은 들 삼재와 마찬가지로 인간관계에 있어서 남의 입에 좋지 않게 오르내림이 따르고, 그로인하여 체면 깎일 일을 당하는 해입니다. 문서관리를 잘못하여 재산상의 손해도 입을 수 있는 해이기도 합니다. 보증(保證)을 선다든지, 돈을 남에게 빌려 준다든지 하여 사기(詐欺)를 당하거나 돈 갚을 사람의 급작스런 경제사정 악화(惡化)로 돈을 떼일 수 있은 해입니다.

8월생 뱀띠 (酉月生)

뱀띠 유월생은 판단력이 흐려지는 해입니다. 매사에 자신감이 충만하니 물불 가리지 않고 일을 추진하다가 큰 낭패를 보는 해입니다. 그로위해 자신감을 상실하여 일에 대한 의욕이 사라지고 대인기피증세(對人忌避症勢)가 나타날 수도 있습니다. 또한 타인에게 불쾌감을 주어 동료들 에게 따돌림을 당하는 등. 보이지 않는 불이익(不利益)을 당하게 되는 해이기도 합니다.

9월생 뱀띠 (戌月生)

뱀띠 술월생은 명예(名譽)는 상승하지만, 다른 사람과의 경쟁이 치열해지는 해입니다. 명예(名譽)가 올라간다 하여도 자신의 능력을 인정받지 못하고 도태될 수 있고. 자신을 지켜보는 주변 사람들의 칭송(稱頌)과는 무관하게 평소 실력을 발휘하지 못하고 일을 그르치기도 합니다. 같은 업종의 경쟁관계로 피해를 볼 수 있으니 주의하길 바랍니다.

10월생 뱀띠 (亥月生)

뱀띠 해월생은 들 삼재에서의 영향이 그대로 이어지지만, 자신의 자존심으로 인하여 오히려 부작용을 겪는 해가 되는 것입니다. 자청(自請)한 출장 등으로 해외에 나가든지, 집에서 멀리 떠나 낭패를 본다든지, 부부간에도 더 잘하려고 하다가 사이가 멀어지는 등 어려움을 겪을 해입니다. 들 삼재보다 더 왕성한 사회활동은 사고 위험률을 한층 가중(加重)시키다고 하겠습니다.

11월생 뱀띠 (子月生)

뱀띠 자월생은 자신이 최고라는 생각에 사로잡혀 남에게 예의(禮義)를 무시하는 행동을 보여 불쾌감을 주니 하는 일에 시비(是非)가 붙고, 부부지간, 남녀지간에 다툼이 생기며 병(病)을 얻을 수 있는 해입니다. 든 삼재는 말(言)로써 화(禍)를 부르는 해이므로, 사업에 있어서 판단은 잘하지만 주의 사람들에게 호응을 얻지 못해 일을 그르칠 수 있으니 주의하시길 바랍니다.

12월생 뱀띠 (丑月生)

뱀띠 축월생은 정신적 불안감이 계속되는데, 그로 인하여 가족과 친구, 직장 동료들과의 유대관계(紐帶關係)가 어려울 수가 있는 해입니다. 든 삼재가 왕성한 활동력을 가져온다지만, 진월생의 경우에는 오히려 정신적으로 나약한 상태가 될 수 있으므로 종교에 심취한다든지 한 가지 일에 몰두하는 경향을 보여, 사회와 단절될 수 있는 흉의(凶意)를 가진 해이기도 합니다.

馬 말띠 - 닭해 (유년酉年) 든 삼재

말띠는 유년酉年 닭해의 왕지旺地에서 든 삼재가 되는데, 가정에서 사회로 진출을 하기 위해서는 가족 간에 의견이 일치하여야 힘을 얻을 수 있는 법인데, 든 삼재의 해에서는 육친간의 의견충돌로 인하여 희망이 좌절될 수 있는 해입니다. 그로 인하여 사업부진, 사업실패, 부부이별 등이 있을 수 있다 하겠습니다. 든 삼재에서는 들 삼재에서의 흉한 내용이 그대로 진행되는데, 주로 자신의 아집我執(외고집을 부림)이나 오판誤判(잘못된 판단)으로 화근禍根(불행의 씨앗)이 생겨난다 할 것입니다.

1월생 말띠 (寅月生)

말띠 인월생은 남과 시비(是非)가 자주 일어나고 거주지가 안정이 되질 않아 항상 이디론가 안정된 곳을 찾으려는 헤매는 해입니다. 의욕이 앞서 부동산계약을 잘못하여 손해를 본다든지 이사(移徙)를 잘못하여 어려움을 겪는다든지 하는 흉한 일이 발생하는 해이기도 합니다. 직장에서는 본의 아닌 실수로 윗사람에게 질책을 받을 수 있으니 마음의 평정이 필요 합니다.

2월생 말띠 (卯月生)

말띠 묘월생은 향락적인 모임과 친선의 단체 모임이 잦아지는 해입니다. 그로 인하여 자신이 해야할 일이나 본분을 망각(妄覺)하여 뜻하지 않는 피해를 보는 해입니다. 금전은 쉽게 들어오나 쉽게 나가게 되므로 손에 쥐는 것이 없고, 남녀 간의 이성교제가 잦아지게 되므로 하고 있는 직업까지 위태로울 수 있는 해이기도 합니다.

3월생 말띠 (辰月生)

말띠 진월생은 들 삼재와 마찬가지로 겹치는 업무나 일로 몸과 마음이 모두 지쳐 병고(病苦)에 시달려 보는 해입니다. 자신이 병(病)에 걸리지 않으면 가족 중의 한 사람이 중병(重病)에 걸려 마음고생을 하는 해이기도 합니다. 또한 직장이나 직업에 변화가 있을 수 있는 해이기도 합니다. 매사 하는 일에 의욕이 생기질 않아 환자로 오인(誤認)받을 수 있어 남의 눈에 좋지 않게 보일 수도 있는 해입니다.

4월생 말띠 (巳月生)

말띠 사월생은 들 삼재와 마찬가지로 인간관계에 있어서 남의 입에 좋지 않게 오르내림이 따르고, 그로인하여 체면 깎일 일을 당하는 해입니다. 문서관리를 잘못하여 재산상의 손해도 입을 수 있는 해이기도 합니다. 보증(保證)을 선다든지, 돈을 남에게 빌려 준다든지 하여 사기(詐欺)를 당하거나 돈 갚을 사람의 급작스런 경제사정 악화(惡化)로 돈을 떼일 수 있은 해입니다

5월생 말띠 (午月生)

말띠 오월생은 판단력이 흐려지는 해입니다. 매사에 자신감이 충만하니 물불가리지 않고 일을 추진하다가 큰 낭패를 보는 해입니다. 그로인해 자신감을 상실하여 일에 대한 의욕이 사라지고 대인기피증세(對人忌避症勢)가 나타날 수도 있습니다. 또한 타인에게 불쾌감을 주어 동료들 에게 따돌림을 당하는 등. 보이지 않는 불이익(不利益)을 당하게 되는 해이기도 합니다.

6월생 말띠 (未月生)

말띠 미월생은 명명예(名譽)는 상승하지만, 다른 사람과의 경쟁이 치열해지는 해입니다. 명예(名譽)가 올라간다 하여도 자신의 능력을 인정받지 못하고 도태될 수 있고, 자신을 지켜보는 주변 사람들의 칭송(稱頌)과는 무관하게 평소 실력을 발휘하지 못하고 일을 그르치기도 합니다. 같은 업종의 경쟁관계로 피해를 볼 수 있으니 주의하길 바랍니다.

7월생 말띠 (申月生)

말띠 신월생은 들 삼재에서의 영향이 그대로 이어지지만, 자신의 자존심으로 인하여 오히려 부작용을 겪는 해가 되는 것입니다. 자청(自請)한 출장 등으로 해외에 나가든지, 집에서 멀리 떠나 낭패를 본다든지, 부부간에도 더 잘하려고 하다가 사이가 멀어지는 등 어려움을 겪을 해입니다. 들 삼재보다 더 왕성한 사회활동은 사고 위험률을 한층 가중(加重)시킨다고 하겠습니다.

8월생 말띠 (酉月生)

말띠 유월생은 자신이 최고라는 생각에 사로잡혀 남에게 예의(禮義)를 무시하는 행동을 보여 불쾌감을 주니 하는 일에 시비(是非)가 붙고, 부부지간, 남녀지간에 다툼이 생기며 병(病)을 얻을 수 있는 해입니다. 든 삼재는 말(言)로써 화(禍)를 부르는 해이므로, 사업에 있어서 판단은 잘하지만 주의 사람들에게 호응을 얻지 못해 일을 그르칠 수 있으니 주의하시길 바랍니다.

9월생 말띠 (戌月生)

말띠 술월생은 정신적 불안감이 계속되는데, 그로 인하여 가족과 친구, 직장 동료들과의 유대관계(紐帶關係)가 어려울 수가 있는 해입니다. 든 삼재가 활동력을 가져온다지만, 진월생의 경우에는 오히려 정신적으로 나약한 상태가 될 수 있으므로 특정 종교에 심취한다든지 한 가지 일에 몰두하는 경향을 보이게 되므로 사회와 단절될 수 있는 흉의(凶意)를 가진 해이기도 합니다.

10월생 말띠 (亥月生)

말띠 해월생은 정신이 한 곳으로 집중되는 현상을 겪게 되므로 주변을 관찰하는 능력이 현저히 떨어지므로 소지품이나 물건 분실이 잦아지는 해입니다. 심하게 되면 들 삼재와 마찬가지로 아이를 잃어버린다거나, 부부지간의 서로에 대한 무관심으로 이별을 하게 됩니다. 사소한 교통신호 무시, 음주운전으로 관재구설(官災口舌)이 따를 수도 있는 해이기도 합니다.

11월생 말띠 (子月生)

말띠 자월생은 들 삼재와 같이 관재수(官災數, 흉한 일로 경찰서 출입이나 소송사건을 당함)나 구설수(口舌數)가 주로 도로상(道路上)에서 발생 할 수 있는 해 입니다(직업이 군인이나 경찰이면 그 흉함은 경미함). 운전에 각별한 주의를 하지 않으면 안됩니다. 길을 걷다가도 다른 사람에게 부딪혀 시비가 붙을 수도 있고, 주차문제로 싸울 수도 있습니다.

12월생 말띠 (丑月生)

말띠 축월생은 자연적 재해를 겪어 볼 수 있는 해입니다. 화재(火災), 풍재(風災)·수해(水害), 지진(地震)에 피해를 볼 수 있는 것입니다. 농사짓는 사람이라면 밭작물의 냉해(冷害)로 인한 금전적 손실 혹은 가뭄으로 인한 피해를 볼 수 있습니다. 가정적으로는 부부지간에 잦은 말다툼으로 금실(琴瑟)에 금이 갈 수 있는 해이기도 합니다.

⊞ 양띠 – 말해(오년午年) 든 삼재

양띠는 오년午年 닭해의 왕지旺地에서 든 삼재가 되는데, 가정에서 사회로 진출을 하기 위해서는 가족간에 의견이 일치하여야 힘을 얻을 수 있는 법인데, 든 삼재의 해에서는 육친간의 의견충돌로 인하여 희망이 좌절될 수 있는 해입니다. 그로 인하여 사업부진, 사업실패, 부부이별 등이 있을 수 있다 하겠습니다. 든 삼재에서는 들 삼재에서의 흉한 내용이 그대로 진행되는데, 주로 자신의 아집我執(외고집을 부림)이나 오판誤判(잘못된 판단)으로 화근禍根(불행의 씨앗)이 생겨난다 할 것입니다.

1월생 양띠 (寅月生)

양띠 인월생은 들 삼재와 마찬가지로 인간관계에 있어서 남의 입에 좋지 않게 오르내림이 따르고, 그로인하여 체면 깎일 일을 당하는 해입니다. 문서관리를 잘못하여 재산상의 손해도 입을 수 있는 해이기도 합니다. 보증(保證)을 선다든지, 돈을 남에게 빌려 준다든지 하여 사기(詐欺)를 당하거나 돈 갚을 사람의 급작스런 경제사정 악화(惡化)로 돈을 떼일 수 있은 해입니다.

2월생 양띠 (卯月生)

양띠 묘월생은 판단력이 흐려지는 해입니다. 매사에 자신감이 충만하니 물불가리지 않고 일을 추진하다가 큰 낭패를 보는 해입니다. 그로인해 자신감을 상실하여 일에 대한 의욕이 사라지고 대인기피증세(對人忌避症勢)가 나타날 수도 있습니다. 또한 타인에게 불쾌감을 주어 동료들 에게 따돌림을 당하는 등. 보이지 않는 불이익(不利益)을 당하게 되는 해이기도 합니다.

3월생 양띠 (辰月生)

양띠 진월생은 명예(名譽)는 상승하지만, 다른 사람과의 경쟁이 치열해지는 해입니다. 명예(名譽)가 올라간다 하여도 자신의 능력을 인정받지 못하고 도태될 수 있고. 자신을 지켜보는 주변 사람들의 칭송(稱頌)과는 무관하게 평소 실력을 발휘하지 못하고 일을 그르치기도 합니다. 같은 업종의 경쟁관계로 피해를 볼 수 있으니 주의하길 바랍니다.

4월생 양띠 (巳月生)

양띠 사월생은 들 삼재에서의 영향이 그대로 이어지지만, 자신의 자존심으로 인하여 오히려 부작용을 겪는 해가 되는 것입니다. 자청(自請)한 출장 등으로 해외에 나가든지, 집에서 멀리 떠나 낭패를 본다든지, 부부간에도 더 잘하려고 하다가 사이가 멀어지는 등 어려움을 겪을 해입니다. 들 삼재보다 더 왕성한 사회활동은 사고 위험률을 한층 가중(加重)시킨다고 하겠습니다.

5월생 양띠 (午月生)

양띠 오월생은 신이 최고라는 생각에 사로잡혀 남에게 예의(禮義)를 무시하는 행동을 보여 불쾌감을 주니 하는 일에 시비(是非)가 붙고, 부부지간, 남녀지간에 다툼이 생기며 병(病)을 얻을 수 있는 해입니다. 든 삼재는 말(言)로써 화(禍)를 부르는 해이므로, 사업에 있어서 판단은 잘하지만 주의 사람들에게 호응을 얻지 못해 일을 그르칠 수 있으니 주의하시길 바랍니다.

6월생 양띠 (未月生)

양띠 미월생은 정신적 불안감이 계속되는데, 그로 인하여 가족과 친구, 직장 동료들과의 유대관계(紐帶關係)가 어려울 수가 있는 해입니다. 든 삼재가 왕성한 활동력을 가져온다지만, 진월생의 경우에는 오히려 정신적으로 나약한 상태가 될 수 있으므로 종교에 심취한다든지 한 가지 일에 몰두하는 경향을 보여, 사회와 단절될 수 있는 흉의(凶意)를 가진 해이기도 합니다.

7월생 양띠 (申月生)

양띠 신월생은 정신이 한 곳으로 집중되는 현상을 겪게 되므로 주변을 관찰하는 능력이 현저히 떨어지므로 소지품이나 물건 분실이 잦아지는 해입니다. 심하게 되면 들 삼재와 마찬가지로 아이를 잃어버린다거나, 부부지간의 서로에 대한 무관심으로 이별을 하게 됩니다. 사소한 교통신호 무시, 음주운전으로 관재구설(官災口舌)이 따를 수도 있는 해이기도 합니다.

8월생 양띠 (酉月生)

양띠 유월생은 들 삼재와 마찬가지로 인간관계에 있어서 남의 입에 좋지 않게 오르내림이 따르고, 그로인하여 체면 깎일 일을 당하는 해입니다. 문서관리를 잘못하여 재산상의 손해도 입을 수 있는 해이기도 합니다. 보증(保證)을 선다든지, 돈을 남에게 빌려 준다든지 하여 사기(詐欺)를 당하거나 돈 갚을 사람의 급작스런 경제사정 악화(惡化)로 돈을 떼일 수 있은 해입니다.

9월생 양띠 (戌月生)

양띠 술월생은 자연적 재해를 겪어 볼 수 있는 해입니다. 화재(火災), 풍재(風災)·수해(水害), 지진(地震)에 피해를 볼 수 있는 것입니다. 농사짓는 사람이라면 밭작물의 냉해(冷害)로 인한 금전적 손실 혹은 가뭄으로 인한 피해를 볼 수 있습니다. 가정적으로는 부부지간에 잦은 말다툼으로 금실(琴瑟)에 금이 갈 수 있는 해이기도 합니다.

10월생 양띠 (亥月生)

양띠 해월생은 남과 시비(是非)가 자주 일어나고 거주지가 안정이 되질 않아 항상 어디론가 안정된 곳을 찾으려는 헤매는 해입니다. 의욕이 앞서 부동산계약을 잘못하여 손해를 본다든지 이사(移徙)를 잘못하여 어려움을 겪는다든지 하는 흉한 일이 발생하는 해이기도 합니다. 직장에서는 본의 아닌 실수로 윗사람에게 질책을 받을 수 있으니 마음의 평정이 필요 합니다.

11월생 양띠 (子月生)

양띠 자월생은 향락적인 모임과 친선의 단체 모임이 잦아지는 해입니다. 그로 인하여 자신이 해야할 일이나 본분을 망각(妄覺)하여 뜻하지 않는 피해를 보는 해입니다. 금전은 쉽게 들어오나 쉽게 나가게 되므로 손에 쥐는 것이 없고, 남녀간의 이성교제가 잦아지게 되므로 하고 있는 직업까지 위태로울 수 있는 해이기도 합니다.

12월생 양띠 (丑月生)

양띠 축월생은 명예(名譽)는 상승하지만, 다른 사람과의 경쟁이 치열해지는 해입니다. 명예(名譽)가 올라간다 하여도 자신의 능력을 인정받지 못하고 도태될 수 있고. 자신을 지켜보는 주변 사람들의 칭송(稱頌)과는 무관하게 평소 실력을 발휘하지 못하고 일을 그르치기도 합니다. 같은 업종의 경쟁관계로 피해를 볼 수 있으니 주의하길 바랍니다.

원숭이띠 - 토끼해 (묘년卯年) 든 삼재

원숭이띠는 묘년卯年 토끼해의 왕지旺地에서 든 삼재가 되는데, 가정에서 사회로 진출을 하기 위해서는 가족간에 의견이 일치하여야 힘을 얻을 수 있는 법인데, 든 삼재의 해에서는 육친간의 의견충돌로 인하여 희망이 좌절될 수 있는 해입니다. 그로 인하여 사업부진, 사업실패, 부부이별 등이 있을 수 있다 하겠습니다. 든 삼재에서는 들 삼재에서의 흉한 내용이 그대로 진행되는데, 주로 자신의 아집我執(외고집을 부림)이나 오판誤判(잘못된 판단)으로 화근禍根(불행의 씨앗)이 생겨난다 할 것입니다.

1월생 원숭이띠 (寅月生)

원숭이띠 인월생은 들 삼재에서의 영향이 그대로 이어지지만, 자신의 자존심으로 인하여 오히려 부작용을 겪는 해가 되는 것입니다. 자청(自請)한 출장 등으로 해외에 나가든지, 집에서 멀리 떠나 낭패를 본다든지, 부부간에도 더 잘하려고 하다가 사이가 멀어지는 등 어려움을 겪을 해입니다. 들 삼재보다 더 왕성한 사회활동은 사고 위험률을 한층 가중시킨다고 하겠습니다.

2월생 원숭이띠 (卯月生)

원숭이띠 묘월생은 자신이 최고라는 생각에 상대를 무시하는 행동으로 상대에게 불쾌감을 줘 하는 일에 시비(是非)가 붙고, 부부지간, 남녀지간에 다툼이 생기며 병(病)을 얻어 고생할 수 있는 해입니다. 들 삼재에서와 같이 말(言)로써 화(禍)를 부르는 해이므로 사업이나 일에 있어서 판단은 잘 해도, 주위 사람들에게 호응을 얻지 못하여 일을 그르칠 수 있는 해이기도 합니다.

3월생 원숭이띠 (辰月生)

원숭이띠 진월생은 정신적 불안감이 계속되는데, 가족과 친구, 직장 동료들과의 유대관계(紐帶關係)가 어려울 수가 있는 해입니다. 든 삼재가 왕성한 활동력을 가져온다지만, 진월생의 경우에는 오히려 정신적으로 나약한 상태가될 수 있으므로 종교에 심취한다든지 한 가지 일에 몰두하는 경향을 보이게 되므로 사회와 단절될 수 있는 흉의(凶意)를 가진 해이기도 합니다.

4월생 원숭이띠 (巳月生)

원숭이띠 사월생은 정신이 한 곳으로 집중되는 현상을 겪게 되므로 주변을 관찰하는 능력이 현저히 떨어지므로 소지품이나 물건 분실이 잦아지는 해입니다. 심하게 되면 든 삼재와 마찬가지로 아이를 잃어버린다거나, 부부지간의 서로에 대한 무관심으로 이별을 하게 됩니다. 사소한 교통신호 무시, 음주운전으로 관재구설(官災口舌)이 따를 수도 있는 해이기도 합니다.

5월생 원숭이띠 (午月生)

원숭이띠 오월생은 든 삼재와 같이 관재수(官災數, 흉한 일로 경찰서 출입이나 소송사건을 당함)나 구설수(口舌數)가 주로 도로상(道路上)에서 발생 할 수있는 해입니다. 운전에 각별한 주의를 하지 않으면 안됩니다. 길을 걷다가도다른 사람에게 부딪혀 시비가 붙을 수도 있고, 주차문제로 싸울 수도 있습니다. 또한 화재를 조심하여야 합니다.

6월생 원숭이띠 (未月生)

원숭이띠 미월생은 자연적 재해를 겪어 볼 수 있는 해입니다. 화재(火災), 풍재(風災)·수해(水害), 지진(地震)에 피해를 볼 수 있는 것입니다. 농사짓는 사람이라면 밭작물의 냉해(冷害)로 인한 금전적 손실 혹은 가뭄으로 인한 피해를볼 수 있습니다. 가정적으로는 부부지간에 잦은 말다툼으로 금실(琴瑟)에 금이 갈 수 있는 해이기도 합니다.

7월생 원숭이띠 (申月生)

원숭이띠 신월생은 남과 시비(是非)가 자주 일어나고 거주지가 안정이 되질 않아 항상 어디론가 안정된 곳을 찾으려는 헤매는 해입니다. 의욕이 앞서 부동산계약을 잘못하여 손해를 본다든지 이사(移徙)를 잘못하여 어려움을 겪는다든지 하는 흉한 일이 발생하는 해이기도 합니다. 직장에서는 본의 아닌 실수로 윗사람에게 질책을 받을 수 있으니 마음의 평정이 필요 합니다.

8월생 원숭이띠 (酉月生)

원숭이띠 유월생은 향락적인 모임과 친선의 단체 모임이 잦아지는 해입니다. 그로 인하여 자신이 해야할 일이나 본분을 망각(妄覺)하여 뜻하지 않는 피해를 보는 해입니다. 금전은 쉽게 들어오나 쉽게 나가게 되므로 손에 쥐는 것이 없고, 남녀간의 이성교제가 잦아지게 되므로 하고 있는 직업까지 위태로울 수 있는 해이기도 합니다.

9월생 원숭이띠 (戌月生)

원숭이띠 술월생은 들 삼재와 마찬가지로 겹치는 업무나 일로 몸과 마음이 모두 지쳐 병고(病苦)에 시달려 보는 해입니다. 자신이 병(病)에 걸리지 않으면 가족 중의 한 사람이 중병(重病)에 걸려 마음고생을 하는 해이기도 합니다. 심하면 상복(喪服)을 입을 수도 있습니다. 또한 직장이나 직업에 변화가 있을 수 있는 해이기도 합니다.

10월생 원숭이띠 (亥月生)

원숭이띠 해월생은 들 삼재와 마찬가지로 인간관계에 있어서 남의 입에 좋지 않게 오르내림이 따르고, 그로인하여 체면 깎일 일을 당하는 해입니다. 문서관리를 잘못하여 재산상의 손해도 입을 수 있는 해이기도 합니다. 보증(保證)을 선다든지, 돈을 남에게 빌려 준다든지 하여 사기(詐欺)를 당하거나 돈 갚을 사람의 급작스런 경제사정 악화로 돈을 떼일 수 있은 해입니다.

11월생 원숭이띠 (子月生)

원숭이띠 자월생은 판단력이 흐려지는 해입니다. 매사에 자신감이 충만하니 물불가리지 않고 일을 추진하다가 큰 낭패를 보는 해입니다. 그로인해 자신감을 상실하여 일에 대한 의욕이 사라지고 대인기피증세(對人忌避症勢)가 나타날 수도 있습니다. 또한 타인에게 불쾌감을 주어 동료들 에게 따돌림을 당하는 등. 보이지 않는 불이익(不利益)을 당하게 되는 해이기도 합니다.

12월생 원숭이띠 (丑月生)

원숭이띠 축월생은 명예(名譽)는 상승하지만, 다른 사람과의 경쟁이 치열해지는 해입니다. 명예(名譽)가 올라간다 하여도 자신의 능력을 인정받지 못하고 도태될 수 있고. 자신을 지켜보는 주변 사람들의 칭송(稱頌)과는 무관하게 평소 실력을 발휘하지 못하고 일을 그르치기도 합니다. 같은 업종의 경쟁관계로 피해를 볼 수 있으니 주의하길 바랍니다.

닭띠 - 쥐해 (자년子年) 든 삼재

    닭띠는 자년子年 쥐해의 왕지旺地에서 든 삼재가 되는데, 가정에서 사회로 진출을 하기 위해서는 가족간에 의견이 일치하여야 힘을 얻을 수 있는 법인데, 든 삼재의 해에서는 육친간의 의견충돌로 인하여 희망이 좌절될 수 있는 해입니다. 그로 인하여 사업부진, 사업실패, 부부이별 등이 있을 수 있다 하겠습니다. 든 삼재에서는 들 삼재에서의 흉한 내용이 그대로 진행되는데, 주로 자신의 아집我執(외고집을 부림)이나 오판誤判(잘못된 판단)으로 화근禍根(불행의 씨앗)이 생겨난다 할 것입니다.

1월생 닭띠 (寅月生)

    닭띠 인월생은 정신이 한 곳으로 집중되는 현상을 겪게 되므로 주변을 관찰하는 능력이 현저히 떨어지므로 소지품이나 물건 분실이 잦아지는 해입니다. 심하게 되면 들 삼재와 마찬가지로 아이를 잃어버린다거나, 부부지간의 서로에 대한 무관심으로 이별을 하게 됩니다. 사소한 교통신호 무시, 음주운전으로 관재구설(官災口舌)이 따를 수도 있는 해이기도 합니다.

2월생 닭띠 (卯月生)

    닭띠 묘월생은 들 삼재와 같이 관재수(官災數, 흉한 일로 경찰서 출입이나 소송사건을 당함)나 구설수(口舌數)가 주로 도로상(道路上)에서 발생 할 수 있는 해 입니다(직업이 군인이나 경찰이면 그 흉함은 경미함). 운전에 각별한 주의를 하지 않으면 안됩니다. 길을 걷다가도 다른 사람에게 부딪혀 시비가 붙을 수도 있고, 주차문제로 싸울 수도 있습니다.

3월생 닭띠 (辰月生)

닭띠 진월생은 자연적 재해를 겪어 볼 수 있는 해입니다. 화재(火災), 풍재(風災)·수해(水害), 지진(地震)에 피해를 볼 수 있는 것입니다. 농사짓는 사람이라면 밭작물의 냉해(冷害)로 인한 금전적 손실 혹은 가뭄으로 인한 피해를 볼 수 있습니다. 가정적으로는 부부지간에 잦은 말다툼으로 금실(琴瑟)에 금이 갈 수 있는 해이기도 합니다

4월생 닭띠 (巳月生)

닭띠 사월생은 남과 시비(是非)가 자주 일어나고 거주지가 안정이 되질 않아 항상 어디론가 안정된 곳을 찾으려는 헤매는 해입니다. 의욕이 앞서 부동산계약을 잘못하여 손해를 본다든지 이사(移徙)를 잘못하여 어려움을 겪는다든지 하는 흉한 일이 발생하는 해이기도 합니다. 직장에서는 본의 아닌 실수로 윗사람에게 질책을 받을 수 있으니 마음의 평정이 필요 합니다.

5월생 닭띠 (午月生)

닭띠 오월생은 향락적인 모임과 친선의 단체 모임이 잦아지는 해입니다. 그로 인하여 자신이 해야할 일이나 본분을 망각(妄覺)하여 뜻하지 않는 피해를 보는 해입니다. 금전은 쉽게 들어오나 쉽게 나가게 되므로 손에 쥐는 것이 없고, 남녀간의 이성교제가 잦아지게 되므로 하고 있는 사업까지 위태로울 수 있는 해이기도 합니다.

6월생 닭띠 (未月生)

닭띠 미월생은 들 삼재와 마찬가지로 겹치는 업무나 일로 몸과 마음이 모두 지쳐 병고(病苦)에 시달려 보는 해입니다. 자신이 병(病)에 걸리지 않으면 가족 중의 한 사람이 중병(重病)에 걸려 마음고생을 하는 해이기도 합니다. 심하면 상복(喪服)을 입을 수도 있습니다. 또한 직장이나 직업에 변화가 있을 수 있는 해이기도 합니다.

7월생 닭띠 (申月生)

닭띠 신월생은 들 삼재와 마찬가지로 인간관계에 있어서 남의 입에 좋지 않게 오르내림이 따르고, 그로인하여 체면 깎일 일을 당하는 해입니다. 문서관리를 잘못하여 재산상의 손해도 입을 수 있는 해이기도 합니다. 보증(保證)을 선다든지, 돈을 남에게 빌려 준다든지 하여 사기(詐欺)를 당하거나 돈 갚을 사람의 급작스런 경제사정 악화(惡化)로 돈을 떼일 수 있은 해입니다.

8월생 닭띠 (酉月生)

닭띠 유월생은 판단력이 흐려지는 해입니다. 매사에 자신감이 충만하니 물불가리지 않고 일을 추진하다가 큰 낭패를 보는 해입니다. 그로인해 자신감을 상실하여 일에 대한 의욕이 사라지고 대인기피증세(對人忌避症勢)가 나타날 수도 있습니다. 또한 타인에게 불쾌감을 주어 동료들 에게 따돌림을 당하는 등. 보이지 않는 불이익(不利益)을 당하게 되는 해이기도 합니다.

9월생 닭띠 (戌月生)

닭띠 술월생은 명예(名譽)는 상승하지만, 다른 사람과의 경쟁이 치열해지는 해입니다. 명예(名譽)가 올라간다 하여도 자신의 능력을 인정받지 못하고 도태될 수 있고. 자신을 지켜보는 주변 사람들의 칭송(稱頌)과는 무관하게 평소 실력을 발휘하지 못하고 일을 그르치기도 합니다. 같은 업종의 경쟁관계로 피해를 볼 수 있으니 주의하길 바랍니다.

10월생 닭띠 (亥月生)

닭띠 해월생은 들 삼재에서의 영향이 그대로 이어지지만, 자신의 자존심으로 인하여 오히려 부작용을 겪는 해가 되는 것입니다. 자청(自請)한 출장 등으로 해외에 나가든지, 집에서 멀리 떠나 낭패를 본다든지, 부부간에도 더 잘하려고 하다가 사이가 멀어지는 등 어려움을 겪을 해입니다. 들 삼재보다 더 왕성한 사회활동은 사고 위험률을 한층 가중(加重)시킨다고 하겠습니다.

11월생 닭띠 (子月生)

닭띠 자월생은 자신이 최고라는 생각에 사로잡혀 남에게 예의(禮義)를 무시하는 행동을 보여 불쾌감을 주니 하는 일에 시비(是非)가 붙고, 부부지간, 남녀지간에 다툼이 생기며 병(病)을 얻을 수 있는 해입니다. 든 삼재는 말(言)로써 화(禍)를 부르는 해이므로, 사업에 있어서 판단은 잘하지만 주의 사람들에게 호응을 얻지 못해 일을 그르칠 수 있으니 주의하시길 바랍니다.

12월생 닭띠 (丑月生)

닭띠 축월생은 정신적 불안감이 계속되는데, 그로 인하해 가족과 친구, 직장 동료들과의 유대관계(紐帶關係)가 어려울 수가 있는 해입니다. 든 삼재가 왕성한 활동력을 가져온다지만, 진월생의 경우에는 오히려 정신적으로 나약한 상태가 될 수 있으므로 종교에 심취한다든지 한 가지 일에 몰두하는 경향을 보여 사회와 단절될 수 있는 흉의(凶意)를 가진 해이기도 합니다.

개띠 – 닭해 (유년酉年) 든 삼재

개띠는 유년酉年 닭해의 왕지旺地에서 든 삼재가 되는데, 가정에서 사회로 진출을 하기 위해서는 가족간에 의견이 일치하여야 힘을 얻을 수 있는 법인데, 든 삼재의 해에서는 육친간의 의견충돌로 인하여 희망이 좌절될 수 있는 해입니다. 그로 인하여 사업부진, 사업실패, 부부이별 등이 있을 수 있다 하겠습니다. 든 삼재에서는 들 삼재에서의 흉한 내용이 그대로 진행되는데, 주로 자신의 아집我執(외고집을 부림)이나 오판誤判(잘못된 판단)으로 화근禍根(불행의 씨앗)이 생겨난다 할 것입니다.

1월생 개띠 (寅月生)

개띠 인월생은 남과 시비(是非)가 자주 일어나고 거주지가 안정이 되질 않아 항상 어디론가 안정된 곳을 찾으려는 헤매는 해입니다. 의욕이 앞서 부동산계약을 잘못하여 손해를 본다든지 이사(移徙)를 잘못하여 어려움을 겪는다든지 하는 흉한 일이 발생하는 해이기도 합니다. 직장에서는 본의 아닌 실수로 윗사람에게 질책을 받을 수 있으니 마음의 평정이 필요 합니다.

2월생 개띠 (卯月生)

개띠 묘월생은 향락적인 모임과 친선의 단체 모임이 잦아지는 해입니다. 그로 인하여 자신이 해야할 일이나 본분을 망각(妄覺)하여 뜻하지 않는 피해를 보는 해입니다. 금전은 쉽게 들어오나 쉽게 나가게 되므로 손에 쥐는 것이 없고, 남녀간의 이성교제가 잦아지게 되므로 하고 있는 직업까지 위태로울 수 있는 해이기도 합니다.

3월생 개띠 (辰月生)

개띠 진월생은 들 삼재와 마찬가지로 겹치는 업무나 일로 몸과 마음이 모두 지쳐 병고(病苦)에 시달려 보는 해입니다. 자신이 병(病)에 걸리지 않으면 가족 중의 한 사람이 중병(重病)에 걸려 마음고생을 하는 해이기도 합니다. 또한 직장이나 직업에 변화가 있을 수 있는 해이기도 합니다. 매사 하는 일에 의욕이 생기질 않아 남의 눈에 좋지 않게 보일 수도 있는 해입니다.

4월생 개띠 (巳月生)

개띠 사월생은 들 삼재와 마찬가지로 인간관계에 있어서 남의 입에 좋지 않게 오르내림이 따르고, 그로인하여 체면 깎일 일을 당하는 해입니다. 문서관리를 잘못하여 재산상의 손해도 입을 수 있는 해이기도 합니다. 보증(保證)을 선다든지, 돈을 남에게 빌려 준다든지 하여 사기(詐欺)를 당하거나 돈 갚을 사람의 급작스런 경제사정 악화(惡化)로 돈을 떼일 수 있은 해입니다.

5월생 개띠 (午月生)

개띠 오월생은 판단력이 흐려지는 해입니다. 매사에 자신감이 충만하니 물불 가리지 않고 일을 추진하다가 큰 낭패를 보는 해입니다. 그로인해 자신감을 상실하여 일에 대한 의욕이 사라지고 대인기피증세(對人忌避症勢)가 나타날 수도 있습니다. 또한 타인에게 불쾌감을 주어 동료들 에게 따돌림을 당하는 등. 보이지 않는 불이익(不利益)을 당하게 되는 해이기도 합니다.

6월생 개띠 (未月生)

개띠 미월생은 명예(名譽)는 상승하지만, 다른 사람과의 경쟁이 치열해지는 해입니다. 명예(名譽)가 올라간다 하여도 자신의 능력을 인정받지 못하고 도태될 수 있고. 자신을 지켜보는 주변 사람들의 칭송(稱頌)과는 무관하게 평소 실력을 발휘하지 못하고 일을 그르치기도 합니다. 같은 업종의 경쟁관계로 피해를 볼 수 있으니 주의하길 바랍니다.

7월생 개띠 (申月生)

개띠 신월생은 들 삼재에서의 영향이 그대로 이어지지만, 자신의 자존심으로 인하여 오히려 부작용을 겪는 해가 되는 것입니다. 자청(自請)한 출장 등으로 해외에 나가든지, 집에서 멀리 떠나 낭패를 본다든지, 부부간에도 더 잘하려고 하다가 사이가 멀어지는 등 어려움을 겪을 해입니다. 들 삼재보다 더 왕성한 사회활동은 사고 위험률을 한층 가중(加重)시킨다고 하겠습니다.

8월생 개띠 (酉月生)

개띠 유월생은 자신이 최고라는 생각에 사로잡혀 남에게 예의(禮義)를 무시하는 행동을 보여 불쾌감을 주니 하는 일에 시비(是非)가 붙고, 부부지간, 남녀지간에 다툼이 생기며 병(病)을 얻을 수 있는 해입니다. 든 삼재는 말(言)로써 화(禍)를 부르는 해이므로, 사업에 있어서 판단은 잘하지만 주의 사람들에게 호응을 얻지 못해 일을 그르칠 수 있으니 주의하시길 바랍니다.

9월생 개띠 (戌月生)

개띠 술월생은 정신적 불안감이 계속되는데, 그로 인해 가족과 친구, 동료들과의 유대관계가 어려울 수가 있는 해입니다. 든 삼재가 왕성한 활동력을 가져온다지만, 진월생의 경우에는 오히려 정신적으로 나약한 상태가 될 수 있으므로 특정 종교에 심취한다든지 한가지 일에 몰두하는 경향을 보이게 되므로 사회와 단절될 수 있는 흉의(凶意)를 가진 해이기도 합니다.

10월생 개띠 (亥月生)

개띠 해월생은 정신이 한 곳으로 집중되는 현상을 겪게 되므로 주변을 관찰하는 능력이 현저히 떨어지므로 소지품이나 물건 분실이 잦아지는 해입니다. 심하게 되면 들 삼재와 마찬가지로 아이를 잃어버린다거나, 부부지간의 서로에 대한 무관심으로 이별을 하게 됩니다. 사소한 교통신호 무시, 음주운전으로 관재구설(官災口舌)이 따를 수도 있는 해이기도 합니다.

11월생 개띠 (子月生)

개띠 자월생은 들 삼재와 같이 관재수(官災數, 흉한 일로 경찰서 출입이나 소송사건을 당함)나 구설수(口舌數)가 주로 도로상(道路上)에서 발생 할 수 있는 해 입니다(직업이 군인이나 경찰이면 그 흉함은 경미함). 운전에 각별한 주의를 하지 않으면 안 됩니다. 길을 걷다가도 다른 사람에게 부딪혀 시비가 붙을 수도 있고, 주차문제로 싸울 수도 있습니다.

12월생 개띠 (丑月生)

개띠 축월생은 자연적 재해를 겪어 볼 수 있는 해입니다. 화재(火災), 풍재(風災)·수해(水害), 지진(地震)에 피해를 볼 수 있는 것입니다. 농사짓는 사람이라면 밭작물의 냉해(冷害)로 인한 금전적 손실 혹은 가뭄으로 인한 피해를 볼 수 있습니다. 가정적으로는 부부지간에 잦은 말다툼으로 금실(琴瑟)에 금이 갈 수 있는 해이기도 합니다.

돼지띠 – 말해(오년午年) 든 삼재

　돼지띠는 오년午年 말해의 왕지旺地에서 든 삼재가 되는데, 가정에서 사회로 진출을 하기 위해서는 가족간에 의견이 일치하여야 힘을 얻을 수 있는 법인데, 든 삼재의 해에ㅍ 서는 육친간의 의견충돌로 인하여 희망이 좌절될 수 있는 해입니다. 그로 인하여 사업부진, 사업실패, 부부이별 등이 있을 수 있다 하겠습니다. 든 삼재에서는 들 삼재에서의 흉한 내용이 그대로 진행되는데, 주로 자신의 아집我執(외고집을 부림)이나 오판誤判(잘못된 판단)으로 화근禍根(불행의 씨앗)이 생겨난다 할 것입니다.

1월생 돼지띠 (寅月生)

　돼지띠 인월생은 들 삼재와 마찬가지로 인간관계에 있어서 남의 입에 좋지 않게 오르내림이 따르고, 그로인하여 체면 깎일 일을 당하는 해입니다. 문서관리를 잘못하여 재산상의 손해도 입을 수 있는 해이기도 합니다. 보증(保證)을 선다든지, 돈을 남에게 빌려 준다든지 하여 사기(詐欺)를 당하거나 돈 갚을 사람의 급작스런 경제사정 악화(惡化)로 돈을 떼일 수 있은 해입니다.

2월생 돼지띠 (卯月生)

　돼지띠 묘월생은 판단력이 흐려지는 해입니다. 매사에 자신감이 충만하니 물불가리지 않고 일을 추진하다가 큰 낭패를 보는 해입니다. 그로인해 자신감을 상실하여 일에 대한 의욕이 사라지고 대인기피증세(對人忌避症勢)가 나타날 수도 있습니다. 또한 타인에게 불쾌감을 주어 동료들 에게 따돌림을 당하는 등. 보이지 않는 불이익(不利益)을 당하게 되는 해이기도 합니다.

3월생 돼지띠 (辰月生)

돼지띠 진월생은 명예(名譽)는 상승하지만, 다른 사람과의 경쟁이 치열해지는 해입니다. 명예(名譽)가 올라간다 하여도 자신의 능력을 인정받지 못하고 도태될 수 있고. 자신을 지켜보는 주변 사람들의 칭송(稱頌)과는 무관하게 평소 실력을 발휘하지 못하고 일을 그르치기도 합니다. 같은 업종의 경쟁관계로 피해를 볼 수 있으니 주의하길 바랍니다.

4월생 돼지띠 (巳月生)

돼지띠 사월생은 들 삼재에서의 영향이 그대로 이어지지만, 자신의 자존심으로 인하여 오히려 부작용을 겪는 해가 되는 것입니다. 자청(自請)한 출장 등으로 해외에 나가든지, 집에서 멀리 떠나 낭패를 본다든지, 부부간에도 더 잘하려고 하다가 사이가 멀어지는 등 어려움을 겪을 해입니다. 들 삼재보다 더 왕성한 사회활동은 사고 위험률을 한층 가중(加重)시킨다고 하겠습니다.

5월생 돼지띠 (午月生)

돼지띠 오월생은 자신이 최고라는 생각에 사로잡혀 남에게 예의(禮義)를 무시하는 행동을 보여 불쾌감을 주니 하는 일에 시비(是非)가 붙고, 부부지간, 남녀지간에 다툼이 생기며 병(病)을 얻을 수 있는 해입니다. 든 삼재는 말(言)로써 화(禍)를 부르는 해이므로, 사업에 있어서 판단은 잘하지만 주의 사람들에게 호응을 얻지 못해 일을 그르칠 수 있으니 주의하시길 바랍니다.

6월생 돼지띠 (未月生)

돼지띠 미월생은 정신적 불안감이 계속되는데, 그로 인하여 가족과 친구, 직장 동료들과의 유대관계가 어려울 수가 있는 해입니다. 든 삼재가 왕성한 활동력을 가져온다지만, 진월생의 경우에는 오히려 정신적으로 나약한 상태가 될 수 있으므로 종교에 심취한다든지 한가지 일에 몰두하는 경향을 보이게 되므로 사회와 단절될 수 있는 흉의(凶意)를 가진 해이기도 합니다.

7월생 돼지띠 (申月生)

돼지띠 신월생은 정신이 한 곳으로 집중되는 현상을 겪게 되므로 주변을 관찰하는 능력이 현저히 떨어지므로 소지품이나 물건 분실이 잦아지는 해입니다. 심하게 되면 들 삼재와 마찬가지로 아이를 잃어버린다거나, 부부지간의 서로에 대한 무관심으로 이별을 하게 됩니다. 사소한 교통신호 무시, 음주운전으로 관재구설(官災口舌)이 따를 수도 있는 해이기도 합니다.

8월생 돼지띠 (酉月生)

돼지띠 유월생은 들 삼재와 같이 관재수(官災數, 흉한 일로 경찰서 출입이나 소송사건을 당함)나 구설수(口舌數)가 주로 도로상(道路上)에서 발생 할 수 있는 해 입니다(직업이 군인이나 경찰이면 그 흉함은 경미함). 운전에 각별한 주의를 하지 않으면 안됩니다. 길을 걷다가도 다른 사람에게 부딪혀 시비가 붙을 수도 있고, 주차문제로 싸울 수도 있습니다. 또한 화재를 조심하여야 하고, 삶을 비관하여 자살기도를 해 보는 수도 있는 해입니다.

9월생 돼지띠 (戌月生)

돼지띠 술월생은 자연적 재해를 겪어 볼 수 있는 해입니다. 화재(火災), 풍재(風災)·수해(水害), 지진(地震)에 피해를 볼 수 있는 것입니다. 농사짓는 사람이라면 밭작물의 냉해(冷害)로 인한 금전적 손실 혹은 가뭄으로 인한 피해를 볼 수 있습니다. 가정적으로는 부부지간에 잦은 말다툼으로 금실(琴瑟)에 금이 갈 수 있는 해이기도 합니다.

10월생 돼지띠 (亥月生)

돼지띠 해월생은 남과 시비(是非)가 자주 일어나고 거주지가 안정이 되질 않아 항상 어디론가 안정된 곳을 찾으려는 헤매는 해입니다. 의욕이 앞서 부동산계약을 잘못하여 손해를 본다든지 이사(移徙)를 잘못하여 어려움을 겪는다든지 하는 흉한 일이 발생하는 해이기도 합니다. 직장에서는 본의 아닌 실수로 윗사람에게 질책을 받을 수 있으니 마음의 평정이 필요 합니다.

11월생 돼지띠 (子月生)

돼지띠 자월생은 향락적인 모임과 친선의 단체 모임이 잦아지는 해입니다. 그로 인하여 자신이 해야할 일이나 본분을 망각(妄覺)하여 뜻하지 않는 피해를 보는 해입니다. 금전은 쉽게 들어오나 쉽게 나가게 되므로 손에 쥐는 것이 없고, 남녀간의 이성교제가 잦아지게 되므로 하고 있는 직업까지 위태로울 수 있는 해이기도 합니다.

12월생 돼지띠 (丑月生)

돼지띠 축월생은 명예(名譽)는 상승하지만, 다른 사람과의 경쟁이 치열해지는 해입니다. 명예(名譽)가 올라간다 하여도 자신의 능력을 인정받지 못하고 도태될 수 있고 자신을 지켜보는 주변 사람들의 칭송(稱頌)과는 무관하게 평소 실력을 발휘하지 못하고 일을 그르치기도 합니다. 같은 업종의 경쟁관계로 피해를 볼 수 있으니 주의하길 바랍니다.

✸ 삼재가 나가는 해(날 삼재)

　날 삼재라 함은 들 삼재의 생지生地, 든 삼재의 왕지旺地를 지나 최종 목적지에 해당하는 묘지墓地(고지庫地 혹은 장지藏地라고도 함)의 해에 드는 것을 말한다. 묘지墓地는 사람이 생명을 다하여 모든 활동이 중단되는 것과 같은 의미를 내포하고 있으니, 경제활동이나 대인관계에 있어서 진전이 없고 건강에 적신호가 켜질 수 있는 해입니다.

　또한 예전에 시작한 일들에 대한 좋지 않은 결과가 나타나게 되는 해이기도 합니다. 자신이 바라는 소기所期(기대한 바)의 성과를 이루지 못하니 자연히 인생에 대한 회의懷疑를 느끼게 되는 것이요, 이를 문학文學이나 종교적宗敎的인 차원으로 승화昇華시키려는 형이상학적形而上學的 움직임이 나타날 수 있고, 각종 취미활동을 함으로써 삶의 윤택함을 추구하려는 해이기도 합니다. 그러나 이러한 것들이 올바른 방향으로 가야 하는데, 날 삼재의 특성상 종교나 취미를 선택하여도 기이奇異한 방향이나 사회적 지탄指彈을 받는 대상으로 전락轉落하고 마는 것입니다.

墓地

出三災

쥐띠 – 용해 (진년辰年) 날 삼재

쥐띠는 진년辰年 용해에 날 삼재가 되는데, 예술적인 끼가 발동하여 평소에 하지 않던 유희적遊戲的 일들을 서슴지 않게 되어 주위 사람들의 눈살을 찌푸리게 만드는 해입니다. 그로 인하여 사회적으로 도태되는 일도 겪어 볼 수 있는 해이기도 합니다. 또한 믿었던 사람에게 배신을 당하여 본다든지, 사이비似而非 종교에 심취하여 패가망신敗家亡身을 당하여 보는 수도 있습니다. 직업이나 직장일이 기존에 하던 것보다 좋지 않은 방향으로 바뀐다든지, 남녀 간의 이별, 가족과 사회와의 단절 등 일선에서 한 발 물러서는 해가 되기도 합니다. 정신적精神的인 것을 추구하다 오히려 현실과 동떨어진 생활을 하게 되는 것입니다.

1월생 쥐띠 (寅月生)

쥐띠 인월생은 매사 과감한 행동으로 주위 사람들로부터 부러움을 사지만 결국 그런 행동으로 인하여 망신(亡身)을 당하기도 하고, 반대로 너무 의기소침(意氣銷沈)한 행동으로 주변의 따돌림을 당할 수 있기도 합니다. 이러한 결과가 심하면 자살(自殺)이라는 극단적인 결과로도 나타날 수 있는데, 특이(特異)한 종교에 심취하여 이를 극복하려 하기도 합니다.

2월생 쥐띠 (卯月生)

쥐띠 묘월생은 부부(夫婦) 혹은 이성간(異性間)의 갈등이나 윗사람과의 심각한 문제가 발생하여 어려움을 겪을 수 있는 해입니다. 금전적 어려움이 찾아와 심하면 부도(不渡)를 겪게 되어 사회적으로 도태되는 해이기도 합니다. 집안의 식구 중 한 사람이 병(病)에 걸려 가정에 우환(憂患)이 생겨나는 경우도 있습니다. 하는 일에 결과를 보려하나 여의치 못한 해이기도 합니다.

3월생 쥐띠 (辰月生)

쥐띠 진월생은 남에게 의지하는 의타심(依他心)이 생겨나 게으른 생활로 일관하는 해입니다.   일을 하는데 있어서 처음에는 범같이 달려들어 시작을 하나 일은 갈수록 흐지부지하게 되어 아니함만 못한 결과를 초래하게 됩니다. 집중력도 떨어져 일 보다는 노는 곳에 정신이 팔려 폐인(廢人)과 같은 생활을 하게 될 수도 있는 해이기도 합니다.

4월생 쥐띠 (巳月生)

쥐띠 사월생은 부모나 부모의 형제자매에 불상사가 발생할 수도 있는 해입니다. 예전에 빚 보증을 서준 것이 있다면 부도(不渡)가 나서 그 여파로 인하여 가산(家産)을 탕진(蕩盡)하는 경우도 있습니다.   도둑을 맞는다든지, 물건을 잃어버린다든지, 낭비벽(浪費癖)이 생겨 쓸데없는 지출(持出)이 늘어난다든지 하는 해이기도 합니다.

5월생 쥐띠 (午月生)

쥐띠 오월생은 관재(官災)로 인하여 구금(拘禁)이 되거나 납치, 감금되는 경우를 당할 수 있는 해이기도 합니다. 경제적으로 어려워져 부동산(不動産)을 저당(抵當)잡힌다든지, 압류(押留)를 당한다든지 하는 불행한 사태가 발생하는 해이기도 합니다.   또한 교통사고를 당하여 부상을 당한다든지, 육체적 고통도 함께 따를 수 있는 해이기도 합니다.

6월생 쥐띠 (未月生)

쥐띠 미월생은 자연재해(自然災害)를 입어보는 해입니다. 산불, 태풍이나 해일로 인한 재해를 당해 보는데, 특히 농업, 임업, 수산업, 관광가이드, 항공기 운행, 선박운행 등에 종사하는 사람에게 더욱 해당되는 해입니다. 반드시 자연재해가 아니더라도 사람의 힘으로는 감당키 어려운 일을 당해보는 그런 해이기도 합니다. 가정적으로는 부부이별도 있을 수 있습니다.

7월생 쥐띠 (申月生)

쥐띠 신월생은 주로 집에 있는 시간보다는 객지(客地)에서 세월을 보내는 해입니다. 그러다 보면 자연 가족과의 생활이 소원(疎遠, 관계가 멀어짐)해지며 부부 이별이라든지, 부모와 자식간의 관계가 악화될 수 있는 해입니다. 머무는 자리가 항상 불안하여 안정된 자리를 가지려는 마음은 간절하나 그렇지 못한 형편이 이어지는 해이기도 합니다.

8월생 쥐띠 (酉月生)

쥐띠 유월생은 주색잡기(酒色雜技)로 인하여 망신당하는 해입니다. 주(酒)는 술로 인한 망신인데 폭주를 하여 인사불성이 되거나 주사(酒邪, 나쁜 술 버릇)로 인하여 관재수를 겪어 보는 것이고, 색(酒)은 주체할 수 없을 정도로 정력(精力)이 넘쳐나 이성(異性)을 탐하다가 구설수(口舌數)에 오르거나, 잡기(雜技)에 몰두하여 생업을 뒷전으로 하다, 낭패를 볼 수도 있습니다.

9월생 쥐띠 (戌月生)

쥐띠 술월생은 병마(病魔)가 찾아오는 해입니다. 평소 강인(强忍)하던 사람도 들 삼재가 찾아오면 잦은 질병으로 고생할 수 있습니다. 심하면 불치병(不治病)에 걸리는 경우도 있습니다. 또한 하는 일에 있어서 예상치 못한 일들이 발생하여 일을 그르치는 해이기도 합니다. 자신의 의지와는 관계없이 일의 진행이 어긋나게 되므로 한치 앞을 내다보기 어려운 오리무중(五里霧中)의 해라고 말할 수 있겠습니다.

10월생 쥐띠 (亥月生)

쥐띠 해월생은 이성(異性)으로 인한 망신수(亡身數)가 있을 해입니다. 자신이 하지 않은 일도 공교롭게도 이성과 연결이 되어 좋지 않은 결과를 가져올 수 있게 됩니다. 지인(知人)이나 일가친척(一家親戚)으로 인한 피해를 보게 되는 해이기도 합니다. 매사에 구설수(口舌數)가 따르기 때문에 언행으로 인하여 송사(訟事)도 겪을 수 있는 해입니다.

11월생 쥐띠 (子月生)

쥐띠 자월생은 쓸데없는 고집(固執)으로 인하여 고초를 겪는 해입니다. 자신의 고집뿐만이 아니라 부부지간, 자식과 부모지간, 이성지간에 자신의 고집을 관철하기 위하여 다툼이 생기는 해입니다. 도처(到處, 가는 곳 마다)에서 명예가 따르나 그 결과는 구설(口舌)로 이어지니 오히려 비굴할 정도로 몸을 낮추어야 하는 일이 빈번하게 일어나는 해이기도 합니다.

12월생 쥐띠 (丑月生)

쥐띠 축월생은 하루아침에 직업이나 직장을 잃게 될 수 있는 해입니다. 자의(自意)이든 타의(他意)이든간에 급작스런 실직(失職)으로 지금까지 해오던 일을 손에서 놓게 되니 금전적 어려움이 따르는 해라고 하겠습니다. 영원하리라 믿었던 사랑도 끝을 맺고, 병고(病苦)가 찾아오고 생활에 어려움이 있게 됩니다. 모든 일이 정지상태(停止狀態)로 변하는 해이기도 합니다.

![소띠 로고] **소띠** – 소해 (축년丑年) 날 삼재

소띠는 축년丑年 소해에 날 삼재가 되는데, 예술적인 끼가 발동하여 평소에 하지 않던 유희적遊戲的 일들을 서슴지 않게 되어 주위 사람들의 눈살을 찌푸리게 만드는 해입니다. 그로 인하여 사회적으로 도태되는 일도 겪어 볼 수 있는 해이기도 합니다. 또한 믿었던 사람에게 배신을 당하여 본다든지, 사이비似而非 종교에 심취하여 패가망신敗家亡身을 당하여 보는 수도 있습니다. 직업이나 직장일이 기존에 하던 것보다 좋지 않은 방향으로 바뀐다든지, 남녀간의 이별, 가족과 사회와의 단절등 일선에서 한 발 물러서는 해가 되기도 합니다. 정신적精神的인 것을 추구하다 오히려 현실과 동떨어진 생활을 하게 되는 것 입니다.

1월생 소띠 (寅月生)

소띠 인월생은 부모나 부모의 형제자매에 불상사가 발생할 수도 있는 해입니다. 예전에 빚 보증을 서준 것이 있다면 부도(不渡)가 나서 그 여파로 인하여 가산(家産)을 탕진(蕩盡)하는 경우도 있습니다. 도둑을 맞는다든지, 물건을 잃어버린다든지, 낭비벽(浪費癖)이 생겨 쓸데없는 지출(持出)이 늘어난다든지 하는 해이기도 합니다.

2월생 소띠 (卯月生)

소띠 묘월생은 관재(官災)로 인하여 구금(拘禁)이 되거나 납치, 감금되는 경우를 당할 수 있는 해이기도 합니다. 경제적으로 어려워져 부동산(不動産)을 저당(抵當)잡힌다든지, 압류(押留)를 당한다든지 하는 불행한 사태가 발생하는 해이기도 합니다. 또한 교통사고를 당하여 부상을 당한다든지, 육체적 고통도 함께 따를 수 있는 해이기도 합니다.

3월생 소띠 (辰月生)

소띠 진월생은 자연재해(自然災害)를 입어보는 해입니다. 산불, 태풍이나 해일로 인한 재해(災害)를 당해 보는데, 특히 농업, 임업, 수산업, 관광가이드, 항공기운행, 선박운행 등에 종사하는 사람에게 더욱 해당되는 해입니다. 반드시 자연재해가 아니더라도 사람의 힘으로는 감당키 어려운 일을 당해보는 그런 해이기도 합니다. 가정적으로는 부부이별도 있을 수 있습니다.

4월생 소띠 (巳月生)

소띠 사월생은 주로 집에 있는 시간보다는 객지(客地)에서 세월을 보내는 해입니다. 그러다 보면 자연 가족과의 생활이 소원(疎遠, 관계가 멀어짐)해지며 부부 이별이라든지, 부모와 자식간의 관계가 악화될 수 있는 해입니다. 머무는 자리가 항상 불안하여 안정된 자리를 가지려는 마음은 간절하나 그렇지 못한 형편이 이어지는 해이기도 합니다.

5월생 소띠 (午月生)

소띠 오월생은 주색잡기(酒色雜技)로 인하여 망신당하는 해입니다. 주(酒)는 술로 인한 망신인데 폭주를 하여 인사불성이 되거나 주사(酒邪, 나쁜 술 버릇)로 인하여 관재수를 겪어 보는 것이고, 색(酒)은 주체할 수 없을 정도로 정력(精力)이 넘쳐나 이성(異性)을 탐하다가 구설수(口舌數)에 오르거나 성병(性病)에 걸려 고생하는 것이며, 잡기(雜技)는 화투나 당구, 바둑, 전자게임 등에 몰두하여 생업을 뒷전으로 하는 일이 벌어져 낭패를 보는 것을 말합니다.

6월생 소띠 (未月生)

소띠 미월생은 병마(病魔)가 찾아오는 해입니다. 평소 강인(强忍)하던 사람도 들 삼재가 찾아오면 잦은 질병으로 고생할 수 있습니다. 또한 하는 일에 있어서 예상치 못한 일들이 발생하여 일을 그르치는 해이기도 합니다. 자신의 의지와는 관계없이 일의 진행이 어긋나게 되므로 한치앞을 내다보기 어려운 오리무중(五里霧中)의 해라고 말할 수 있겠습니다.

7월생 소띠 (申月生)

소띠 신월생은 이성(異性)으로 인한 망신수(亡身數)가 있을 해입니다. 자신이 하지 않은 일도 공교롭게도 이성과 연결이 되어 좋지 않은 결과를 가져올 수 있게 됩니다. 지인(知人)이나 일가친척(一家親戚)으로 인한 피해를 보게 되는 해이기도 합니다. 매사에 구설수(口舌數)가 따르기 때문에 언행으로 인하여 송사(訟事)도 겪을 수 있는 해입니다.

8월생 소띠 (酉月生)

소띠 유월생은 쓸데없는 고집(固執)으로 인하여 고초를 겪는 해입니다. 자신의 고집뿐만이 아니라 부부지간, 자식과 부모지간, 이성지간에 자신의 고집을 관철하기 위하여 다툼이 생기는 해입니다. 도처(到處, 가는 곳 마다)에서 명예가 따르나 그 결과는 구설(口舌)로 이어지니 오히려 비굴할 정도로 몸을 낮추어야 하는 일이 빈번하게 일어나는 해이기도 합니다.

9월생 소띠 (戌月生)

소띠 술월생은 하루 아침에 직업이나 직장을 잃게 될 수 있는 해입니다. 자의(自意)이든 타의(他意)이든간에 급작스런 실직(失職)으로 지금까지 해오던 일을 손에서 놓게 되니 금전적 어려움이 따르는 해라고 하겠습니다. 영원하리라 믿었던 사랑도 끝을 맺고, 병고(病苦)가 찾아오고 생활에 어려움이 있게 됩니다. 모든 일이 정지상태(停止狀態)로 변하는 해이기도 합니다.

10월생 소띠 (亥月生)

소띠 해월생은 매사 과감한 행동으로 주위 사람들로부터 부러움을 사지만 결국 그런 행동으로 인하여 망신(亡身)을 당하기도 하고, 반대로 너무 의기소침(意氣銷沈)한 행동으로 주변의 따돌림을 당할 수 있기도 합니다. 이러한 결과가 심하면 자살(自殺)이라는 극단적인 결과로도 나타날 수 있는데, 특이(特異)한 종교에 심취하여 이를 극복하려 하기도 합니다.

11월생 소띠 (子月生)

소띠 자월생은 부부(夫婦) 혹은 이성간(異性間)의 갈등이나 윗사람과의 심각한 문제가 발생하여 어려움을 겪을 수 있는 해입니다. 금전적으로도 어려움이 찾아와 심하면 부도를 겪게 되어 사회적으로 도태되는 해이기도 합니다. 집안의 식구 중 한 사람이 병(病)에 걸려 가정에 우환(憂患)이 생겨나는 경우도 있습니다. 하는 일에 결과를 보려하나 여의치 못한 해이기도 합니다.

12월생 소띠 (丑月生)

소띠 축월생은 남에게 의지하는 의타심(依他心)이 생겨나 게으른 생활로 일관하는 해입니다. 그러기 때문에 무슨 일을 하는데 있어서 처음에는 범같이 달려들어 시작을 하나 일은 갈수록 흐지부지하게 되어 아니함만 못한 결과를 초래하게 됩니다. 집중력도 떨어져 일 보다는 노는 곳에 정신이 팔려 폐인(廢人)과 같은 생활을 하게 될 수도 있는 해이기도 합니다.

호랑이띠 – 개해 (술년戌年) 날 삼재

호랑이띠는 술년戌年 개해에 날 삼재가 되는데, 예술적인 끼가 발동하여 평소에 하지 않던 유희적遊戲的 일들을 서슴지 않게 되어 주위 사람들의 눈살을 찌푸리게 만드는 해입니다. 그로 인하여 사회적으로 도태되는 일도 겪어 볼 수 있는 해이기도 합니다. 또한 믿었던 사람에게 배신을 당하여 본다든지, 사이비似而非 종교에 심취하여 패가망신敗家亡身을 당하여 보는 수도 있습니다. 직업이나 직장일이 기존에 하던 것보다 좋지 않은 방향으로 바뀐다든지, 남녀간의 이별, 가족과 사회와의 단절등 일선에서 한 발 물러서는 해가 되기도 합니다. 정신적精神的인 것을 추구하다 오히려 현실과 동떨어진 생활을 하게 되는 것입니다.

1월생 호랑이띠 (寅月生)

호랑이띠 인월생은 주로 집에 있는 시간보다는 객지(客地)에서 세월을 보내는 해입니다. 그러다 보면 자연 가족과의 생활이 소원(疎遠, 관계가 멀어짐)해지며 부부 이별이라든지, 부모와 자식간의 관계가 악화될 수 있는 해입니다. 머무는 자리가 항상 불안하여 안정된 자리를 가지려는 마음은 간절하나 그렇지 못한 형편이 이어지는 해이기도 합니다.

2월생 호랑이띠 (卯月生)

호랑이띠 묘월생은 주색잡기(酒色雜技)로 인하여 망신당하는 해입니다. 주(酒)는 술로 인한 망신인데 폭주를 하여 인사불성이 되거나 주사(酒邪, 나쁜 술 버릇)로 인하여 관재수를 겪어 보는 것이고, 색(酒)은 주체할 수 없을 정도로 정력(精力)이 넘쳐나 이성(異性)을 탐하다가 구설수(口舌數)에 오르거나 성병(性病)에 걸려 고생하는 것이며, 잡기(雜技)는 화투나 당구, 바둑, 전자게임 등에 몰두하여 생업을 뒷전으로 하는 일이 벌어져 낭패를 보는 것을 말합니다.

3월생 호랑이띠 (辰月生)

호랑이띠 진월생은 병마(病魔)가 찾아오는 해입니다. 평소 강인(强忍)하던 사람도 들 삼재가 찾아오면 잦은 질병으로 고생할 수 있습니다. 또한 하는 일에 있어서 예상치 못한 일들이 발생하여 일을 그르치는 해이기도 합니다. 자신의 의지와는 관계없이 일의 진행이 어긋나게 되므로 한치앞을 내다보기 어려운 오리무중(五里霧中)의 해라고 말할 수 있겠습니다.

4월생 호랑이띠 (巳月生)

호랑이띠 사월생은 이성(異性)으로 인한 망신수(亡身數)가 있을 해입니다. 자신이 하지 않은 일도 공교롭게도 이성과 연결이 되어 좋지 않은 결과를 가져올 수 있게 됩니다. 지인(知人)이나 일가친척(一家親戚)으로 인한 피해를 보게 되는 해이기도 합니다. 매사에 구설수(口舌數)가 따르기 때문에 언행으로 인하여 송사(訟事)도 겪을 수 있는 해입니다.

5월생 호랑이띠 (午月生)

호랑이띠 오월생은 쓸데없는 고집(固執)으로 인하여 고초를 겪는 해입니다. 자신의 고집뿐만이 아니라 부부지간, 자식과 부모지간, 이성지간에 자신의 고집을 관철하기 위하여 다툼이 생기는 해입니다. 도처(到處, 가는 곳 마다)에서 명예가 따르나 그 결과는 구설(口舌)로 이어지니 오히려 비굴할 정도로 몸을 낮추어야 하는 일이 빈번하게 일어나는 해이기도 합니다.

6월생 호랑이띠 (未月生)

호랑이띠 미월생은 하루 아침에 직업이나 직장을 잃게 될 수 있는 해입니다. 자의(自意)이든 타의(他意)이든간에 급작스런 실직(失職)으로 지금까지 해오던 일을 손에서 놓게 되니 금전적 어려움이 따르는 해라고 하겠습니다. 영원하리라 믿었던 사랑도 끝을 맺고, 병고(病苦)가 찾아오고 생활에 어려움이 있게 됩니다. 모든 일이 정지상태(停止狀態)로 변하는 해이기도 합니다.

7월생 호랑이띠 (申月生)

호랑이띠 신월생은 매사 과감한 행동으로 주위 사람들로부터 부러움을 사지만 결국 그런 행동으로 인하여 망신(亡身)을 당하기도 하고, 반대로 너무 의기소침(意氣銷沈)한 행동으로 주변의 따돌림을 당할 수 있기도 합니다. 이러한 결과가 심하면 자살(自殺)이라는 극단적인 결과로도 나타날 수 있는데, 특이(特異)한 종교에 심취하여 이를 극복하려 하기도 합니다.

8월생 호랑이띠 (酉月生)

호랑이띠 유월생은 부부(夫婦) 혹은 이성간(異性間)의 갈등이나 윗사람과의 심각한 문제가 발생하여 어려움을 겪을 수 있는 해입니다. 금전적으로도 어려움이 찾아와 심하면 부도를 겪게 되어 사회적으로 도태되는 해이기도 합니다. 집안의 식구 중 한 사람이 병(病)에 걸려 가정에 우환(憂患)이 생겨나는 경우도 있습니다. 하는 일에 결과를 보려하나 여의치 못한 해이기도 합니다.

9월생 호랑이띠 (戌月生)

호랑이띠 술월생은 남에게 의지하는 의타심(依他心)이 생겨나 게으른 생활로 일관하는 해입니다. 그러기 때문에 무슨 일을 하는데 있어서 처음에는 범같이 달려들어 시작을 하나 일은 갈수록 흐지부지하게 되어 아니함만 못한 결과를 초래하게 됩니다. 집중력도 떨어져 일 보다는 노는 곳에 정신이 팔려 폐인(廢人)과 같은 생활을 하게 될 수도 있는 해이기도 합니다.

10월생 호랑이띠 (亥月生)

호랑이띠 해월생은 부모나 부모의 형제자매에 불상사가 발생할 수도 있는 해입니다. 예전에 빚 보증을 서준 것이 있다면 부도(不渡)가 나서 그 여파로 인하여 가산(家産)을 탕진(蕩盡)하는 경우도 있습니다. 도둑을 맞는다든지, 물건을 잃어버린다든지, 낭비벽(浪費癖)이 생겨 쓸데없는 지출(持出)이 늘어난다든지 하는 해이기도 합니다.

11월생 호랑이띠 (子月生)

호랑이띠 자월생은 관재(官災)로 인하여 구금(拘禁)이 되거나 납치, 감금되는 경우를 당할 수 있는 해이기도 합니다. 경제적으로 어려워져 부동산(不動産)을 저당(抵當)잡힌다든지, 압류(押留)를 당한다든지 하는 불행한 사태가 발생하는 해이기도 합니다. 또한 교통사고를 당하여 부상을 당한다든지, 육체적 고통도 함께 따를 수 있는 해이기도 합니다.

12월생 호랑이띠 (丑月生)

호랑이띠 축월생은 자연재해(自然災害)를 입어보는 해입니다. 산불, 태풍이나 해일로 인한 재해(災害)를 당해 보는데, 특히 농업, 임업, 수산업, 관광가이드, 항공기운행, 선박운행 등에 종사하는 사람에게 더욱 해당되는 해입니다. 반드시 자연재해가 아니더라도 사람의 힘으로는 감당키 어려운 일을 당해보는 그런 해이기도 합니다. 가정적으로는 부부이별도 있을 수 있습니다.

토끼띠 - 양해 (미년未年) 날 삼재

토끼띠는 미년未年 양해에 날 삼재가 되는데, 예술적인 끼가 발동하여 평소에 하지 않던 유희적遊戲的 일들을 서슴지 않게 되어 주위 사람들의 눈살을 찌푸리게 만드는 해입니다. 그로 인하여 사회적으로 도태되는 일도 겪어 볼 수 있는 해이기도 합니다. 또한 믿었던 사람에게 배신을 당하여 본다든지, 사이비似而非 종교에 심취하여 패가망신敗家亡身을 당하여 보는 수도 있습니다. 직업이나 직장일이 기존에 하던 것보다 좋지 않은 방향으로 바뀐다든지, 남녀간의 이별, 가족과 사회와의 단절등 일선에서 한 발 물러서는 해가 되기도 합니다. 정신적精神的인 것을 추구하다 오히려 현실과 동떨어진 생활을 하게 되는 것입니다.

1월생 토끼띠 (寅月生)

토끼띠 인월생은 이성(異性)으로 인한 망신수(亡身數)가 있을 해입니다. 자신이 하지 않은 일도 공교롭게도 이성과 연결이 되어 좋지 않은 결과를 가져올 수 있게 됩니다. 지인(知人)이나 일가친척(一家親戚)으로 인한 피해를 보게 되는 해이기도 합니다. 매사에 구설수(口舌數)가 따르기 때문에 언행으로 인하여 송사(訟事)도 겪을 수 있는 해입니다.

2월생 토끼띠 (卯月生)

토끼띠 묘월생은 쓸데없는 고집(固執)으로 인하여 고초를 겪는 해입니다. 자신의 고집뿐만이 아니라 부부지간, 자식과 부모지간, 이성지간에 자신의 고집을 관철하기 위하여 다툼이 생기는 해입니다. 도처(到處, 가는 곳 마다)에서 명예가 따르나 그 결과는 구설(口舌)로 이어지니 오히려 비굴할 정도로 몸을 낮추어야 하는 일이 빈번하게 일어나는 해이기도 합니다.

3월생 토끼띠 (辰月生)

토끼띠 진월생은 하루 아침에 직업이나 직장을 잃게 될 수 있는 해입니다. 자의(自意)이든 타의(他意)이든간에 급작스런 실직(失職)으로 지금까지 해오던 일을 손에서 놓게 되니 금전적 어려움이 따르는 해라고 하겠습니다. 영원하리라 믿었던 사랑도 끝을 맺고, 병고(病苦)가 찾아오고 생활에 어려움이 있게 됩니다. 모든 일이 정지상태(停止狀態)로 변하는 해이기도 합니다.

4월생 토끼띠 (巳月生)

토끼띠 사월생은 매사 과감한 행동으로 주위 사람들로부터 부러움을 사지만 결국 그런 행동으로 인하여 망신(亡身)을 당하기도 하고, 반대로 너무 의기소침(意氣銷沈)한 행동으로 주변의 따돌림을 당할 수 있기도 합니다. 이러한 결과가 심하면 자살(自殺)이라는 극단적인 결과로도 나타날 수 있는데, 특이(特異)한 종교에 심취하여 이를 극복하려 하기도 합니다.

5월생 토끼띠 (午月生)

토끼띠 오월생은 부부(夫婦) 혹은 이성간(異性間)의 갈등이나 윗사람과의 심각한 문제가 발생하여 어려움을 겪을 수 있는 해입니다. 금전적으로도 어려움이 찾아와 심하면 부도를 겪게 되어 사회적으로 도태되는 해이기도 합니다. 집안의 식구 중 한 사람이 병(病)에 걸려 가정에 우환(憂患)이 생겨나는 경우도 있습니다. 하는 일에 결과를 보려나 여의치 못한 해이기도 합니다.

6월생 토끼띠 (未月生)

토끼띠 미월생은 남에게 의지하는 의타심(依他心)이 생겨나 게으른 생활로 일관하는 해입니다. 그러기 때문에 무슨 일을 하는데 있어서 처음에는 범같이 달려들어 시작을 하나 일은 갈수록 흐지부지하게 되어 아니함만 못한 결과를 초래하게 됩니다. 집중력도 떨어져 일 보다는 노는 곳에 정신이 팔려 폐인(廢人)과 같은 생활을 하게 될 수도 있는 해이기도 합니다.

7월생 토끼띠 (申月生)

토끼띠 신월생은 부모나 부모의 형제자매에 불상사가 발생할 수도 있는 해입니다. 예전에 빚 보증을 서준 것이 있다면 부도(不渡)가 나서 그 여파로 인하여 가산(家産)을 탕진(蕩盡)하는 경우도 있습니다. 도둑을 맞는다든지, 물건을 잃어버린다든지, 낭비벽(浪費癖)이 생겨 쓸데없는 지출(持出)이 늘어난다든지 하는 해이기도 합니다.

8월생 토끼띠 (酉月生)

토끼띠 유월생은 관재(官災)로 인하여 구금(拘禁)이 되거나 납치, 감금되는 경우를 당할 수 있는 해이기도 합니다. 경제적으로 어려워져 부동산(不動産)을 저당(抵當)잡힌다든지, 압류(押留)를 당한다든지 하는 불행한 사태가 발생하는 해이기도 합니다. 또한 교통사고를 당하여 부상을 당한다든지, 육체적 고통도 함께 따를 수 있는 해이기도 합니다.

9월생 토끼띠 (戌月生)

토끼띠 술월생은 자연재해(自然災害)를 입어보는 해입니다. 산불, 태풍이나 해일로 인한 재해(災害)를 당해 보는데, 특히 농업, 임업, 수산업, 관광가이드, 항공기운행, 선박운행 등에 종사하는 사람에게 더욱 해당되는 해입니다. 반드시 자연재해가 아니더라도 사람의 힘으로는 감당키 어려운 일을 당해보는 그런 해이기도 합니다. 가정적으로는 부부이별도 있을 수 있습니다.

10월생 토끼띠 (亥月生)

토끼띠 해월생은 주로 집에 있는 시간보다는 객지(客地)에서 세월을 보내는 해입니다. 그러다 보면 자연 가족과의 생활이 소원(疎遠, 관계가 멀어짐)해지며 부부 이별이라든지, 부모와 자식간의 관계가 악화될 수 있는 해입니다. 머무는 자리가 항상 불안하여 안정된 자리를 가지려는 마음은 간절하나 그렇지 못한 형편이 이어지는 해이기도 합니다.

11월생 토끼띠 (子月生)

토끼띠 자월생은 주색잡기(酒色雜技)로 인하여 망신당하는 해입니다. 주(酒)는 술로 인한 망신인데 폭주를 하여 인사불성이 되거나 주사(酒邪, 나쁜 술 버릇)로 인하여 관재수를 겪어 보는 것이고, 색(酒)은 주체할 수 없을 정도로 정력(精力)이 넘쳐나 이성(異性)을 탐하다가 구설수(口舌數)에 오르거나 성병(性病)에 걸려 고생하는 것이며, 잡기(雜技)는 화투나 당구, 바둑, 전자게임 등에 몰두하여 생업을 뒷전으로 하는 일이 벌어져 낭패를 보는 것을 말합니다.

12월생 토끼띠 (丑月生)

토끼띠 축월생은 병마(病魔)가 찾아오는 해입니다. 평소 강인(强忍)하던 사람도 들 삼재가 찾아오면 잦은 질병으로 고생할 수 있습니다. 또한 하는 일에 있어서 예상치 못한 일들이 발생하여 일을 그르치는 해이기도 합니다. 자신의 의지와는 관계없이 일의 진행이 어긋나게 되므로 한치앞을 내다보기 어려운 오리무중(五里霧中)의 해라고 말할 수 있겠습니다.

용띠 - 용해 (진년辰年) 날 삼재

용띠는 진년辰年 용해에 날 삼재가 되는데, 예술적인 끼가 발동하여 평소에 하지 않던 유희적遊戲的 일들을 서슴지 않게 되어 주위 사람들의 눈살을 찌푸리게 만드는 해입니다. 그로 인하여 사회적으로 도태되는 일도 겪어 볼 수 있는 해이기도 합니다. 또한 믿었던 사람에게 배신을 당하여 본다든지, 사이비似而非 종교에 심취하여 패가망신敗家亡身을 당하여 보는 수도 있습니다. 직업이나 직장일이 기존에 하던 것보다 좋지 않은 방향으로 바뀐다든지, 남녀간의 이별, 가족과 사회와의 단절등 일선에서 한 발 물러서는 해가 되기도 합니다. 정신적精神的인 것을 추구하다 오히려 현실과 동떨어진 생활을 하게 되는 것입니다.

1월생 용띠 (寅月生)

용띠 인월생은 매사 과감한 행동으로 주위 사람들로부터 부러움을 사지만 결국 그런 행동으로 인하여 망신(亡身)을 당하기도 하고, 반대로 너무 의기소침(意氣銷沈)한 행동으로 주변의 따돌림을 당할 수 있기도 합니다. 이러한 결과가 심하면 자살(自殺)이라는 극단적인 결과로도 나타날 수 있는데, 특이(特異)한 종교에 심취하여 이를 극복하려 하기도 합니다.

2월생 용띠 (卯月生)

용띠 묘월생은 부부(夫婦) 혹은 이성간(異性間)의 갈등이나 윗사람과의 심각한 문제가 발생하여 어려움을 겪을 수 있는 해입니다. 금전적으로도 어려움이 찾아와 심하면 부도를 겪게 되어 사회적으로 도태되는 해이기도 합니다. 집안의 식구 중 한 사람이 병(病)에 걸려 가정에 우환(憂患)이 생겨나는 경우도 있습니다. 하는 일에 결과를 보려하나 여의치 못한 해이기도 합니다.

3월생 용띠 (辰月生)

용띠 진월생은 남에게 의지하는 의타심(依他心)이 생겨나 게으른 생활로 일관하는 해입니다. 그러기 때문에 무슨 일을 하는데 있어서 처음에는 범같이 달려들어 시작을 하나 일은 갈수록 흐지부지하게 되어 아니함만 못한 결과를 초래하게 됩니다. 집중력도 떨어져 일 보다는 노는 곳에 정신이 팔려 폐인(廢人)과 같은 생활을 하게 될 수도 있는 해이기도 합니다.

4월생 용띠 (巳月生)

용띠 사월생은 부모나 부모의 형제자매에 불상사가 발생할 수도 있는 해입니다. 예전에 빚 보증을 서준 것이 있다면 부도(不渡)가 나서 그 여파로 인하여 가산(家産)을 탕진(蕩盡)하는 경우도 있습니다. 도둑을 맞는다든지, 물건을 잃어버린다든지, 낭비벽(浪費癖)이 생겨 쓸데없는 지출(持出)이 늘어난다든지 하는 해이기도 합니다.

5월생 용띠 (午月生)

용띠 오월생은 관재(官災)로 인하여 구금(拘禁)이 되거나 납치, 감금되는 경우를 당할 수 있는 해이기도 합니다. 경제적으로 어려워져 부동산(不動産)을 저당(抵當)잡힌다든지, 압류(押留)를 당한다든지 하는 불행한 사태가 발생하는 해이기도 합니다. 또한 교통사고를 당하여 부상을 당한다든지, 육체적 고통도 함께 따를 수 있는 해이기도 합니다.

6월생 용띠 (未月生)

용띠 미월생은 자연재해(自然災害)를 입어보는 해입니다. 산불, 태풍이나 해일로 인한 재해(災害)를 당해 보는데, 특히 농업, 임업, 수산업, 관광가이드, 항공기운행, 선박운행 등에 종사하는 사람에게 더욱 해당되는 해입니다. 반드시 자연재해가 아니더라도 사람의 힘으로는 감당키 어려운 일을 당해보는 그런 해이기도 합니다. 가정적으로는 부부이별도 있을 수 있습니다.

7월생 용띠 (申月生)

용띠 신월생은 주로 집에 있는 시간보다는 객지(客地)에서 세월을 보내는 해입니다. 그러다 보면 자연 가족과의 생활이 소원(疎遠, 관계가 멀어짐)해지며 부부 이별이라든지, 부모와 자식간의 관계가 악화될 수 있는 해입니다. 머무는 자리가 항상 불안하여 안정된 자리를 가지려는 마음은 간절하나 그렇지 못한 형편이 이어지는 해이기도 합니다.

8월생 용띠 (酉月生)

용띠 유월생은 주색잡기(酒色雜技)로 인하여 망신당하는 해입니다. 주(酒)는 술로 인한 망신인데 폭주를 하여 인사불성이 되거나 주사(酒邪, 나쁜 술 버릇)로 인하여 관재수를 겪어 보는 것이고, 색(酒)은 주체힐 수 없을 정도로 성력(精力)이 넘쳐나 이성(異性)을 탐하다가 구설수(口舌數)에 오르거나 성병(性病)에 걸려 고생하는 것이며, 잡기(雜技)는 화투나 당구, 바둑, 전자게임 등에 몰두하여 생업을 뒷전으로 하는 일이 벌어져 낭패를 보는 것을 말합니다.

9월생 용띠 (戌月生)

용띠 술월생은 병마(病魔)가 찾아오는 해입니다. 평소 강인(强忍)하던 사람도 들 삼재가 찾아오면 잦은 질병으로 고생할 수 있습니다. 또한 하는 일에 있어서 예상치 못한 일들이 발생하여 일을 그르치는 해이기도 합니다. 자신의 의지와는 관계없이 일의 진행이 어긋나게 되므로 한치앞을 내다보기 어려운 오리무중(五里霧中)의 해라고 말할 수 있겠습니다.

10월생 용띠 (亥月生)

용띠 해월생은 이성(異性)으로 인한 망신수(亡身數)가 있을 해입니다. 자신이 하지 않은 일도 공교롭게도 이성과 연결이 되어 좋지 않은 결과를 가져올 수 있게 됩니다. 지인(知人)이나 일가친척(一家親戚)으로 인한 피해를 보게 되는 해이기도 합니다. 매사에 구설수(口舌數)가 따르기 때문에 언행으로 인하여 송사(訟事)도 겪을 수 있는 해입니다.

11월생 용띠 (子月生)

용띠 자월생은 쓸데없는 고집(固執)으로 인하여 고초를 겪는 해입니다. 자신의 고집뿐만이 아니라 부부지간, 자식과 부모지간, 이성지간에 자신의 고집을 관철하기 위하여 다툼이 생기는 해입니다. 도처(到處, 가는 곳 마다)에서 명예가 따르나 그 결과는 구설(口舌)로 이어지니 오히려 비굴할 정도로 몸을 낮추어야 하는 일이 빈번하게 일어나는 해이기도 합니다.

12월생 용띠 (丑月生)

용띠 축월생은 하루 아침에 직업이나 직장을 잃게 될 수 있는 해입니다. 자의(自意)이든 타의(他意)이든간에 급작스런 실직(失職)으로 지금까지 해오던 일을 손에서 놓게 되니 금전적 어려움이 따르는 해라고 하겠습니다. 영원하리라 믿었던 사랑도 끝을 맺고, 병고(病苦)가 찾아오고 생활에 어려움이 있게 됩니다. 모든 일이 정지상태(停止狀態)로 변하는 해이기도 합니다.

뱀띠 - 소해 (축년丑年) 날 삼재

뱀띠는 축년丑年 소해에 날 삼재가 되는데, 예술적인 끼가 발동하여 평소에 하지 않던 유희적遊戱的 일들을 서슴지 않게 되어 주위 사람들의 눈살을 찌푸리게 만드는 해입니다. 그로 인하여 사회적으로 도태되는 일도 겪어 볼 수 있는 해이기도 합니다. 또한 믿었던 사람에게 배신을 당하여 본다든지, 사이비似而非 종교에 심취하여 패가망신敗家亡身을 당하여 보는 수도 있습니다. 직업이나 직장일이 기존에 하던 것보다 좋지 않은 방향으로 바뀐다든지, 남녀간의 이별, 가족과 사회와의 단절등 일선에서 한 발 물러서는 해가 되기도 합니다. 정신적精神的인 것을 추구하다 오히려 현실과 동떨어진 생활을 하게 되는 것입니다.

1월생 뱀띠 (寅月生)

뱀띠 인월생은 부모나 부모의 형제자매에 불상사가 발생할 수도 있는 해입니다. 예전에 빚 보증을 서준 것이 있다면 부도(不渡)가 나서 그 여파로 인하여 가산(家産)을 탕진(蕩盡)하는 경우도 있습니다. 도둑을 맞는다든지, 물건을 잃어버린다든지, 낭비벽(浪費癖)이 생겨 쓸데없는 지출(持出)이 늘어난다든지 하는 해이기도 합니다.

2월생 뱀띠 (卯月生)

뱀띠 묘월생은 관재(官災)로 인하여 구금(拘禁)이 되거나 납치, 감금되는 경우를 당할 수 있는 해이기도 합니다. 경제적으로 어려워져 부동산(不動産)을 저당(抵當)잡힌다든지, 압류(押留)를 당한다든지 하는 불행한 사태가 발생하는 해이기도 합니다. 또한 교통사고를 당하여 부상을 당한다든지, 육체적 고통도 함께 따를 수 있는 해이기도 합니다.

3월생 뱀띠 (辰月生)

뱀띠 진월생은 자연재해(自然災害)를 입어보는 해입니다. 산불, 태풍이나 해일로 인한 재해(災害)를 당해 보는데, 특히 농업, 임업, 수산업, 관광가이드, 항공기운행, 선박운행 등에 종사하는 사람에게 더욱 해당되는 해입니다. 반드시 자연재해가 아니더라도 사람의 힘으로는 감당키 어려운 일을 당해보는 그런 해이기도 합니다. 가정적으로는 부부이별도 있을 수 있습니다.

4월생 뱀띠 (巳月生)

뱀띠 사월생은 주로 집에 있는 시간보다는 객지(客地)에서 세월을 보내는 해입니다. 그러다 보면 자연 가족과의 생활이 소원(疏遠, 관계가 멀어짐)해지며 부부 이별이라든지, 부모와 자식간의 관계가 악화될 수 있는 해입니다. 머무는 자리가 항상 불안하여 안정된 자리를 가지려는 마음은 간절하나 그렇지 못한 형편이 이어지는 해이기도 합니다.

5월생 뱀띠 (午月生)

뱀띠 오월생은 주색잡기(酒色雜技)로 인하여 망신당하는 해입니다. 주(酒)는 술로 인한 망신인데 폭주를 하여 인사불성이 되거나 주사(酒邪, 나쁜 술 버릇)로 인하여 관재수를 겪어 보는 것이고, 색(酒)은 주체할 수 없을 정도로 정력(精力)이 넘쳐나 이성(異性)을 탐하다가 구설수(口舌數)에 오르거나 성병(性病)에 걸려 고생하는 것이며, 잡기(雜技)는 화투나 당구, 바둑, 전자게임 등에 몰두하여 생업을 뒷전으로 하는 일이 벌어져 낭패를 보는 것을 말합니다.

6월생 뱀띠 (未月生)

뱀띠 미월생은 병마(病魔)가 찾아오는 해입니다. 평소 강인(强忍)하던 사람도 들 삼재가 찾아오면 잦은 질병으로 고생할 수 있습니다. 또한 하는 일에 있어서 예상치 못한 일들이 발생하여 일을 그르치는 해이기도 합니다. 자신의 의지와는 관계없이 일의 진행이 어긋나게 되므로 한치앞을 내다보기 어려운 오리무중(五里霧中)의 해라고 말할 수 있겠습니다.

7월생 뱀띠 (申月生)

뱀띠 신월생은 이성(異性)으로 인한 망신수(亡身數)가 있을 해입니다. 자신이 하지 않은 일도 공교롭게도 이성과 연결이 되어 좋지 않은 결과를 가져올 수 있게 됩니다. 지인(知人)이니 일가친척(一家親戚)으로 인한 피해를 보게 되는 해이기도 합니다. 매사에 구설수(口舌數)가 따르기 때문에 언행으로 인하여 송사(訟事)도 겪을 수 있는 해입니다.

8월생 뱀띠 (酉月生)

뱀띠 유월생은 쓸데없는 고집(固執)으로 인하여 고초를 겪는 해입니다. 자신의 고집뿐만이 아니라 부부지간, 자식과 부모지간, 이성지간에 자신의 고집을 관철하기 위하여 다툼이 생기는 해입니다. 도처(到處, 가는 곳 마다)에서 명예가 따르나 그 결과는 구설(口舌)로 이어지니 오히려 비굴할 정도로 몸을 낮추어야 하는 일이 빈번하게 일어나는 해이기도 합니다.

9월생 뱀띠 (戌月生)

뱀띠 술월생은 하루 아침에 직업이나 직장을 잃게 될 수 있는 해입니다. 자의(自意)이든 타의(他意)이든간에 급작스런 실직(失職)으로 지금까지 해오던 일을 손에서 놓게 되니 금전적 어려움이 따르는 해라고 하겠습니다. 영원하리라 믿었던 사랑도 끝을 맺고, 병고(病苦)가 찾아오고 생활에 어려움이 있게 됩니다. 모든 일이 정지상태(停止狀態)로 변하는 해이기도 합니다.

10월생 뱀띠 (亥月生)

뱀띠 해월생은 매사 과감한 행동으로 주위 사람들로부터 부러움을 사지만 결국 그런 행동으로 인하여 망신(亡身)을 당하기도 하고, 반대로 너무 의기소침(意氣銷沈)한 행동으로 주변의 따돌림을 당할 수 있기도 합니다. 이러한 결과가 심하면 자살(自殺)이라는 극단적인 결과로도 나타날 수 있는데, 특이(特異)한 종교에 심취하여 이를 극복하려 하기도 합니다.

11월생 뱀띠 (子月生)

뱀띠 자월생은 부부(夫婦) 혹은 이성간(異性間)의 갈등이나 윗사람과의 심각한 문제가 발생하여 어려움을 겪을 수 있는 해입니다. 금전적으로도 어려움이 찾아와 심하면 부도를 겪게 되어 사회적으로 도태되는 해이기도 합니다. 집안의 식구 중 한 사람이 병(病)에 걸려 가정에 우환(憂患)이 생겨나는 경우도 있습니다. 하는 일에 결과를 보려하나 여의치 못한 해이기도 합니다.

12월생 뱀띠 (丑月生)

뱀띠 축월생은 남에게 의지하는 의타심(依他心)이 생겨나 게으른 생활로 일관하는 해입니다. 그러기 때문에 무슨 일을 하는데 있어서 처음에는 범같이 달려들어 시작을 하나 일은 갈수록 흐지부지하게 되어 아니함만 못한 결과를 초래하게 됩니다. 집중력도 떨어져 일 보다는 노는 곳에 정신이 팔려 폐인(廢人)과 같은 생활을 하게 될 수도 있는 해이기도 합니다.

말띠 – 개해 (술년戌年) 날 삼재

말띠는 술년戌年 개해에 날 삼재가 되는데, 예술적인 끼가 발동하여 평소에 하지 않던 유희적遊戱的 일들을 서슴지 않게 되어 주위 사람들의 눈살을 찌푸리게 만드는 해입니다. 그로 인하여 사회적으로 도태되는 일도 겪어 볼 수 있는 해이기도 합니다. 또한 믿었던 사람에게 배신을 당하여 본다든지, 사이비似而非 종교에 심취하여 패가망신敗家亡身을 당하여 보는 수도 있습니다. 직업이나 직장일이 기존에 하던 것보다 좋지 않은 방향으로 바뀐다든지, 남녀간의 이별, 가족과 사회와의 단절등 일선에서 한 발 물러서는 해가 되기도 합니다. 정신적精神的인 것을 추구하다 오히려 현실과 동떨어진 생활을 하게 되는 것입니다.

1월생 말띠 (寅月生)

말띠 인월생은 주로 집에 있는 시간보다는 객지(客地)에서 세월을 보내는 해입니다. 그러다 보면 자연 가족과의 생활이 소원(疎遠, 관계가 멀어짐)해지며 부부 이별이라든지, 부모와 자식간의 관계가 악화될 수 있는 해입니다. 머무는 자리가 항상 불안하여 안정된 자리를 가지려는 마음은 간절하나 그렇지 못한 형편이 이어지는 해이기도 합니다.

2월생 말띠 (卯月生)

말띠 묘월생은 주색잡기(酒色雜技)로 인하여 망신당하는 해입니다. 주(酒)는 술로 인한 망신인데 폭주를 하여 인사불성이 되거나 주사(酒邪, 나쁜 술 버릇)로 인하여 관재수를 겪어 보는 것이고, 색(酒)은 주체할 수 없을 정도로 정력(精力)이 넘쳐나 이성(異性)을 탐하다가 구설수(口舌數)에 오르거나 성병(性

病)에 걸려 고생하는 것이며, 잡기(雜技)는 화투나 당구, 바둑, 전자게임 등에 몰두하여 생업을 뒷전으로 하는 일이 벌어져 낭패를 보는 것을 말합니다.

3월생 말띠 (辰月生)

말띠 진월생은 병마(病魔)가 찾아오는 해입니다. 평소 강인(强忍)하던 사람도 들 삼재가 찾아오면 잦은 질병으로 고생할 수 있습니다. 또한 하는 일에 있어서 예상치 못한 일들이 발생하여 일을 그르치는 해이기도 합니다. 자신의 의지와는 관계없이 일의 진행이 어긋나게 되므로 한치앞을 내다보기 어려운 오리무중(五里霧中)의 해라고 말할 수 있겠습니다.

4월생 말띠 (巳月生)

말띠 사월생은 이성(異性)으로 인한 망신수(亡身數)가 있을 해입니다. 자신이 하지 않은 일도 공교롭게도 이성과 연결이 되어 좋지 않은 결과를 가져올 수 있게 됩니다. 지인(知人)이나 일가친척(一家親戚)으로 인한 피해를 보게 되는 해이기도 합니다. 매사에 구설수(口舌數)가 따르기 때문에 언행으로 인하여 송사(訟事)도 겪을 수 있는 해입니다.

5월생 말띠 (午月生)

말띠 오월생은 쓸데없는 고집(固執)으로 인하여 고초를 겪는 해입니다. 자신의 고집뿐만이 아니라 부부지간, 자식과 부모지간, 이성지간에 자신의 고집을 관철하기 위하여 다툼이 생기는 해입니다. 도처(到處, 가는 곳 마다)에서 명예가 따르나 그 결과는 구설(口舌)로 이어지니 오히려 비굴할 정도로 몸을 낮추어야 하는 일이 빈번하게 일어나는 해이기도 합니다.

6월생 말띠 (未月生)

말띠 미월생은 하루 아침에 직업이나 직장을 잃게 될 수 있는 해입니다. 자의 (自意)이든 타의(他意)이든간에 급작스런 실직(失職)으로 지금까지 해오던 일을 손에서 놓게 되니 금전적 어려움이 따르는 해라고 하겠습니다. 영원하리라 믿었던 사랑도 끝을 맺고, 병고(病苦)가 찾아오고 생활에 어려움이 있게 됩니다. 모든 일이 정지상태(停止狀態)로 변하는 해이기도 합니다.

7월생 말띠 (申月生)

말띠 신월생은 매사 과감한 행동으로 주위 사람들로부터 부러움을 사지만 결국 그런 행동으로 인하여 망신(亡身)을 당하기도 하고, 반대로 너무 의기소침 (意氣銷沈)한 행동으로 주변의 따돌림을 당할 수 있기도 합니다. 이러한 결과가 심하면 자살(自殺)이라는 극단적인 결과로도 나타날 수 있는데, 특이(特異) 한 종교에 심취하여 이를 극복하려 하기도 합니다.

8월생 말띠 (酉月生)

말띠 유월생은 부부(夫婦) 혹은 이성간(異性間)의 갈등이나 윗사람과의 심각한 문제가 발생하여 어려움을 겪을 수 있는 해입니다. 금전적으로도 어려움이 찾아와 심하면 부도를 겪게 되어 사회적으로 도태되는 해이기도 합니다. 집안의 식구 중 한 사람이 병(病)에 걸려 가정에 우환(憂患)이 생겨나는 경우도 있습니다. 하는 일에 결과를 보려하나 여의치 못한 해이기도 합니다.

9월생 말띠 (戌月生)

말띠 술월생은 남에게 의지하는 의타심(依他心)이 생겨나 게으른 생활로 일관하는 해입니다. 그러기 때문에 무슨 일을 하는데 있어서 처음에는 범같이 달려들어 시작을 하나 일은 갈수록 흐지부지하게 되어 아니함만 못한 결과를 초래하게 됩니다. 집중력도 떨어져 일 보다는 노는 곳에 정신이 팔려 폐인(廢人)과 같은 생활을 하게 될 수도 있는 해이기도 합니다.

10월생 말띠 (亥月生)

말띠 해월생은 부모나 부모의 형제자매에 불상사가 발생할 수도 있는 해입니다. 예전에 빚 보증을 서준 것이 있다면 부도(不渡)가 나서 그 여파로 인하여 가산(家産)을 탕진(蕩盡)하는 경우도 있습니다. 도둑을 맞는다든지, 물건을 잃어버린다든지, 낭비벽(浪費癖)이 생겨 쓸데없는 지출(持出)이 늘어난다든지 하는 해이기도 합니다.

11월생 말띠 (子月生)

말띠 자월생은 관재(官災)로 인하여 구금(拘禁)이 되거나 납치, 감금되는 경우를 당할 수 있는 해이기도 합니다. 경제적으로 어려워져 부동산(不動産)을 저당(抵當)잡힌다든지, 압류(押留)를 당한다든지 하는 불행한 사태가 발생하는 해이기도 합니다. 또한 교통사고를 당하여 부상을 당한다든지, 육체적 고통도 함께 따를 수 있는 해이기도 합니다.

12월생 말띠 (丑月生)

말띠 축월생은 자연재해(自然災害)를 입어보는 해입니다. 산불, 태풍이나 해일로 인한 재해(災害)를 당해 보는데, 특히 농업, 임업, 수산업, 관광가이드, 항공기운행, 선박운행 등에 종사하는 사람에게 더욱 해당되는 해입니다. 반드시 자연재해가 아니더라도 사람의 힘으로는 감당키 어려운 일을 당해보는 그런 해이기도 합니다. 가정적으로는 부부이별도 있을 수 있습니다.

양띠 - 양해 (미년未年) 날 삼재

양띠는 미년未年 양해에 날 삼재가 되는데, 예술적인 끼가 발동하여 평소에 하지 않던 유희적遊戲的 일들을 서슴지 않게 되어 주위 사람들의 눈살을 찌푸리게 만드는 해입니다. 그로 인하여 사회적으로 도태되는 일도 겪어 볼 수 있는 해이기도 합니다. 또한 믿었던 사람에게 배신을 당하여 본다든지, 사이비似而非 종교에 심취하여 패가망신敗家亡身을 당하여 보는 수도 있습니다. 직업이나 직장일이 기존에 하던 것보다 좋지 않은 방향으로 바뀐다든지, 남녀간의 이별, 가족과 사회와의 단절등 일선에서 한 발 물러서는 해가 되기도 합니다. 정신적精神的인 것을 추구하다 오히려 현실과 동떨어진 생활을 하게 되는 것입니다.

1월생 양띠 (寅月生)

양띠 인월생은 이성(異性)으로 인한 망신수(亡身數)가 있을 해입니다. 자신이 하지 않은 일도 공교롭게도 이성과 연결이 되어 좋지 않은 결과를 가져올 수 있게 됩니다. 지인(知人)이나 일가친척(一家親戚)으로 인한 피해를 보게 되는 해이기도 합니다. 매사에 구설수(口舌數)가 따르기 때문에 언행으로 인하여 송사(訟事)도 겪을 수 있는 해입니다.

2월생 양띠 (卯月生)

양띠 묘월생은 쓸데없는 고집(固執)으로 인하여 고초를 겪는 해입니다. 자신의 고집뿐만이 아니라 부부지간, 자식과 부모지간, 이성지간에 자신의 고집을 관철하기 위하여 다툼이 생기는 해입니다. 도처(到處, 가는 곳 마다)에서 명예가 따르나 그 결과는 구설(口舌)로 이어지니 오히려 비굴할 정도로 몸을 낮추어야 하는 일이 빈번하게 일어나는 해이기도 합니다.

3월생 양띠 (辰月生)

양띠 진월생은 하루 아침에 직업이나 직장을 잃게 될 수 있는 해입니다. 자의 (自意)이든 타의(他意)이든간에 급작스런 실직(失職)으로 지금까지 해오던 일을 손에서 놓게 되니 금전적 어려움이 따르는 해라고 하겠습니다. 영원하리라 믿었던 사랑도 끝을 맺고, 병고(病苦)가 찾아오고 생활에 어려움이 있게 됩니다. 모든 일이 정지상태(停止狀態)로 변하는 해이기도 합니다.

4월생 양띠 (巳月生)

양띠 사월생은 매사 과감한 행동으로 주위 사람들로부터 부러움을 사지만 결국 그런 행동으로 인하여 망신(亡身)을 당하기도 하고, 반대로 너무 의기소침 (意氣銷沈)한 행동으로 주변의 따돌림을 당할 수 있기도 합니다. 이러한 결과가 심하면 자살(自殺)이라는 극단적인 결과로도 나타날 수 있는데, 특이(特異)한 종교에 심취하여 이를 극복하려 하기도 합니다.

5월생 양띠 (午月生)

양띠 오월생은 부부(夫婦) 혹은 이성간(異性間)의 갈등이나 윗사람과의 심각한 문제가 발생하여 어려움을 겪을 수 있는 해입니다. 금전적으로도 어려움이 찾아와 심하면 부도를 겪게 되어 사회적으로 도태되는 해이기도 합니다. 집안의 식구 중 한 사람이 병(病)에 걸려 가정에 우환(憂患)이 생겨나는 경우도 있습니다. 하는 일에 결과를 보려하나 여의치 못한 해이기도 합니다.

6월생 양띠 (未月生)

양띠 미월생은 남에게 의지하는 의타심(依他心)이 생겨나 게으른 생활로 일관하는 해입니다. 그러기 때문에 무슨 일을 하는데 있어서 처음에는 범같이 달려들어 시작을 하나 일은 갈수록 흐지부지하게 되어 아니함만 못한 결과를 초래하게 됩니다. 집중력도 떨어져 일 보다는 노는 곳에 정신이 팔려 폐인(廢人)과 같은 생활을 하게 될 수도 있는 해이기도 합니다.

7월생 양띠 (申月生)

양띠 신월생은 부모나 부모의 형제자매에 불상사가 발생할 수도 있는 해입니다. 예전에 빚 보증을 서준 것이 있다면 부도(不渡)가 나서 그 여파로 인하여 가산(家産)을 탕진(蕩盡)히는 경우도 있습니다. 도둑을 맞는다든지, 물건을 잃어버린다든지, 낭비벽(浪費癖)이 생겨 쓸데없는 지출(持出)이 늘어난다든지 하는 해이기도 합니다.

8월생 양띠 (酉月生)

양띠 유월생은 관재(官災)로 인하여 구금(拘禁)이 되거나 납치, 감금되는 경우를 당할 수 있는 해이기도 합니다. 경제적으로 어려워져 부동산(不動産)을 저당(抵當)잡힌다든지, 압류(押留)를 당한다든지 하는 불행한 사태가 발생하는 해이기도 합니다. 또한 교통사고를 당하여 부상을 당한다든지, 육체적 고통도 함께 따를 수 있는 해이기도 합니다.

9월생 양띠 (戌月生)

양띠 술월생은 자연재해(自然災害)를 입어보는 해입니다. 산불, 태풍이나 해일로 인한 수화풍재해(水火風災害)를 당해 보는데, 특히 농업, 임업, 수산업, 관광가이드, 항공기운행, 선박운행 등에 종사하는 사람에게 더욱 해당되는 해입니다. 반드시 자연재해가 아니더라도 사람의 힘으로는 감당키 어려운 일을 당해보는 그런 해이기도 합니다.

10월생 양띠 (亥月生)

양띠 해월생은 주로 집에 있는 시간보다는 객지(客地)에서 세월을 보내는 해입니다. 그러다 보면 자연 가족과의 생활이 소원(疎遠, 관계가 멀어짐)해지며 부부 이별이라든지, 부모와 자식간의 관계가 악화될 수 있는 해입니다. 머무는 자리가 항상 불안하여 안정된 자리를 가지려는 마음은 간절하나 그렇지 못한 형편이 이어지는 해이기도 합니다.

11월생 양띠 (子月生)

양띠 자월생은 주색잡기(酒色雜技)로 인하여 망신당하는 해입니다. 주(酒)는 술로 인한 망신인데 폭주를 하여 인사불성이 되거나 주사(酒邪, 나쁜 술 버릇)로 인하여 관재수를 겪어 보는 것이고, 색(酒)은 주체할 수 없을 정도로 정력(精力)이 넘쳐나 이성(異性)을 탐하다가 구설수(口舌數)에 오르거나 성병(性病)에 걸려 고생하는 것이며, 잡기(雜技)는 화투나 당구, 바둑, 전자게임 등에 몰두하여 생업을 뒷전으로 하는 일이 벌어져 낭패를 보는 것을 말합니다.

12월생 양띠 (丑月生)

양띠 축월생은 병마(病魔)가 찾아오는 해입니다. 평소 강인(强忍)하던 사람도 들 삼재가 찾아오면 잦은 질병으로 고생할 수 있습니다. 또한 하는 일에 있어서 예상치 못한 일들이 발생하여 일을 그르치는 해이기도 합니다. 자신의 의지와는 관계없이 일의 진행이 어긋나게 되므로 한치앞을 내다보기 어려운 오리무중(五里霧中)의 해라고 말할 수 있겠습니다.

원숭이띠 - 용해 (진년辰年) 날 삼재

원숭이띠는 진년辰年 용해에 날 삼재가 되는데, 예술적인 끼가 발동하여 평소에 하지 않던 유희적遊戱的 일들을 서슴지 않게 되어 주위 사람들의 눈살을 찌푸리게 만드는 해입니다. 그로 인하여 사회적으로 도태되는 일도 겪어 볼 수 있는 해이기도 합니다. 또한 믿었던 사람에게 배신을 당하여 본다든지, 사이비似而非 종교에 심취하여 패가망신敗家亡身을 당하여 보는 수도 있습니다. 직업이나 직장일이 기존에 하던 것보다 좋지 않은 방향으로 바뀐다든지, 남녀간의 이별, 가족과 사회와의 단절등 일선에서 한 발 물러서는 해가 되기도 합니다. 정신적精神的인 것을 추구하다 오히려 현실과 동떨어진 생활을 하게 되는 것입니다.

1월생 원숭이띠 (寅月生)

원숭이띠 인월생은 매사 과감한 행동으로 주위 사람들로부터 부러움을 사지만 결국 그런 행동으로 인하여 망신(亡身)을 당하기도 하고, 반대로 너무 의기소침(意氣鎖沈)한 행동으로 주변의 따돌림을 당할 수 있기도 합니다. 이러한 결과가 심하면 자살(自殺)이라는 극단적인 결과로도 나타날 수 있는데, 특이(特異)한 종교에 심취하여 이를 극복하려 하기도 합니다.

2월생 원숭이띠 (卯月生)

원숭이띠 묘월생은 부부(夫婦) 혹은 이성간(異性間)의 갈등이나 윗사람과의 심각한 문제가 발생하여 어려움을 겪을 수 있는 해입니다. 금전적으로도 어려움이 찾아와 심하면 부도를 겪게 되어 사회적으로 도태되는 해이기도 합니다. 집안의 식구 중 한 사람이 병(病)에 걸려 가정에 우환(憂患)이 생겨나는 경우도 있습니다. 하는 일에 결과를 보려하나 여의치 못한 해이기도 합니다.

3월생 원숭이띠 (辰月生)

원숭이띠 진월생은 남에게 의지하는 의타심(依他心)이 생겨나 게으른 생활로 일관하는 해입니다. 그러기 때문에 무슨 일을 하는데 있어서 처음에는 범같이 달려들어 시작을 하나 일은 갈수록 흐지부지하게 되어 아니함만 못한 결과를 초래하게 됩니다. 집중력도 떨어져 일 보다는 노는 곳에 정신이 팔려 폐인(廢人)과 같은 생활을 하게 될 수도 있는 해이기도 합니다.

4월생 원숭이띠 (巳月生)

원숭이띠 사월생은 부모의 형제자매에 불상사가 발생할 수도 있는 해입니다. 예전에 빚 보증을 서준 것이 있다면 부도(不渡)가 나서 그 여파로 인하여 가산(家産)을 탕진(蕩盡)하는 경우도 있습니다. 도둑을 맞는다든지, 물건을 잃어버린다든지, 낭비벽(浪費癖)이 생겨 쓸데없는 지출(持出)이 늘어난다든지 하는 해이기도 합니다.

5월생 원숭이띠 (午月生)

원숭이띠 오월생은 관재(官災)로 인하여 구금(拘禁)이 되거나 납치, 감금되는 경우를 당할 수 있는 해이기도 합니다. 경제적으로 어려워져 부동산(不動産)을 저당(抵當)잡힌다든지, 압류(押留)를 당한다든지 하는 불행한 사태가 발생하는 해이기도 합니다. 또한 교통사고를 당하여 부상을 당한다든지, 육체적 고통도 함께 따를 수 있는 해이기도 합니다.

6월생 원숭이띠 (未月生)

원숭이띠 미월생은 자연재해(自然災害)를 입어보는 해입니다. 산불, 태풍이나 해일로 인한 수화풍재해(水火風災害)를 당해 보는데, 특히 농업, 임업, 수산업, 관광가이드, 항공기운행, 선박운행 등에 종사하는 사람에게 더욱 해당되는 해입니다. 반드시 자연재해가 아니더라도 사람의 힘으로는 감당키 어려운 일을 당해보는 그런 해이기도 합니다.

7월생 원숭이띠 (申月生)

원숭이띠 신월생은 주로 집에 있는 시간보다는 객지(客地)에서 세월을 보내는 해입니다. 그러다 보면 자연 가족과의 생활이 소원(疏遠, 관계가 멀어짐)해지며 부부 이별이라든지, 부모와 자식간의 관계가 악화될 수 있는 해입니다. 머무는 자리가 항상 불안하여 안정된 자리를 가지려는 마음은 간절하나 그렇지 못한 형편이 이어지는 해이기도 합니다.

8월생 원숭이띠 (酉月生)

원숭이띠 유월생은 주색잡기(酒色雜技)로 인하여 망신당하는 해입니다. 주(酒)는 술로 인한 망신인데 폭주를 하여 인사불성이 되거나 주사(酒邪, 나쁜 술버릇)로 인하여 관재수를 겪어 보는 것이고, 색(酒)은 주체할 수 없을 정도로 정력(精力)이 넘쳐나 이성(異性)을 탐하다가 구설수(口舌數)에 오르거나 성병(性病)에 걸려 고생하는 것이며, 잡기(雜技)는 화투나 당구, 바둑, 전자게임 등에 몰두하여 생업을 뒷전으로 하는 일이 벌어져 낭패를 보는 것을 말합니다.

9월생 원숭이띠 (戌月生)

원숭이띠 술월생은 병마(病魔)가 찾아오는 해입니다. 평소 강인(强忍)하던 사람도 들 삼재가 찾아오면 잦은 질병으로 고생할 수 있습니다. 또한 하는 일에 있어서 예상치 못한 일들이 발생하여 일을 그르치는 해이기도 합니다. 자신의 의지와는 관계없이 일의 진행이 어긋나게 되므로 한치앞을 내다보기 어려운 오리무중(五里霧中)의 해라고 말할 수 있겠습니다.

10월생 원숭이띠 (亥月生)

원숭이띠 해월생은 이성(異性)으로 인한 망신수(亡身數)가 있을 해입니다. 자신이 하지 않은 일도 공교롭게도 이성과 연결이 되어 좋지 않은 결과를 가져올 수 있게 됩니다. 지인(知人)이나 일가친척(一家親戚)으로 인한 피해를 보게 되는 해이기도 합니다. 매사에 구설수(口舌數)가 따르기 때문에 언행으로 인하여 송사(訟事)도 겪을 수 있는 해입니다.

11월생 원숭이띠 (子月生)

원숭이띠 자월생은 쓸데없는 고집(固執)으로 인하여 고초를 겪는 해입니다. 자신의 고집뿐만이 아니라 부부지간, 자식과 부모지간, 이성지간에 자신의 고집을 관철하기 위하여 다툼이 생기는 해입니다. 도처(到處, 가는 곳 마다)에서 명예가 따르나 그 결과는 구설(口舌)로 이어지니 오히려 비굴할 정도로 몸을 낮추어야 하는 일이 빈번하게 일어나는 해이기도 합니다.

12월생 원숭이띠 (丑月生)

원숭이띠 축월생은 하루 아침에 직업이나 직장을 잃게 될 수 있는 해입니다. 자의(自意)이든 타의(他意)이든간에 급작스런 실직(失職)으로 지금까지 해오던 일을 손에서 놓게 되니 금전적 어려움이 따르는 해라고 하겠습니다. 영원하리라 믿었던 사랑도 끝을 맺고, 병고(病苦)가 찾아오고 생활에 어려움이 있게 됩니다. 모든 일이 정지상태(停止狀態)로 변하는 해이기도 합니다.

![도장] **닭띠** – 소해 (축년丑年) 날 삼재

닭띠는 축년丑年 소해에 날 삼재가 되는데, 예술적인 끼가 발동하여 평소에 하지 않던 유희적遊戱的 일들을 서슴지 않게 되어 주위 사람들의 눈살을 찌푸리게 만드는 해입니다. 그로 인하여 사회적으로 도태되는 일도 겪어 볼 수 있는 해이기도 합니다. 또한 믿었던 사람에게 배신을 당하여 본다든지, 사이비似而非 종교에 심취하여 패가망신敗家亡身을 당하여 보는 수도 있습니다. 직업이나 직장일이 기존에 하던 것보다 좋지 않은 방향으로 바뀐다든지, 남녀간의 이별, 가족과 사회와의 단절등 일선에서 한 발 물러서는 해가 되기도 합니다. 정신적精神的인 것을 추구하다 오히려 현실과 동떨어진 생활을 하게 되는 것입니다.

1월생 닭띠 (寅月生)

닭띠 인월생은부모나 부모의 형제자매에 불상사가 발생할 수도 있는 해입니다. 예전에 빚 보증을 서준 것이 있다면 부도(不渡)가 나서 그 여파로 인하여 가산(家産)을 탕진(蕩盡)하는 경우도 있습니다. 도둑을 맞는다든지, 물건을 잃어버린다든지, 낭비벽(浪費癖)이 생겨 쓸데없는 지출(持出)이 늘어난다든지 하는 해이기도 합니다.

2월생 닭띠 (卯月生)

닭띠 묘월생은 관재(官災)로 인하여 구금(拘禁)이 되거나 납치, 감금되는 경우를 당할 수 있는 해이기도 합니다. 경제적으로 어려워져 부동산(不動産)을 저당(抵當)잡힌다든지, 압류(押留)를 당한다든지 하는 불행한 사태가 발생하는 해이기도 합니다. 또한 교통사고를 당하여 부상을 당한다든지, 육체적 고통도 함께 따를 수 있는 해이기도 합니다.

3월생 닭띠 (辰月生)

닭띠 진월생은 자연재해(自然災害)를 입어보는 해입니다. 산불, 태풍이나 해일로 인한 수화풍재해(水火風災害)를 당해 보는데, 특히 농업, 임업, 수산업, 관광가이드, 항공기운행, 선박운행 등에 종사하는 사람에게 더욱 해당되는 해입니다. 반드시 자연재해가 아니더라도 사람의 힘으로는 감당키 어려운 일을 당해보는 그런 해이기도 합니다.

4월생 닭띠 (巳月生)

닭띠 사월생은 주로 집에 있는 시간보다는 객지(客地)에서 세월을 보내는 해입니다. 그러다 보면 자연 가족과의 생활이 소원(疎遠, 관계가 멀어짐)해지며 부부 이별이라든지, 부모와 자식간의 관계가 악화될 수 있는 해입니다. 머무는 자리가 항상 불안하여 안정된 자리를 가지려는 마음은 간절하나 그렇지 못한 형편이 이어지는 해이기도 합니다.

5월생 닭띠 (午月生)

닭띠 오월생은 주색잡기(酒色雜技)로 인하여 망신당하는 해입니다. 주(酒)는 술로 인한 망신인데 폭주를 하여 인사불성이 되거나 주사(酒邪, 나쁜 술 버릇)로 인하여 관재수를 겪어 보는 것이고, 색(酒)은 주체할 수 없을 정도로 정력(精力)이 넘쳐나 이성(異性)을 탐하다가 구설수(口舌數)에 오르거나 성병(性病)에 걸려 고생하는 것이며, 잡기(雜技)는 화투나 당구, 바둑, 전자게임 등에 몰두하여 생업을 뒷전으로 하는 일이 벌어져 낭패를 보는 것을 말합니다.

6월생 닭띠 (未月生)

닭띠 미월생은 병마(病魔)가 찾아오는 해입니다. 평소 강인(强忍)하던 사람도 들 삼재가 찾아오면 잦은 질병으로 고생할 수 있습니다. 또한 하는 일에 있어서 예상치 못한 일들이 발생하여 일을 그르치는 해이기도 합니다. 자신의 의지와는 관계없이 일의 진행이 어긋나게 되므로 한치앞을 내다보기 어려운 오리무중(五里霧中)의 해라고 말할 수 있겠습니다.

7월생 닭띠 (申月生)

닭띠 신월생은 이성(異性)으로 인한 망신수(亡身數)가 있을 해입니다. 자신이 하지 않은 일도 공교롭게도 이성과 연결이 되어 좋지 않은 결과를 가져올 수 있게 됩니다. 지인(知人)이나 일가친척(一家親戚)으로 인한 피해를 보게 되는 해이기도 합니다. 매사에 구설수(口舌數)가 따르기 때문에 언행으로 인하여 송사(訟事)도 겪을 수 있는 해입니다.

8월생 닭띠 (酉月生)

닭띠 유월생은 쓸데없는 고집(固執)으로 인하여 고초를 겪는 해입니다. 자신의 고집뿐만이 아니라 부부지간, 자식과 부모지간, 이성지간에 자신의 고집을 관철하기 위하여 다툼이 생기는 해입니다. 도처(到處, 가는 곳 마다)에서 명에가 따르나 그 결과는 구설(口舌)로 이어지니 오히려 비굴할 정도로 몸을 낮추어야 하는 일이 빈번하게 일어나는 해이기도 합니다

9월생 닭띠 (戌月生)

닭띠 술월생은 하루 아침에 직업이나 직장을 잃게 될 수 있는 해입니다. 자의(自意)이든 타의(他意)이든간에 급작스런 실직(失職)으로 지금까지 해오던 일을 손에서 놓게 되니 금전적 어려움이 따르는 해라고 하겠습니다. 영원하리라 믿었던 사랑도 끝을 맺고, 병고(病苦)가 찾아오고 생활에 어려움이 있게 됩니다. 모든 일이 정지상태(停止狀態)로 변하는 해이기도 합니다.

10월생 닭띠 (亥月生)

닭띠 해월생은 매사 과감한 행동으로 주위 사람들로부터 부러움을 사지만 결국 그런 행동으로 인하여 망신(亡身)을 당하기도 하고, 반대로 너무 의기소침(意氣銷沈)한 행동으로 주변의 따돌림을 당할 수 있기도 합니다. 이러한 결과가 심하면 자살(自殺)이라는 극단적인 결과로도 나타날 수 있는데, 특이(特異)한 종교에 심취하여 이를 극복하려 하기도 합니다.

11월생 닭띠 (子月生)

닭띠 자월생은 부부(夫婦) 혹은 이성간(異性間)의 갈등이나 윗사람과의 심각한 문제가 발생하여 어려움을 겪을 수 있는 해입니다. 금전적으로도 어려움이 찾아와 심하면 부도를 겪게 되어 사회적으로 도태되는 해이기도 합니다. 집안의 식구 중 한 사람이 병(病)에 걸려 가정에 우환(憂患)이 생겨나는 경우도 있습니다. 하는 일에 결과를 보려하나 여의치 못한 해이기도 합니다.

12월생 닭띠 (丑月生)

닭띠 축월생은 남에게 의지하는 의타심(依他心)이 생겨나 게으른 생활로 일관하는 해입니다. 그러기 때문에 무슨 일을 하는데 있어서 처음에는 범같이 달려들어 시작을 하나 일은 갈수록 흐지부지하게 되어 아니함만 못한 결과를 초래하게 됩니다. 집중력도 떨어져 일 보다는 노는 곳에 정신이 팔려 폐인(廢人)과 같은 생활을 하게 될 수도 있는 해이기도 합니다.

![개띠 인장] **개띠** – 개해 (술년戌年) 날 삼재

　개띠는 술년戌年 개해에 　날 삼재가 되는데, 예술적인 끼가 발동하여 평소에 하지 않던 유희적遊戲的 일들을 서슴지 않게 되어 주위 사람들의 눈살을 찌푸리게 만드는 해입니다. 그로 인하여 사회적으로 도태되는 일도 겪어 볼 수 있는 해이기도 합니다. 또한 믿었던 사람에게 배신을 당하여 본다든지, 사이비似而非 종교에 심취하여 패가망신敗家亡身을 당하여 보는 수도 있습니다. 직업이나 직장일이 기존에 하던 것보다 좋지 않은 방향으로 바뀐다든지, 남녀간의 이별, 가족과 사회와의 단절등 일선에서 한 발 물러서는 해가 되기도 합니다. 정신적精神的인 것을 추구하다 오히려 현실과 동떨어진 생활을 하게 되는 것입니다.

1월생 개띠 (寅月生)

　개띠 인월생은 주로 집에 있는 시간보다는 객지(客地)에서 세월을 보내는 해입니다. 그러다 보면 자연 가족과의 생활이 소원(疎遠, 관계가 멀어짐)해지며 부부 이별이라든지, 부모와 자식간의 관계가 악화될 수 있는 해입니다. 머무는 자리가 항상 불안하여 안정된 자리를 가지려는 마음은 간절하나 그렇지 못한 형편이 이어지는 해이기도 합니다.

2월생 개띠 (卯月生)

　개띠 묘월생은 주색잡기(酒色雜技)로 인하여 망신당하는 해입니다. 주(酒)는 술로 인한 망신인데 폭주를 하여 인사불성이 되거나 주사(酒邪, 나쁜 술 버릇)로 인하여 관재수를 겪어 보는 것이고, 색(酒)은 주체할 수 없을 정도로 정력(精力)이 넘쳐나 이성(異性)을 탐하다가 구설수(口舌數)에 오르거나 성병(性

病)에 걸려 고생하는 것이며, 잡기(雜技)는 화투나 당구, 바둑, 전자게임 등에 몰두하여 생업을 뒷전으로 하는 일이 벌어져 낭패를 보는 것을 말합니다.

3월생 개띠 (辰月生)

개띠 진월생은 병마(病魔)가 찾아오는 해입니다. 평소 강인(强忍)하던 사람도 들 삼재가 찾아오면 잦은 질병으로 고생할 수 있습니다. 또한 하는 일에 있어서 예상치 못한 일들이 발생하여 일을 그르치는 해이기도 합니다. 자신의 의지와는 관계없이 일의 진행이 어긋나게 되므로 한치앞을 내다보기 어려운 오리무중(五里霧中)의 해라고 말할 수 있겠습니다.

4월생 개띠 (巳月生)

개띠 사월생은 이성(異性)으로 인한 망신수(亡身數)가 있을 해입니다. 자신이 하지 않은 일도 공교롭게도 이성과 연결이 되어 좋지 않은 결과를 가져올 수 있게 됩니다. 지인(知人)이나 일가친척(一家親戚)으로 인한 피해를 보게 되는 해이기도 합니다. 매사에 구설수(口舌數)가 따르기 때문에 언행으로 인하여 송사(訟事)도 겪을 수 있는 해입니다.

5월생 개띠 (午月生)

개띠 오월생은 쓸데없는 고집(固執)으로 인하여 고초를 겪는 해입니다. 자신의 고집뿐만이 아니라 부부지간, 자식과 부모지간, 이성지간에 자신의 고집을 관철하기 위하여 다툼이 생기는 해입니다. 도처(到處, 가는 곳 마다)에서 명예가 따르나 그 결과는 구설(口舌)로 이어지니 오히려 비굴할 정도로 몸을 낮추어야 하는 일이 빈번하게 일어나는 해이기도 합니다.

6월생 개띠 (未月生)

개띠 미월생은 하루 아침에 직업이나 직장을 잃게 될 수 있는 해입니다. 자의 (自意)이든 타의(他意)이든간에 급작스런 실직(失職)으로 지금까지 해오던 일을 손에서 놓게 되니 금전적 어려움이 따르는 해라고 하겠습니다. 영원하리라 믿었던 사랑도 끝을 맺고, 병고(病苦)가 찾아오고 생활에 어려움이 있게 됩니다. 모든 일이 정지상태(停止狀態)로 변하는 해이기도 합니다.

7월생 개띠 (申月生)

개띠 신월생은 매사 과감한 행동으로 주위 사람들로부터 부러움을 사지만 결국 그런 행동으로 인하여 망신(亡身)을 당하기도 하고, 반대로 너무 의기소침 (意氣銷沈)한 행동으로 주변의 따돌림을 당할 수 있기도 합니다. 이러한 결과가 심하면 자살(自殺)이라는 극단적인 결과로도 나타날 수 있는데, 특이(特異)한 종교에 심취하여 이를 극복하려 하기도 합니다.

8월생 개띠 (酉月生)

개띠 유월생은 부부(夫婦) 혹은 이성간(異性間)의 갈등이나 윗사람과의 심각한 문제가 발생하여 어려움을 겪을 수 있는 해입니다. 금전적으로도 어려움이 찾아와 심하면 부도를 겪게 되어 사회적으로 도태되는 해이기도 합니다. 집안의 식구 중 한 사람이 병(病)에 걸려 가정에 우환(憂患)이 생겨나는 경우도 있습니다. 하는 일에 결과를 보려하나 여의치 못한 해이기도 합니다.

9월생 개띠 (戌月生)

개띠 술월생은 남에게 의지하는 의타심(依他心)이 생겨나 게으른 생활로 일관하는 해입니다. 그러기 때문에 무슨 일을 하는데 있어서 처음에는 범같이 달려들어 시작을 하나 일은 갈수록 흐지부지하게 되어 아니함만 못한 결과를 초래하게 됩니다. 집중력도 떨어져 일 보다는 노는 곳에 정신이 팔려 폐인(廢人)과 같은 생활을 하게 될 수도 있는 해이기도 합니다.

10월생 개띠 (亥月生)

개띠 해월생은 부모나 부모의 형제자매에 불상사가 발생할 수도 있는 해입니다. 예전에 빚 보증을 서준 것이 있다면 부도(不渡)가 나서 그 여파로 인하여 가산(家産)을 탕진(蕩盡)하는 경우도 있습니다. 도둑을 맞는다든지, 물건을 잃어버린다든지, 낭비벽(浪費癖)이 생겨 쓸데없는 지출(持出)이 늘어난다든지 하는 해이기도 합니다.

11월생 개띠 (子月生)

개띠 자월생은 관재(官災)로 인하여 구금(拘禁)이 되거나 납치, 감금되는 경우를 당할 수 있는 해이기도 합니다. 경제적으로 어려워져 부동산(不動産)을 저당(抵當)잡힌다든지, 압류(押留)를 당한다든지 하는 불행한 사태가 발생하는 해이기도 합니다. 또한 교통사고를 당하여 부상을 당한다든지, 육체적 고통도 함께 따를 수 있는 해이기도 합니다.

12월생 개띠 (丑月生)

개띠 축월생은 자연재해(自然災害)를 입어보는 해입니다. 산불, 태풍이나 해일로 인한 재해(災害)를 당해 보는데, 특히 농업, 임업, 수산업, 관광가이드, 항공기운행, 선박운행 등에 종사하는 사람에게 더욱 해당되는 해입니다. 반드시 자연재해가 아니더라도 사람의 힘으로는 감당키 어려운 일을 당해보는 그런 해이기도 합니다. 가정적으로는 부부이별도 있을 수 있습니다.

돼지띠 – 양해 (미년未年) 날 삼재

양띠는 미년未年 양해에 날 삼재가 되는데, 예술적인 끼가 발동하여 평소에 하지 않던 유희적遊戱的 일들을 서슴지 않게 되어 주위 사람들의 눈살을 찌푸리게 만드는 해입니다. 그로 인하여 사회적으로 도태되는 일도 겪어 볼 수 있는 해이기도 합니다. 또한 믿었던 사람에게 배신을 당하여 본다든지, 사이비似而非 종교에 심취하여 패가망신敗家亡身을 당하여 보는 수도 있습니다. 직업이나 직장일이 기존에 하던 것보다 좋지 않은 방향으로 바뀐다든지, 남녀간의 이별, 가족과 사회와의 단절등 일선에서 한 발 물러서는 해가 되기도 합니다. 정신적精神的인 것을 추구하다 오히려 현실과 동떨어진 생활을 하게 되는 것입니다.

1월생 돼지띠 (寅月生)

돼지띠 인월생은 이성(異性)으로 인한 망신수(亡身數)가 있을 해입니다. 자신이 하지 않은 일도 공교롭게도 이성과 연결이 되어 좋지 않은 결과를 가져올 수 있게 됩니다. 지인(知人)이나 일가친척(一家親戚)으로 인한 피해를 보게 되는 해이기도 합니다. 매사에 구설수(口舌數)가 따르기 때문에 언행으로 인하여 송사(訟事)도 겪을 수 있는 해입니다.

2월생 돼지띠 (卯月生)

돼지띠 묘월생은 쓸데없는 고집(固執)으로 인하여 고초를 겪는 해입니다. 자신의 고집뿐만이 아니라 부부지간, 자식과 부모지간, 이성지간에 자신의 고집을 관철하기 위하여 다툼이 생기는 해입니다. 도처(到處, 가는 곳 마다)에서 명예가 따르나 그 결과는 구설(口舌)로 이어지니 오히려 비굴할 정도로 몸을 낮추어야 하는 일이 빈번하게 일어나는 해이기도 합니다.

3월생 돼지띠 (辰月生)

돼지띠 진월생은 하루 아침에 직업이나 직장을 잃게 될 수 있는 해입니다. 자의(自意)이든 타의(他意)이든간에 급작스런 실직(失職)으로 지금까지 해오던 일을 손에서 놓게 되니 금전적 어려움이 따르는 해라고 하겠습니다. 영원하리라 믿었던 사랑도 끝을 맺고, 병고(病苦)가 찾아오고 생활에 어려움이 있게 됩니다. 모든 일이 정지상태(停止狀態)로 변하는 해이기도 합니다.

4월생 돼지띠 (巳月生)

돼지띠 사월생은 매사 과감한 행동으로 주위 사람들로부터 부러움을 사지만 결국 그런 행동으로 인하여 망신(亡身)을 당하기도 하고, 반대로 너무 의기소침(意氣銷沈)한 행동으로 주변의 따돌림을 당할 수 있기도 합니다. 이러한 결과가 심하면 자살(自殺)이라는 극단적인 결과로도 나타날 수 있는데, 특이(特異)한 종교에 심취하여 이를 극복하려 하기도 합니다.

5월생 돼지띠 (午月生)

돼지띠 오월생은 부부(夫婦) 혹은 이성간(異性間)의 갈등이나 윗사람과의 심각한 문제가 발생하여 어려움을 겪을 수 있는 해입니다. 금전적으로도 어려움이 찾아와 심하면 부도를 겪게 되어 사회적으로 도태되는 해이기도 합니다. 집안의 식구 중 한 사람이 병(病)에 걸려 가정에 우환(憂患)이 생겨나는 경우도 있습니다. 하는 일에 결과를 보려하나 여의치 못한 해이기도 합니다.

6월생 돼지띠 (未月生)

돼지띠 미월생은 남에게 의지하는 의타심(依他心)이 생겨나 게으른 생활로 일관하는 해입니다. 그러기 때문에 무슨 일을 하는데 있어서 처음에는 범같이 달려들어 시작을 하나 일은 갈수록 흐지부지하게 되어 아니함만 못한 결과를 초래하게 됩니다. 집중력도 떨어져 일 보다는 노는 곳에 정신이 팔려 폐인(廢人)과 같은 생활을 하게 될 수도 있는 해이기도 합니다.

7월생 돼지띠 (申月生)

돼지띠 신월생은 부모나 부모의 형제자매에 불상사가 발생할 수도 있는 해입니다. 예전에 빚 보증을 서준 것이 있다면 부도(不渡)가 나서 그 여파로 인하여 가산(家産)을 탕진(蕩盡)하는 경우도 있습니다. 도둑을 맞는다든지, 물건을 잃어버린다든지, 낭비벽(浪費癖)이 생겨 쓸데없는 지출(持出)이 늘어난다든지 하는 해이기도 합니다.

8월생 돼지띠 (酉月生)

돼지띠 유월생은 관재(官災)로 인하여 구금(拘禁)이 되거나 납치, 감금되는 경우를 당할 수 있는 해이기도 합니다. 경제적으로 어려워져 부동산(不動産)을 저당(抵當)잡힌다든지, 입류(押留)를 당한다든지 하는 불행한 사태가 발생하는 해이기도 합니다. 또한 교통사고를 당하여 부상을 당한다든지, 육체적 고통도 함께 따를 수 있는 해이기도 합니다.

9월생 돼지띠 (戌月生)

돼지띠 술월생은 자연재해(自然災害)를 입어보는 해입니다. 산불, 태풍이나 해일로 인한 재해(災害)를 당해 보는데, 특히 농업, 임업, 수산업, 관광가이드, 항공기운행, 선박운행 등에 종사하는 사람에게 더욱 해당되는 해입니다. 반드시 자연재해가 아니더라도 사람의 힘으로는 감당키 어려운 일을 당해보는 그런 해이기도 합니다. 가정적으로는 부부이별도 있을 수 있습니다.

10월생 돼지띠 (亥月生)

돼지띠 해월생은 주로 집에 있는 시간보다는 객지(客地)에서 세월을 보내는 해입니다. 그러다 보면 자연 가족과의 생활이 소원(疎遠, 관계가 멀어짐)해지며 부부 이별이라든지, 부모와 자식간의 관계가 악화될 수 있는 해입니다. 머무는 자리가 항상 불안하여 안정된 자리를 가지려는 마음은 간절하나 그렇지 못한 형편이 이어지는 해이기도 합니다.

11월생 돼지띠 (子月生)

돼지띠 자월생은 주색잡기(酒色雜技)로 인하여 망신당하는 해입니다. 주(酒)는 술로 인한 망신인데 폭주를 하여 인사불성이 되거나 주사(酒邪, 나쁜 술 버릇)로 인하여 관재수를 겪어 보는 것이고, 색(酒)은 주체할 수 없을 정도로 정력(精力)이 넘쳐나 이성(異性)을 탐하다가 구설수(口舌數)에 오르거나 성병(性病)에 걸려 고생하는 것이며, 잡기(雜技)는 화투나 당구, 바둑, 전자게임 등에 몰두하여 생업을 뒷전으로 하는 일이 벌어져 낭패를 보는 것을 말합니다.

12월생 돼지띠 (丑月生)

돼지띠 축월생은 병마(病魔)가 찾아오는 해입니다. 평소 강인(强忍)하던 사람도 들 삼재가 찾아오면 잦은 질병으로 고생할 수 있습니다. 또한 하는 일에 있어서 예상치 못한 일들이 발생하여 일을 그르치는 해이기도 합니다. 자신의 의지와는 관계없이 일의 진행이 어긋나게 되므로 한치앞을 내다보기 어려운 오리무중(五里霧中)의 해라고 말할 수 있겠습니다.

쉽게 풀어 쓴 생활 속

삼
재

삼재 소멸 및 예방법